Peter Wenners

Schleswig-Holstein und Dänemark

Geschichte im Spiegel der Literatur

BOYENS

Für Kessy, Antonia und Viktoria

BOYENS
BUCHVERLAG

ISBN 978-3-8042-1513-9

Fotos: Dr. Peter Wenners
Layout und Gestaltung: Dörte Kromrei
Druck: Kösel, Krugzell
Printed in Germany

www.boyens-buchverlag.de

Inhaltsverzeichnis

Schleswig-Holstein und Dänemark – Geschichte im Spiegel der Literatur

Literatur kann selbst Zeugnis ihrer Entstehungszeit sein oder eine Darstellung historischen Geschehens, auch aus größerer zeitlicher Distanz. In beiden Fällen kann Literatur als historische Quelle bedeutsam sein, weil sie Aufschluss zu geben vermag über historische Ereignisse, aber auch über Einstellungen, Denkweisen und Wertvorstellungen der Vergangenheit.

Schleswig-Holstein und seine Geschichte sind im Laufe der Jahrhunderte häufig Thema literarischer Werke gewesen. Kein Wunder, bietet das Land doch reichlichen Stoff, ein Land voller Vielfältigkeit und Gegensätze, ein Land, in dem sich zwei verschiedene Völker und Kulturkreise begegneten. Die wechselhafte und vielseitige schleswig-holsteinische Geschichte ist aufs engste mit der dänischen verknüpft.

Kaum eine andere Region Deutschlands ist im Laufe ihrer Geschichte so heftig umstritten gewesen wie Schleswig-Holstein. Es gibt kaum eine politische Entwicklung oder kriegerische Auseinandersetzung im nördlichen Europa, in die Schleswig-Holstein nicht in irgendeiner Weise hineingezogen war. Ein wesentlicher Grund dafür ist sicherlich in der geographischen Lage des Landes zwischen den großen Meeren und als Brücke zwischen dem europäischen Kontinent und den skandinavischen Ländern zu sehen. Mannigfaltige Einflüsse aus Westen und Osten, von Norden und von Süden machen die schleswig-holsteinische Geschichte interessant und spannend. Während im Westen und Osten die Meere und im Süden Schleswig-Holsteins das Urstromtal der Elbe die natürlichen Grenzen bilden, fehlt eine solche im Norden des Landes. Die Grenze zwischen Dänemark und Schleswig-Holstein ist immer wieder verschoben, auch oft umkämpft worden. Flüsse wie die Kongeå (Königsau), die Schlei und die Eider waren dabei die Orientierungsmarken. Der Übergang zum dänischen Kulturraum ist in gewisser Weise fließend, worin eine Ursache für die so genannte „Schleswig-Holsteinische Frage" zu suchen ist, für die bis 1920 andau-

Collage Kimbrische Halbinsel (Wenners)

Zwei Länder – zwei Flaggen

ernden Grenzkonflikte zwischen Deutschen und Dänen. Andererseits stellt das Fehlen einer natürlichen Grenze auf der Kimbrischen Halbinsel auch die Grundlage für den regen Handelsverkehr auf den uralten Handelswegen in Längsrichtung dar sowie für die vielfältige und sich gegenseitig befruchtende kulturelle Begegnung zwischen den Kulturen.

In diesem Buch wird eine Sammlung literarischer Texte vom Mittelalter bis zum Beginn des 20. Jahrhunderts vorgelegt, die zu einer Begegnung mit der schleswig-holsteinischen und zugleich dänischen Geschichte, also mit der Geschichte der deutsch-dänischen Beziehungen, quasi zu einer literarischen Zeitreise einladen soll. Darüber hinaus begegnen die Leser vielen namhaften Dichtern, die hier beheimatet waren.

Die Literatur Schleswig-Holsteins bietet ein breites Spektrum unterschiedlicher Textsorten vom Mittelalter bis in die Gegenwart. Der Literaturbegriff im engeren Sinn meint fiktionale schriftsprachliche Texte, also das, was gemeinhin als Dichtung definiert wird, aber auch Unterhaltungs- oder Trivialliteratur. Als Literatur in einem weiten Sinn kann alles Geschriebene bezeichnet werden, also etwa auch Gebrauchstexte wie Zeitungsartikel oder Plakate. In diesem Buch wird von einem weiten Literaturbegriff ausgegangen. Nebeneinander stehen: Gedicht, Lied, Sage, Auszüge aus Romanen, Novellen, Erzählungen, Dramenszene, Chronik- und Sachbuchtext, Lebenserinnerung, Tagebuch, Brief, Rede, Runeninschrift, Plakattext.

Dem Lesebuch sind Bilder beigefügt, die die historischen Ereignisse illustrieren, die Schauplätze zeigen oder Bildinformationen zu den Autoren der Texte bieten.

Land zwischen den Meeren

„Schleswig-Holstein, meerumschlungen" heißt es im Lied von 1844. Typisch Schleswig-Holstein! Wohin man schaut: Wasser – in den vielen Flüssen, in den zahlreichen Seen, manchmal auch von oben, und immer in den beiden Meeren, die das Land umarmen. Nichts beeinflusst die Landschaft Schleswig-Holsteins und Jütlands entscheidender als die beiden Meere, zwischen denen die Kimbrische Halbinsel liegt. Nichts prägt das Leben der Menschen nachhaltiger als diese Meere. Deshalb ist es kein Wunder, dass viele Geschichten der Schleswig-Holsteiner am Meer spielen, dass sich so viele Sagen um das Meer und seine Bewohner ranken. Die ganz herausgehobene Lage der Kimbrischen Halbinsel spricht auch Fontane in seiner historischen Schrift über Schleswig-Holstein an.

Im Norden Mittel-Europa's, wo die Elbe das Meer erreicht, streckt das deutsche Festland, als erhöb' es seinen Arm gen Norden, einen Halbinsel-Damm in das Meer hinaus; dieser Damm heißt die cimbrische Halbinsel. Er theilt die Wassermasse, welche die deutschen Küsten bespült, in zwei Hälften, in eine Ost- und eine Westsee, gemeinhin Nordsee geheißen. Der Damm trennt zwar die Meere, aber zugleich ist er die Brücke zwischen Deutschland

Relief mit Nord- und Ostsee, die sich als Meerjungfrauen die Hand reichen, über dem Haupteingang des alten Holtenauer Leuchtturms in Kiel

und Skandinavien. Seine südliche Hälfte ist Schleswig-Holstein.

...

Die Lage Schleswig-Holsteins zwischen zwei Meeren hat ihm von früh eine besondere Bedeutung geliehen. Es ist der Theil des deutschen Gebietes, welcher am meisten an dem Verkehr und den Interessen des Meeres Antheil gehabt hat. Nur die Mündungen des Rheins und die benachbarten holländischen Küsten sind in dieser Beziehung zeitweise voran gewesen. Wenn diese zunächst die Aufforderung hatten, die deutschen Lande mit den fremden Welttheilen in Verbindung zu setzen, so fand dagegen der Verkehr des nördlichen Europa auf jener Halbinsel, deren südliche Hälfte eben Schleswig-Holstein ist, seinen natürlichen Mittelpunkt; man schiffte von hier nach den gegenüberliegenden Küsten der Nord- und der Ostsee; ihre Schiffe, ihre Produkte begegneten sich in den Stapelplätzen, die hier errichtet waren. Lübeck und Hamburg sind nur die Höhenpunkte einer Ent-

Dünen auf Sylt

wickelung, die hier, mit der ältesten Zeit der Geschichte, ihren Anfang genommen hat.

Theodor Fontane: Der Schleswig-Holsteinsche Krieg im Jahre 1864. Berlin 1866. Verlag der Königlichen Geheimen Ober-Hofdruckerei, Seite 3–4.

Die geographische Lage Schleswig-Holsteins und der ganzen Kimbrischen Halbinsel zwischen den beiden nordeuropäischen Meeren, der Ostsee und der Nordsee mit ihrer Verbindung zum Atlantischen Weltmeer, einerseits sowie zwischen den skandinavischen Ländern und dem übrigen Deutschland und dem mitteleuropäischen Kontinent andererseits ließ eine vielschichtige und spannungsreiche Geschichte entstehen. Politische, wirtschaftliche und kulturelle Einflüsse aus Norden und Süden, aus Osten und Westen prägten die Entwicklungen in diesem Brückenland Schleswig-Holstein und Jütland.

400 | Völker auf der Wanderschaft

Die Völkernamen Angeln, Sachsen, Kimbern und Teutonen signalisieren: Völkerwanderungszeit. Viele Völker waren über die Kimbrische Halbinsel hin- und hergewandert. Nur die wenigsten waren Vorfahren der heutigen Bewohner. Die meisten zogen weiter …
In die Geschichte der Angeln zurück führt die Sage um Offas Kampf auf der Eiderinsel, die Karl Müllenhoff überliefert.

Offas Kampf auf der Eiderinsel.

Lange Zeit hatte W e r m u n d , mit dem Beinamen der Weise, über die Angeln geherrscht und war schon hoch bejahrt, als ihm erst sein Sohn O f f a geboren ward. Aber der Knabe schien keine Stütze seines Reiches werden zu sollen: er blieb blind bis zu seinem siebenten Jahre, und stumm bis zum dreizehnten und war gelähmt und gekrümmt an allen Gliedern. Darum verachtete man ihn und hielt ihn nicht wie andre Königssöhne. Unterdes erblindete Wermund vor Alter.
Da nun ein Fürst, der über die Holsteiner herrschte, hörte, daß das Land der Angeln wehrlos sei, sandte er Boten über die Eider und ließ Wermund sagen, entweder solle er Zins geben und sich ihm unterwerfen, oder wenn er einen Sohn habe, diesen zum Kampfe stellen. Diese übermütige und höhnische Botschaft ward dem alten Könige überbracht: er und alle seine Mannen mußten dazu schweigen und den Übermut mit Schmerzen ertragen. Da aber erhub sich Offa, der zufällig im Saale war, und wie aus einem schweren Schlafe erwachend, dehnte er seine Glieder; aus dem Lahmen ward ein kräftiger Mann, und der bisher stumm gewesen war, der fing plötzlich an zu reden und gab den Boten zur Antwort, daß er den Kampf bestehen wolle und sein Land werde zu wehren wissen. Da ließ der blinde Vater ihn näher treten und betastete seine Glieder, Brust und Arme und erkannte, daß sein Sohn geworden sei, wie er selber in seinen Jugendtagen. Offa bestimmte den Tag des Kampfes und hieß die Boten die Antwort ihrem Herrn bringen. Darauf forderte er ein Panzerhemd; aber jedes, das man ihm überhängte, barst, so wie er sich dehnte, bis der alte König sein eignes bringen ließ und man es auf der Seite, die der Schild schützte, auftrennte und mit Riemen zusammen heftete. Auch jedes Schwert, das man ihm reichte, zersplitterte wie ein dürrer Stecken, sobald er es schwang. Da befahl der alte König, ihn zu einem Hügel zu führen, in dem er früher sein Schwert, das trefflicher als alle Schwerter ihm oft in Schlachten gedient, verborgen hatte: wenn das nicht halte, würde kein Schmied ein taugliches liefern können. Als man es nun herausgrub, war es ganz rostig und voller Scharten; damit aber wollte Offa den Kampf versuchen. Alle, die das Wunder der Verwandlung des Königssohnes sahen, folgten ihm willig und getrost und bald stand Offa mit seinem Heere an der Landesgrenze; an der andern Seite der Eider aber standen die Holsteiner; eine Insel in der Mitte des Flusses (es soll die sein, auf der heute Rendsburg steht) war zum Kampfplatz ausersehen.
Der alte König aber ließ sich auf eine Brücke führen und um nicht den Tod seines Sohnes

von Wermunds Reich und rettete so die Unabhängigkeit der Angeln. Wermund, der den Ausgang des Kampfes mit Bangen verfolgt hatte, immer auf den Klang seines alten Schwertes lauschend und jederzeit bereit, sich im Falle der Niederlage in den Fluss zu stürzen, empfing den siegreichen Sohn und Thronerben mit Freudentränen in den Augen. Einer anderen Überlieferung nach hatte Offa das Wunder seiner Stärke einer Quelle in der Nähe von Arnis zu verdanken.
Ludwig Uhland nennt in seiner Ballade „Der blinde König" zwar weder Ort und Zeit noch Namen, variiert aber eindeutig die Offa-Sage.

Der blinde König

Was steht der nord'schen Fechter Schar
Hoch auf des Meeres Bord?
Was will in seinem grauen Haar
Der blinde König dort?
Er ruft, in bittrem Harme
Auf seinen Stab gelehnt,
Daß überm Meeresarme
Das Eiland widertönt:

„Gib, Räuber, aus dem Felsverlies
Die Tochter mir zurück!
Ihr Harfenspiel, ihr Lied, so süß,
War meines Alters Glück.
Vom Tanz auf grünem Strande
Hast du sie weggeraubt;
Dir ist es ewig Schande,
Mir beugt's das graue Haupt."

Da tritt aus seiner Kluft hervor
Der Räuber, groß und wild,
Er schwingt sein Hünenschwert empor
Und schlägt an seinen Schild:

„Du hast ja viele Wächter,
Warum denn litten's die?
Dir dient so mancher Fechter,
Und keiner kämpft um sie?"

Noch stehn die Fechter alle stumm,
Tritt keiner aus den Reihn,
Der blinde König kehrt sich um:
„Bin ich denn ganz allein?"
Da faßt des Vaters Rechte
Sein junger Sohn so warm:
„Vergönn mir's, daß ich fechte!
Wohl fühl ich Kraft im Arm."

„O Sohn! der Feind ist riesenstark,
Ihm hielt noch keiner stand;
Und doch! in dir ist edles Mark,
Ich fühl's am Druck der Hand.
Nimm hier die alte Klinge!
Sie ist der Skalden Preis.
Und fällst du, so verschlinge
Die Flut mich armen Greis!"

Und horch! es schäumet und es rauscht
Der Nachen übers Meer.
Der blinde König steht und lauscht,
Und alles schweigt umher;
Bis drüben sich erhoben
Der Schild' und Schwerter Schall
Und Kampfgeschrei und Toben
Und dumpfer Widerhall.

Da ruft der Greis so freudig bang:
„Sagt an, was ihr erschaut!
Mein Schwert, ich kenn's am guten Klang,
Es gab so scharfen Laut." –
„Der Räuber ist gefallen,
Er hat den blut'gen Lohn.

Nydam-Schiff, Schloss Gottorf

Heil dir, du Held vor allen,
Du starker Königssohn!"

Und wieder wird es still umher,
Der König steht und lauscht:
„Was hör ich kommen übers Meer?
Es rudert und es rauscht." –
„Sie kommen angefahren,
Dein Sohn mit Schwert und Schild,
In sonnehellen Haaren
Dein Töchterlein Gunild."

„Willkommen!" ruft vom hohen Stein
Der blinde Greis hinab,
„Nun wird mein Alter wonnig sein,
Und ehrenvoll mein Grab.
Du legst mir, Sohn, zur Seite
Das Schwert von gutem Klang,
Gunilde, du Befreite,
Singst mir den Grabgesang."

Ludwig Uhland: Der Blinde König. In: Gedichte von Ludwig Uhland. Stuttgart und Tübingen 1815. J. G. Cotta'sche Buchhandlung, Seite 165–167.

In seiner Geschichte Schleswigs nennt Ludolf Wienbarg, von 1833 bis 1835 Privatdozent an der Christian-Albrechts-Universität Kiel, neben den Angeln auch die anderen germanischen Völker der Kimbrischen Halbinsel. Die nordischen Völkerwanderungen gingen von Südschweden, Gotland, Bornholm und Jütland aus.

Gleich Skandinavien mag aber auch die Kimbrische Halbinsel in jener Urzeit eine wahre

Völkerquelle heißen. Kaum werden in einem andern Teil Germaniens von römischen und griechischen Schriftstellern so viele Völkerschaften erwähnt, als auf ihrem beschränkten Gebiet. Sie zerfielen in Zweige der beiden Hauptstämme der Deutsch-Germanen, der Ingävonen und Sueben. Jenen gehörten die Sachsen und Friesen an, diesen, den im Ostseegebiet heimischen suebischen Völkerschaften, die Angeln und Jüten.

Das Volk der Jüten, dessen deutschen Ursprung neuere Forschungen zweifellos gemacht haben, bewohnte das heutige Jütland und wohl noch eine Strecke im nördlichen Schleswig. Ihr Name, früher durch Seezüge auftauchend als der dänische, hat sich bis auf den heutigen Tag erhalten; das Volk selber ist vor alters durch historisch dunkle Vermischung mit den Dänen beinahe, wenn auch nicht völlig, untergegangen. Erhalten haben sich von ihm wenigstens einige bedeutsame Verschiedenheiten in den grammatischen Sprachformen, eine Anzahl ausschließlich eigener Wörter, ja im Südwesten von Lijmfiord Leibesgestalten höheren Wuchses und durchweg blonden Haupthaars, zum Unterschied von den meist klein gestalteten und wahrscheinlich wegen der Vermischung mit einem fremden, nichtgermanischen Volk häufig dunkelhaarigen Inseldänen.

Ludolf Wienbarg: Geschichte Schleswigs. Erster Band: Das heroische Zeitalter. Hamburg 1861. Verlag von Otto Meißner, Seite 3–4

Auch auf der Kimbrischen Halbinsel machten sich die Völker auf den Weg, und sie nahmen alles mit, Kinder, alte Menschen, Vieh und ihren ganzen Hausrat. Es kam im vierten und fünften Jahrhundert zu einschneidenden Bevölkerungsbewegungen. Eine Verschlechterung des Klimas und daraus folgende Versorgungskrisen könnten die Ursache gewesen sein, weshalb die hier siedelnden germanischen Volksstämme der Angeln, Sachsen und Jüten das Land verließen. Mit Hilfe ihrer breiten flachen Schiffe mit dem hochgezogenen Bug und Heck, wie dem in Nydam am Alsensund gefundenen hochseetüchtigen Boot, das immerhin etwa 23 Meter lang ist und Raum für 28 Ruderer hatte, könnten diese Germanen das Wagnis unternommen haben, nach Britannien überzusetzen, aus dem um 400 die letzten römischen Truppen abgezogen waren. In seiner Historia ecclesiastica gentis Anglorum (Kirchengeschichte des Volkes der Angeln) von 731 berichtet der englische Gelehrte und Geschichtsschreiber Beda Venerabilis von dem Zug nach England.

In the year of our Lord 449, Martian being made emperor with Valentinian, and the fortysixth from Augustus, ruled the empire seven years. Then the nation of the Angles, or Saxons, being invited by the aforesaid king, arrived in Britain with three long ships, and had a place assigned them to reside in by the same king, in the eastern part of the island, that they might thus appear to be fighting for their country, whilst their real intentions were to enslave it. … Those who came over were of the three most powerful nations of Germany Saxons, Angles, and Jutes.

Beda Venerabilis: The Ecclesiastical History of the English Nation, Book I, Chapter 15. London: J.M. Dent; New York E.P. Dutton, 1910.

Legendäre Kriegerfürsten waren Horsa und sein Bruder Hengest, die um das Jahr 447 nach dem Rückzug der Römer aus Britannien als Söldner nach Britannien gezogen sein sollen, um mit ihren Männern gegen die Pikten zu kämpfen, und so angeblich die Invasion der Angelsachsen anführten und ein Königreich auf der Insel errichteten.

Die Auswanderung der Angeln und Sachsen hinterließ auf der Kimbrischen Halbinsel zum Teil entvölkerte Landstriche und führte zu einer deutlich geringeren Bevölkerungsdichte. Durch die Abwanderung großer Bevölkerungsteile blieben weite Teile des östlichen Hügellandes, besonders das Gebiet zwischen Schlei und Eider, nahezu menschenleer zurück. Das führte unter anderem zu einer erneuten Ausbreitung des ursprünglichen Eichen-Mischwaldes. Wegen seiner undurchdringlichen Dichte nannte man diesen Wald im Dänischen Wohld „Eisenwald" (Isarnho). Der Chronist Adam von Bremen berichtete darüber: *„Saltus Isarnho a stagno incipit Danorum, quod Slia dicitur, (et) pertingit usque ad civitatem Sclavorum, quae dicitur Liubicen, et flumen Travennam."* („Der Wald Isarnho beginnt an der Förde der Dänen, welche Schlei genannt wird, und reicht bis zur Stadt der Slawen, welche Lübeck genannt wird, und zum Fluss Trave").

Aber der Raum blieb nicht lange verlassen: Von Nordosten kamen die Dänen, die aus dem südlichen Schweden einwanderten, sich mit den Jüten vermischten und in der ersten Hälfte des 8. Jahrhunderts die Schlei erreichten. Von Süden her wanderten seit dem 7. Jahrhundert die Sachsen mit ihren Teilstämmen der Dithmarscher, Holsten und Stormarer ein. Slawische Volksstämme besiedelten in der zweiten Hälfte des 7. Jahrhunderts von Osten kommend das heutige Ostholstein. Friesen zogen aus dem südlichen Friesland seit dem 8. Jahrhundert nach Norden. An vier typischen Ortsnamensendungen können die jeweiligen Siedlungsbereiche der vier Völker erkannt werden: Die sächsische Endung –büttel kommt überwiegend in Ortsnamen im Südwesten vor (Brunsbüttel, Oldenbüttel), das slawische –au/-ow im Südosten (Bosau, Gudow), das friesische –um im Nordwesten (Keitum, Husum), das dänische –lev im Norden (Haderslev, Tinglev).

811 | Karls Kampf im Norden

Bekanntlich gelang es Karl dem Großen nie nachhaltig, den Norden zu unterwerfen. Zu undurchdringlich waren die Wälder, zu wild die vielen Volksstämme, zu merkwürdig die Sitten, aus denen schon die Römer nicht schlau geworden waren.

Dabei war Karl der Große ein gewaltiger und mächtiger, aber auch gefährlicher und gefürchteter Herrscher, der seine Feinde in Angst und Schrecken zu versetzen vermochte. Nie scheute er vor grausamen und verheerenden Feldzügen zurück. Den blutigsten Kampf focht der Frankenkönig ab 772 mit den Sachsen aus, die zähen Widerstand gegen Karls Versuche leisteten, ihre Gebiete zu unterwerfen und sie zum Christentum zu bekehren. Der Frankenherrscher aber, in Rom im Jahr 800 zum Kaiser gekrönt, fühlte sich als Schutzherr der Christenheit und ließ nicht nach, die heidnischen Stämme der Sachsen zur Taufe zu zwingen. Der Kampf gegen die Sachsen wurde zu einer besonderen Leidenschaft des Kaisers, die er mit Verbissenheit verfolgte. Dabei war die Missionierung sicher nur ein Teil, letztlich die Legitimation von Karls Expansionspolitik, die ihm allerdings erschwert wurde durch die Struktur der vielen Sachsenstämme, die kein fest umrissenes Reich bildeten und deren Häuptlinge sich nur im Kriegsfall unter einem Anführer zusammenschlossen. Verträge mit einzelnen Gruppen waren nie für alle sächsischen Stämme bindend. Seinen Kampf gegen die Sachsen weitete Karl der Große auch in die Gebiete nördlich der Elbe aus: So wurde die Kimbrische Halbinsel zum ersten Mal in das große politische Weltgeschehen hineingezogen.

Besonders ein sächsischer Heerführer machte Karl das Leben schwer, Widukind; dieser zeigte ungebrochenen Widerstandswillen und bescherte den Franken manche herbe Niederlage. Karls blutiger Rache entzog sich Widukind mehrmals durch seine Flucht zu Sigfred, der von 777 bis 798 in Dänemark herrschte. Schließlich aber unterwarf sich der widerspenstige Sachsenherzog doch den militärisch überlegenen Franken und ließ sich 785 sogar taufen. Wie ernst es ihm damit war, sei dahingestellt. Unklar ist ebenfalls, ob er bei seiner Taufe das überlieferte altsächsische Taufgelöbnis sprach:

Entsagst du dem Teufel? Ich entsage dem Teufel.
Und aller Teufelsgilde? Und ich entsage aller Teufelsgilde.
Und allen Teufelswerken? Und ich entsage allen Teufels Werken und Worten, Thunar und Woden und Saxnote, und allen den Unholden die ihre Genossen sind.
Glaubst du an Gott den allmächtigen Vater? Ich glaube an Gott, den allmächtigen Vater.
Glaubst du an Christ Gottes Sohn? Ich glaube an Christ, Gottes Sohn.
Glaubst du an den heiligen Geist? Ich glaube an den heiligen Geist.

Altsächsisches Taufgelöbnis, kurz vor 800. In: Handschrift der Vatikanischen Bibliothek: Codex Palatinus Latinus, Edition: Monumenta Germaniae Historica, Leges Band 1. Übersetzung: Georg Heinrich Pertz, Hannover 1835. Verlag Hahn, Seite 60.

Karl der Große, Hamburg

Die Annahme des christlichen Glaubens war meist nur ein äußerer Akt, ohne dass die Bekehrten wirklich gläubig wurden. Ungeachtet dessen war es Karl dem Großen endlich gelungen, seinen Herrschaftsbereich bis an die Elbe und darüber hinaus auszudehnen. Ein Sieg, der mit Metzeleien, Hinrichtungen, Verwüstungen brutal und blutig erkauft worden war.
Karl der Große, der vorrangig seinen Herrschaftsbereich nach Norden deutlich erweitern bzw. festigen, aber dabei auch die Christianisierung in Norddeutschland befördern wollte, hatte in den Sachsenkriegen zwar den Raum bis zur Elbe unterworfen. Aber die nördlichen sächsischen Stämme, die „Nordalbinger", wie Karl sie nannte, leisteten weiterhin Widerstand. Seine Boten, die die Sachsen in ihren drei Gauen Stormarn, Dithmarschen und Holstein zur Kapitulation bewegen sollten, wurden von diesen gefangen genommen oder ermordet. Daraufhin rückte Karl der Große von Süden gegen die Sachsen vor, während die mit ihm verbündeten Abodriten unter ihrem Heerführer Drasco vom slawischen Ostholstein aus angriffen. In Wigmodien, dem Gebiet zwischen den Mündungen von Weser und Elbe, war der Widerstand der dort siedelnden Sachsen gegen die Karolinger am stärksten.
Das Althochdeutsche war gerade erst geboren. Alle Menschen, die des Schreibens mächtig waren, taten das selbstverständlich auf Lateinisch. So berichtet auch Einhard, der fränkische Hofgelehrte, Berater und Biograf Karls des Großen, um 830 natürlich in Latein, der Schriftsprache im geistigen Leben, von den nicht enden wollenden Sachsenkämpfen.

[Der Sachsenkrieg war] der langwierigste, grausamste und für das Frankenvolk anstren-

gendste, den es je geführt hat. Denn die Sachsen, die wie fast alle Völker auf dem Boden Germaniens wild von Natur, dem Götzendienst ergeben und gegen unsere Religion feindselig waren, hielten es nicht für unehrenhaft, göttliches und menschliches Recht zu schänden und zu übertreten [...]. Die Grenze zwischen uns und den Sachsen verlief fast überall in der Ebene, mit Ausnahme weniger Stellen, wo größere Waldungen oder Bergrücken das beiderseitige Gebiet klar trennten; hier nahmen Totschlag, Raub und Brandstiftung auf beiden Seiten kein Ende. Das erbitterte die Franken so, daß sie nicht mehr bloß Gleiches mit Gleichem heimgaben, sondern offen Krieg mit ihnen führen wollten. Der Krieg wurde also begonnen und von beiden Seiten mit großer Erbitterung [...] 33 Jahre lang fortgeführt. [...]
Schließlich, nachdem er [Karl] alle [...] besiegt und unterjocht hatte [...], [holte] er 10.000 Mann mit Weib und Kind von ihren Wohnsitzen auf beiden Ufern der Elbe weg [...] und [siedelte] sie da und dort in Germanien und Gallien in vielen Abteilungen an [...] Unter der Bedingung aber, die vom Könige gestellt und von den Sachsen angenommen ward, nahm der Krieg schließlich ein Ende, daß sie dem heidnischen Götzendienst und den heimischen Religionsbräuchen entsagten, die Sakramente des christlichen Glaubens annahmen und mit den Franken zu einem Volk sich verbanden.

Einhard: Vita Karoli Magni
(Das Leben Karls des Großen),
Kapitel 7, Seite 173–175.

Auf dem Schwentinefeld, dem „Sventanafeld" bei Bornhöved, einer unbesiedelten

Gedenkstein an die Schlacht auf dem „Sventanafeld" in Bornhöved

Sanderfläche, kam es im Jahr 798 zur entscheidenden Schlacht, in der die slawischen Abodriten, die von den Franken, ungeachtet der Tatsache, dass auch sie Heiden waren, unterstützt wurden, den aufständischen Sachsen eine verheerende Niederlage beibrachten. Die gefangen genommenen Sachsen ließ der Kaiser in andere Teile des Reiches deportieren. Kaum aber war der eine Gegner niedergerungen, erwuchs dem Kaiser bereits ein neuer Feind, die Dänen unter ihrem Anführer Göttrick. Deshalb überließ Karl der Große den Slawen weite Teile des eroberten Gebietes, damit diese die fränkische Nordgrenze gegen die Dänen verteidigen sollten.

Karl der Große, Fassadenfigur am Hamburger Rathaus

Diese Rechnung aber ging nicht auf. Im Jahr 808 besiegten die Dänen unter ihrem Wikingerkönig Göttrick oder Godfred, dem es gelungen war, einzelne Wikingerstämme auf Jütland und den Inseln zu vereinen, und der von Haithabu aus regierte, die Slawen und machten sie tributpflichtig. Zur Verteidigung gegen die Franken ließ der geschickte Stratege Göttrick einen gewaltigen Erdwall von der Schlei bis zur Eider errichten, das Danewerk, und schuf damit letztlich den Grundstock für das spätere Staatsgebilde Dänemarks. Göttrick beobachtete die Aktionen des Frankenherrschers ganz genau, verfolgte er doch selbst die Idee eines nordischen Großreichs.

Die Franken ihrerseits sicherten ihr Gebiet 809 durch eine Ringwallburg bei Esesfeld am Nordufer der Stör gegen die Dänen, die erste fränkische Grenzbefestigung mit einer festen Besatzungstruppe, die das Gebiet nördlich der Elbe bis zur Eider sichern sollte. 810 verwüstete Göttrick mit seiner großen Flotte von zweihundert Schiffen die Küste Frieslands und machte die Friesen tributpflichtig. Er drohte nach diesem großen Sieg, sogar bis vor Aachen zu ziehen. Karl der Große aber war fester denn je entschlossen, den Raum nördlich der Elbe, Nordalbingien, in das Frankenreich einzugliedern, er ließ daraufhin eine Flotte rüsten und zog mit seinem Heer nach Norden, um den Widersacher zur Schlacht zu stellen. Der dänische Historiker und Politiker Ove Malling widmet 1777 in seiner Schrift „Store og Gode Handlinger af Danske, Norske og Holstenere" dem Kampf zwischen dem dänischen König Göttrick und Karl dem Großen ein Kapitel.

Karl der Große eroberte ganz Deutschland. Seine Waffen wurden dadurch so furchtbar,

Wallanlage des Danewerks

und sein Name so berühmt, daß jedermann vor seinem Angriffe bebte. Zu der Zeit regierte Godefrid als König in Jütland. Als er von einem solchen Eroberer in Deutschland reden hörte, glaubte er, die Reihe könne auch wohl ihn treffen. Er ließ deshalb quer durchs Land von der Ostsee bis an die Eider den berühmten Wall Dannewirke aufführen, damit derselbe eine Art von Vormauer für Jütland gegen den mächtigen Kaiser seyn sollte. Karl näherte sich der Elbe, die kriegrischen Sachsen selbst mußten sich unter ihm beugen; er gieng weiter, die Völker um der Elbe herum, die dem Godefrid zinsbar waren, ergaben sich, und Godefried selbst wurde aufgefodert dasselbe zu thun. Allein, so klein auch sein Staat war, so war doch sein Muth groß genug, sich nicht schrecken zu lassen. Sobald des Kaisers Meynung ihm zu erkennen gegeben worden, begehrte er zuerst eine Unterredung auf der Gränze, um die Sachen in der Güte zu verhandeln. Diese wurde festgesetzt, und man erschien. Der Kaiser wollte nicht nachgeben, weil er sich auf seine Macht und sein Glück verließ; Godefrid aber wollte es eben so wenig, er wollte sogar nicht einen Fuß breit von dem ihm zinsbaren Lande abtreten, welches der Kaiser ihm schon genommen hatte. Die

Unterredung war also ohne Nutzen; Karl zog ab und Godefrid gieng nach Hause und versammelte Volk. Unterdessen bekam der Kaiser andre Geschäffte, und mußte auf kurze Zeit die Gränzen verlassen. Godefrid nutzte diese Gelegenheit, gieng über die Eider, bezwang das von ihm abgefallne Land, rüstete sich noch stärker, gieng über die Elbe in des Kaisers eignes Land, wagte drey Feldschlachten, drang immer weiter vor, und that endlich dem mächtigen Karl zu wissen, daß er Willens sey ihn in seiner eignen Residenz Achen zu besuchen. Karl, der nicht vermuthet hatte einen Widerstand an der Eider zu finden, geschweige denn von einem Könige von Jütland angegriffen zu werden, mußte nun große Rüstungen machen. Godefrid blieb demohngeachtet bey seinem Vorhaben, gieng immer weiter und weiter und ließ durch seine Schiffe Friesland an den Küsten angreifen, ja Frankreich selbst, welches dazumal auch unter diesem Kaiser lag. Mitten in seinem Glücke aber wurde er von einem Verräther umgebracht, und dies that den Siegen der Jütländer Einhalt. Sein Nachfolger Hemming war nicht so tapfer und bekam auch bald Unruhen im Reiche. Der Kaiser erhielt demnach die Oberhand und Hemming überließ freywillig einen Theil

Eider bei Rendsburg

desjenigen, welches sein tapferer Vorweser so muthig erworben.

Ove Malling: Große und gute Handlungen einiger Dänen, Norweger und Holsteiner. Aus dem Dänischen übersetzt von W.H.F. Abrahamson. Erster Theil. Kopenhagen und Leipzig 1779. Verlegts, Christian Gottl. Prost, Königl. Privil. Universitäts-Buchhändler, Seite 269–271.

Nach der Ermordung Göttricks durch die Friesen mussten die Dänen unter seinem Nachfolger Hemming 811 bei dem heutigen Rendsburg die Grenze zwischen ihrem Herrschaftsraum und dem fränkischen Reich, die Eidergrenze, anerkennen. Wahrscheinlich war die Eider auch eine Sprachgrenze zwischen dem Nordgermanischen und dem Westgermanischen, zwischen Angeln und Jüten einerseits und den Sachsen andererseits. Es war zugleich eine Kulturgrenze zwischen der christlich-fränkischen und der heidnisch-wikingischen Welt. Das Frankenreich reichte also tatsächlich bis zur Eider und wurde zum Nachbarn Dänemarks. Nördlich der Eider entstanden später das Jarltum und schließlich das Herzogtum Schleswig, südlich des Flusses die Grafschaft Holstein. Die Eider war Staatsgrenze und blieb es letztlich bis 1864.

Gegen die slawischen Abodriten errichteten die Franken unter Karl dem Großen und seinem Nachfolger Ludwig dem Frommen etwa zur gleichen Zeit den Limes Saxoniae, eine aus bewaldeten Ringwällen bestehende Grenzlinie von der Kieler Förde bis zur Elbe. 825 wurde die Hammaburg an der Elbe als Grenzfestung und Hauptstützpunkt der Franken erbaut. Diese Burg diente aber neben der militärischen Funktion auch als Ausgangspunkt für die Missionierung des Nordens. Erzbischof Ebo von Reims unternahm von hier aus seine Missionsreisen in den Norden.

Diese Grenzziehungen, die sich freilich im Laufe der Jahrhunderte ständig hin und her verschoben, dabei aber immer zuverlässig für Ärger sorgten, markierten die auch sprachlich und kulturell voneinander zu unterscheidenden Völkerkreise auf der Kimbrischen Halbinsel: im Norden die Dänen und Jüten, im Westen die Friesen, im Süden die Sachsen und Franken und im Südosten die Slawen. Auf der Landbrücke zwischen Mittel- und Nordeuropa trafen sich die Völker.

834 | Der Norden wird christlich

Christianisierung! – Besonders christlich allerdings ging es dabei oft nicht unbedingt zu... Auch der Kleriker und Chronist Adam von Bremen spricht von Hass und Raubsucht, sieht diese aber nur auf Seiten der „Heiden". Über die Methoden der Missionsbetreiber schreibt er in seiner vom Erzbischof von Hamburg in Auftrag gegebenen Gesta Hammaburgensis ecclesiae pontificum, der Hamburgischen Kirchengeschichte, nichts.

Es giebt wenige Städte, welche bei ihrer Gründung zu einer so hohen Aufgabe berufen wurden, wie Karl der Große sie für Hamburg gestellt hat, als er seine Priester und Ritter an diesen, durch die Ausmündung zweier Flüsse in die Elbe dem Verkehre günstigen, durch die Entfernung von der See und den dort durch damals unbedeichte sumpfige Inseln vielfach durchbrochenen Strom gegen Seeräuber geschützten Ort zu senden beschloß. Der Kaiser bestimmte diese Stadt zur großen Missionsanstalt für den ganzen noch unerforschten Norden, von dessen Völkern, den Dänen, Nordmannen, Schweden, manchen Slavenstämmen, den Franken die meisten nur durch feindliche Berührungen bekannt, andere gänzlich unbekannt waren. Der Haß und die Raubsucht der Heiden haben diese Friedensburg häufig zerstört. Doch fand schon Ludwig der Fromme in dem Niederländer Ansgar einen eben so begeisterten und kühnen Glaubensboten, als in den Grenzen seines Sprengels thätigen Bischof. Auf diesen, welcher wie wenige den Beinamen des Heiligen verdiente, folgten würdige Männer, welche in seinen Fußstapfen fortzuschreiten versuchten. Ein Jahrhundert nach ihm befestigte der Erzbischof Adaldag, vom Kaiser Otto dem Großen unterstützt, die Ergebnisse der bisherigen evangelischen Bestrebungen durch die Gründung der dänischen Bisthümer, und schloß sein Erzbisthum noch näher an Deutschland durch die Gründung der Bisthümer in den Ländern der nördlichen Slaven.

Adam von Bremen: Hamburgische Kirchengeschichte, nach der Ausgabe der Monumenta Germaniae übersetzt von Dr. J. C. M. Laurent. Berlin 1850. Wilhelm Besser's Verlagsbuchhandlung, Vorwort Seite V–VI.

Nach den Sachsenfeldzügen Karls des Großen wurden auch in Nordelbien erste Missionsversuche unternommen. Die Franken erhofften von der Verbreitung eines gemeinsamen Glaubens die Stärkung der Reichseinheit. Unter Karls Nachfolger Ludwig dem Frommen unternahm Erzbischof Ebo von Reims 823 im Auftrag des Papstes eine erste Missionsreise nach Dänemark. Trotz der erheblichen Widerstände in den germanischen Gebieten, in denen man am alten nordgermanischen Götterglauben festhalten wollte, wurde die Christianisierung mit aller Macht und auch Brutalität vorangetrieben. Erste Kirchen wurden errichtet: nach Hamburg auch in Meldorf und Schenefeld. Ein Name ist unauslöschlich mit der Christianisierung des Nordens verknüpft: Ansgar. Nicht ohne Grund gibt es in Schleswig-Holstein unzählige Ansgarkirchen.

Die meisten Informationen über Ansgar von Bremen (ca. 801–865), den Benediktinermönch und späteren Erzbischof von Hamburg, erhält man aus der Biographie „Vita sancti Ansgarii" von seinem Nachfolger Rimbert, der ihn so charakterisierte: „Er wollte den Blinden Auge, den Lahmen Fuß und den Armen ein wahrer Vater sein."

Nach seiner Tätigkeit als Klosterlehrer unternahm Ansgar 826 zum ersten Mal eine Missionsreise nach Dänemark, um die Versuche Erzbischof Ebos fortzusetzen. Bereits um 828 hatte Ansgar vergeblich versucht, das Christentum nach Haithabu zu bringen. Die Mission richtete sich immer von oben nach unten, das heißt, zunächst über die Könige und Häuptlinge, die anschließend ihre Untertanen zu dem neuen Glauben zwangen. Aus diesem Grund suchte Ansgar bei seinen Reisen stets den Kontakt zu Königen und Fürsten. Aufgrund einer Einladung des schwedischen Königs Björn kam es nach einer beschwerlichen Reise und einem Überfall durch Wikinger 829 in der Stadt Birka am Mälarsee unweit von Stockholm zur ersten Kirchengründung in Skandinavien, die christliche Kaufleute anlocken sollte und die trotz nachfolgender Rückschläge als entscheidender Schritt zur Christianisierung Skandinaviens gelten konnte. 834 wurde Ansgar zum Missionsbischof des neu gegründeten Erzbistums Hamburg berufen und damit zum Päpstlichen Legaten für Skandinavien, Dänemark und die Slawen. In dieser Funktion hatte er das Recht, Bischöfe in Skandinavien zu ernennen und Priester mit Missionsaufträgen zu entsenden. Die Hammaburg und die sie umgebende Siedlung wurden zu einem Zentrum der Mission Nordelbiens. Ansgar gelang es in den Folge-

Ansgar, Fassadenfigur am Rathaus Hamburg

Ansgar mit den Insignien der Bischofswürde und einem Modell der Hamburger Domkirche, Tafelbild des Hamburger Malers Hans Bornemann 1457, St. Petri-Kirche Hamburg

jahren, mehrere Kirchen in Nordelbien und Skandinavien zu gründen. Die Bemühungen Ansgars gerieten ins Stocken, als 845 die Wikinger Hamburg plünderten. Auch weitere Kirchen wurden zerstört. Kaiser Ludwig der Deutsche setzte seinen Schützling Ansgar 847 als Bischof in Bremen ein. 848 wurde das Erzbistum Hamburg-Bremen gegründet. König Horik I. von Dänemark erteilte Ansgar nun sogar die Erlaubnis, eine Kirche in Haithabu zu bauen. In seinen letzten Lebensjahren leitete Ansgar von Bremen aus die weitere Missionstätigkeit. Bremen entwickelte sich zu einem der einflussreichsten Missionszentren, von dem aus große Expeditionen in den Norden ausgingen. Dort starb der „Apostel des Nordens" 865 nach langer Krankheit. Eigentlich bitter für den Vorzeigemissionar, der sich wohl eher einen Tod als Märtyrer erhofft hatte. Aber Rimbert gelang es in seiner Biographie, Ansgars Leben als ein einziges Martyrium darzustellen. Obwohl er also nicht als Märtyrer gestorben war und auch keine Wunder vollbracht hatte, wurde Ansgar schon kurz nach seinem Tod heiliggesprochen.

Der Sachsenherzog Heinrich I., als Heinrich der Vogler später erster König des Ostfrankenreiches aus dem Geschlecht der Ottonen, unternahm 928/29 brutale Slawenfeldzüge, bei denen sein Heer auch die Elbe überschritt. Als gefühlte Erben Roms sahen Heinrich I. und seine Nachfolger es als ihre vornehmste Aufgabe an, die germanischen und slawischen Stämme des Nordens mit dem Christentum zu beglücken, auf welche Weise auch immer. Erst im 10. Jahrhundert setzte sich die christliche Lehre nachhaltiger auf der Kimbrischen Halbinsel durch. Der dänische König Harald

Von links nach rechts: Ludwig der Fromme, Heinrich der Vogler, Otto I., Fassadenfiguren am Rathaus Hamburg

Blauzahn, dessen Vater Gorm der Alte Dänemark geeint hatte, unterstützte die Entsendung von Priestern vom Erzbistum Hamburg-Bremen aus in sein Land. In der Mitte des Jahrhunderts nahmen die Wikinger in Haithabu den neuen Glauben an. Bistümer wurden unter Kaiser Otto I., dessen Krönung den Beginn des „Heiligen Römischen Reiches Deutscher Nation" in der Nachfolge Roms markierte, von Erzbischof Adaldag 948 in Schleswig, Ribe und Århus gegründet. Auch Bischöfe scheuten sich in jener Zeit übrigens durchaus nicht, zum Schwert zu greifen und den Glauben kämpfend zu verbreiten. Um 965 ließ sich König Harald von Bischof Poppo taufen, nachdem dieser ihn durch ein Wunder überzeugt hatte. Haralds Sohn Sven Gabelbart hielt zwar am alten Glauben fest, aber bereits dessen Nachfolger Knut der Große holte weitere Missionare nach Dänemark.

In den slawischen Gebieten jenseits des Limes Saxoniae dauerte die Christianisierung deutlich länger. Vom ostholsteinischen Starigard/Oldenburg aus sollten Wagrien und Polabien missioniert werden, doch Slawenaufstände machten 983 und 1066 alle Bemühungen wieder zunichte. Erst im 12. Jahrhundert gelang es von den 1127 bzw. 1134 geschaffe-

Links: Taufbecken in St. Petri Bosau, schwedischer Granit, 12.-13. Jahrhundert, ältester Gegenstand in der Kirche; rechts:Taufbecken in der St.-Marien-Kirche in Sörup (rechts)

nen Klöstern in Neumünster und Segeberg aus, die slawische Bevölkerung zum christlichen Glauben zu bekehren. Um den Einfluss des Erzbistums Hamburg zurückzudrängen und die dänischen Bistümer von der Reichskirche unabhängig zu machen, wurde 1104 in Lund ein dänisches Erzbistum gegründet. Zentraler Ort der Christen in Ostholstein wurde Lübeck, das 1160 einen Bischofssitz erhielt. Um 1200 war die Etablierung der christlichen Kirche in Nordelbien weitgehend abgeschlossen.

948 | Nordische Weltstadt: Haithabu

Haithabu war eine Weltberühmtheit. Sogar isländische Sagas erzählen von dieser Stadt.

Die Söhne von Vestein machen sich auf den Weg zu Gest, ihrem Verwandten, und fragen ihn, ob er sie von Island abholen könne, und ihre Mutter Gunnhild und Aud, die Gislis Frau gewesen sei, und Gudrid, Ingialds Tochter, und ihr Bruder Geirmund. Sie segeln von Hvita. Gest hat sie auf seine Kosten weggebracht. Sie waren kurz auf See und kamen nach Norwegen. …
Aud und Gunnhild gingen nach Dänemark, nach Hedeby, und sie wurden dort Christen und pilgerten nach Rom und kehrten nicht zurück. Geirmund blieb in Norwegen, und er heiratete und tat es gut. Seine Schwester Gudrid war verheiratet, und sie wurde für eine kluge Frau gehalten, und viele Menschen stammen von ihr ab. Ari, Sohn von Sur, ging nach Island. Er landete in Hvita und verkaufte sein Schiff und kaufte Land in Hamar und lebte dort für einige Jahre. Dann lebte er auf mehreren Höfen in Myrar und es gibt Männer, die von ihm abstammen. Wir schließen hier die Geschichte von Gisli, Sohn von Sur.

Gisla Saga

Nach dem Siege bei Ösyssel fuhr Gunnar mit Kulskjäg und Halvard nach Dänemark. Er besaß nunmehr zehn Schiffe und viel Gut. Er

Haithabu, rekonstruierte Wikingerhäuser im Wikinger Museum Haithabu

steuerte hinein nach Hedeby in Dänemark, welches jetzt Schleswig heißt, und ging dort an Land. Damals waltete König Harald Gormsohn über das Reich Dänemark und hielt sich gerade dort im Lande auf. Man erzählte ihm von Gunnar und rühmte ihn als einen so trefflichen Mann, daß er seinesgleichen nicht auf Island fände. Da sandte König Harald einen Boten zu Gunnar und lud ihn zu sich. Gunnar nahm die Einladung an, Harald nahm ihn sehr ehrenvoll auf und ließ ihm einen Sitz neben sich bereiten. Am Königshofe blieb Gunnar einen halben Monat. Der König hatte seine Freude daran, Gunnar in verschiedenen Waffenübungen mit seinen Mannen sich versuchen zu lassen. Aber es fand sich keiner, der es ihm gleichthun mochte in irgend einer Leibesübung. „Nach deinesgleichen wird man lange suchen müssen," sagte der König zu ihm und bot ihm an, er wolle ihm zu einer vortheilhaften Heirat und zur Stellung eines mächtigen Häuptlings verhelfen, falls er in seinem Reiche sich niederlassen wolle. Allein Gunnar dankte dem Könige für das Anerbieten und sagte, er wolle vor der Hand erst nach Island zurückfahren zu seinen Freunden und Vettern. „Dann wirst Du niemals zu uns zurückkehren," sagte der König. „Das mag das Geschick bestimmen," antwortete Gunnar, und beim Abschied gab er dem König ein gutes Langschiff und viel Gut. Der König aber schenkte ihm ein Prachtgewand, ein Paar goldumsäumte Handschuhe, ein Stirnband mit goldenem Aufsatz und einen gerdischen

Landebrücke im Hafen von Haithabu, in dem sich eine Vielzahl solcher Landebrücken befand, die für tiefgängigere Handelsschiffe zum Teil weit ins Haddebyer Noor hinausragten

oder russischen Hut. Darnach fuhr Gunnar nordwärts nach Hisingen, wo Ölve ihn mit offenen Armen empfing.

Die Nialssaga. Deutsche Übersetzung der isländischen „Brennu-Njáls saga" von J. Claussen, Kapitel 10. Leipzig 1878. Seite 34–37.

Bei den Ausgrabungen in Haithabu gefundene Kirchenglocke

Die Njalssaga, eine anonyme isländische Saga aus der Zeit um 1280, ist eine der bekanntesten und beliebtesten Isländersagas. Sie ist die längste aller Islandsagas und in drei fast vollständigen Handschriften von ca. 1300 überliefert. Die Njalssaga ist die einzige, deren Hauptschauplatz das südliche Island ist. Die Familien von Njáll Þórgeirsson und seiner Frau Bergþóra Skarpheðinsdóttir in Bergþórshvóll und von Gunnar Hámundarson und dessen Frau Hallgerður Höskuldsdóttir auf Hlíðarendi, ehemals befreundet, leben nun in einer erbitterten Fehde. Njálls Haus wird ihm über dem Kopf angezündet.

In beiden Sagas, der Gisla Saga und der Nialssaga, wird von einer Reise nach Dänemark in die Siedlung Hedeby (Haithabu) erzählt. In der Gisla Saga wird davon berichtet, dass Aud und Gunnhild in Haithabu Christinnen werden. In der Nialssaga wird Harald Blauzahn als König von Dänemark erwähnt, der in Haithabu residiert.

Haithabu am Haddebyer Noor am westlichen Ende der Schlei war eine der bedeutendsten frühmittelalterlichen Siedlungen in Nordeuropa. Der wichtige Hauptumschlagsplatz für den Handel zwischen Skandinavien und Westeuropa, zwischen Nordseeraum und Baltikum wurde an einer verkehrsgünstigen Lage am Ende der Schlei in der Nähe des historischen Ochsenwegs, des uralten jütischen Heer- und Hauptverkehrswegs von Nord nach Süd, um 770 von Wikingern angelegt. Die Wikinger prägten zwischen 800 und 1050 das gesamte nordwestliche Europa, über Island und Grönland sogar bis zum nordamerikanischen Kontinent. Sie zogen, oft sengend und mordend, an der ganzen Nordseeküste entlang und beeinflussten die Städte und Länder, in die sie eindrangen, in entscheidender Weise. Hamburg wurde im Jahr 845 fast vollständig von den Wikingern zerstört. Die Ostseeküste blieb dagegen eher verschont, zu ähnlich waren hier die Verhältnisse den Herkunftsgebieten

der Wikinger. Haithabu wuchs und gewann stetig an Bedeutung.
Der Handelsverkehr über den weiten Seeweg aus der Ostsee heraus in das Weltmeer war schwierig, Sund, Belt, Skagen mussten passiert werden. Die Lage Haithabus an dem tief ins Land ragenden und schiffbaren Schleiarm erlaubte es dagegen, Handelsgüter nur fünfzehn Kilometer über Land bis zur Eider und Treene zu transportieren und von dort weiter zur Nordsee zu verschiffen. In dieser Grenzlage, an dieser entscheidenden Schnittstelle zwischen Nord- und Ostsee, zwischen Nord und Süd an der Kreuzung mit dem Ochsenweg hatte die wikingerzeitliche Hafenstadt maßgeblichen Einfluss auf das politische, wirtschaftliche, kulturelle und religiöse Geschehen der Zeit. Um 808 machte der dänische König Göttrick/Godfred die Grenzstadt Haithabu zum Zentrum seines Reiches, nachdem er tributpflichtige abodritische Händler nach der Zerstörung ihres Handelsplatzes Reric an der Wismarer Bucht hier ansiedelte. In seiner wechselvollen Geschichte wurde die begehrte Handelsstadt abwechselnd von Schweden, Franken und wieder von Dänen erobert. 948 erhob Kaiser Otto I. Haithabu zum Bischofssitz. Aber bereits 100 Jahre vorher wurde wahrscheinlich schon die erste christliche Kirche errichtet. Damit wurde Haithabu zu einem entscheidenden Ausgangspunkt für die christliche Missionierung des Nordens, die allerdings immer wieder gewaltige Rückschläge hinnehmen musste.
Eine so bedeutende Stadt musste angemessen geschützt werden. Zum Schutz der etwa

Versammlungshaus, Haus des Tuchhändlers, Haus des Kammmachers (von links) in Haithabu

Werkstatt des Kammmachers: Verarbeitung von Knochen und Geweih zu Kämmen und Nadeln

24 Hektar großen Siedlung war Haithabu von einem befestigten Halbkreiswall von bis zu 10 Metern Höhe umgeben, der sich an das Verteidigungssystem des Danewerks anschloss. Der zunächst aus Holz und Feldsteinen errichtete Wall wurde im 12. Jahrhundert von König Waldemar I. durch eine Ziegelmauer ergänzt, die Waldemarsmauer. Die Siedlung selbst bestand aus kleinen, meist ebenerdigen Häusern, die sowohl als Wohnung als auch als Arbeitsstätte oder Lagerraum genutzt wurden.

Bedeutend für den Handel in Haithabu, der sich bis in entlegenste Räume erstreckte, waren vor allem seine Tonwaren, Glas und Werkzeug. Waren aus aller Welt wurden in dem Welthafen Haithabu umgeschlagen. Hier ankerten Schiffe aus dem Mittelmeerraum, aus Nordafrika, Russland und dem Baltikum. Aus dem skandinavischen Raum kamen vor allem Rohstoffe, aus ferneren Ländern eher Luxusgüter. Sogar ein regelrechter Sklavenhandel entwickelte sich hier. Im 10. Jahrhundert erlebte Haithabu seine Blütezeit und war mit etwa 1.500 Einwohnern der bedeutendste Handelsort im westlichen Ostseeraum. Haithabu war die erste Siedlung nördlich der Elbe, die als Handelsplatz mit differenzierter Gewerbestruktur und Arbeitsplatz für verschiedenste Handwerker städtische

Haus der Händler in Haithabu

Funktionen ausbildete. Neben Schiffbauern siedelten sich in Haithabu Metallhandwerker, Bernsteinschleifer, Töpfer, Glasbläser und viele andere Gewerke an. Die Bevölkerung Haithabus war international: Hier lebten Dänen, Schweden, Norweger, Friesen, Sachsen, Franken und Slawen.

Der exotischste Reisebericht entstammt der Feder des arabischen Kaufmanns und Diplomaten At-Tartûschi aus Tortosa in Spanien, der über seinen Besuch in Haithabu/Schleswig im Jahr 965 berichtet und allerdings ein nicht unbedingt positives Bild vom Leben in der Stadt zeichnet.

Schleswig ist eine sehr große Stadt am äußersten Ende des Weltmeeres. In ihrem Innern gibt es Quellen süßen Wassers. Ihre Bewohner sind Siriusanbeter, außer einer kleinen Anzahl, welche Christen sind, die dort ihre Kirche besitzen. …

Sie feiern ein Fest, an dem sie alle zusammenkommen, um den Gott zu ehren, und um zu essen und zu trinken. Wer ein Opfertier schlachtet, errichtet an der Tür seines Gehöftes Pfähle und tut das Opfertier darauf, sei es ein Rind oder ein Widder oder ein Ziegenbock oder ein Schwein, damit die Leute wissen, dass er es seinem Gotte zu Ehren opfert. Die Stadt ist arm an Gütern und Segen. Die Hauptnahrung ihrer Bewohner besteht aus Fischen, denn die sind dort zahlreich. Werden einem von ihnen Kinder geboren, so wirft er sie ins Meer, um sich die Ausgaben zu sparen. … Nie hörte ich grässlicheren Gesang als den Gesang bei den Schleswigern, und das ist ein Gebrumm, das aus ihren Kehlen herauskommt, gleich dem Gebell der Hunde, nur noch viel viehischer als dies.

At-Tartûschi: Besuch in Haithabu/ Schleswig im Jahr 965. Aus: Georg Jacob (Hg.): Arabische Berichte von Gesandten an germanische Fürstenhöfe aus dem 9. und 10. Jahrhundert. Quellen zur deutschen Volkskunde 1, 1927. Seite 29.

Im Jahr 1050 wurde Haithabu von Norwegern unter Harald dem Harten erobert und zerstört, danach aber nur zum Teil wiederaufge-

baut. 1066 wurde die Stadt von den Slawen im Rahmen eines Feldzugs mit blutiger Christenverfolgung völlig dem Erdboden gleichgemacht. Das war das Ende der einst blühenden Handelsstadt. Daraufhin wurde die Siedlung nach Schleswig am Nordufer der Schlei verlegt. Alle Funktionen gingen nun von Haithabu auf Schleswig über, dessen Hafen entsprechend ausgebaut wurde. Schleswig wurde Königssitz, Bischofssitz und zunächst auch Zentrum des Fernhandels über das Meer, bevor es seine Vormachtstellung an das aufstrebende Lübeck abgeben musste.
Eng verknüpft ist das Schicksal Haithabus mit dem des berühmten Harald Blauzahn, des dänischen Herrschers, der sich häufig in Haithabu aufhielt und es zum Zentrum seines Herrschaftsraumes machte. Von ihm wird berichtet, dass er sich zum Christentum bekehren ließ und damit die Bedeutung der Stadt für die christliche Missionierung begründete. Um dieses Ereignis und um den Priester Poppo, der für die Bekehrung Haralds verantwortlich gewesen sein sollte, kreisten naturgemäß gerne sagenhafte Geschichten, wie die, die Otto Beneke in seinem Sagenbuch veröffentlichte.

Um die Zeit, als Adaldag Erzbischof war, da wurde von Hamburg aus wiederum ein Verkündiger des Evangelii an die Dänen abgeordnet, um dasselbe unter ihnen neu zu beleben. Hierzu war ein frommer, glaubensstarker und gottvertrauender Priester der Hamburgischen Kirche ausersehen, Poppo geheißen. Als dieser vor dem Dänenkönig Harald (andere nennen ihn Erich) erschien, tadelte er denselben mit freimüthigen Worten, daß er sammt seinem Volke vom Christenglauben seiner Väter abgefallen sei und sich dem Dienste der Göt-

Erzbischof Adaldag, Fassadenfigur am Hamburger Rathaus

zen und Dämonen wieder zugewendet habe. Durch die Kraft seiner Rede zwar betroffen, forderte dennoch der König, daß Poppo vor allem Volke durch wunderbare Zeichen die Göttlichkeit des Christenthums bewähren solle, dann wolle er glauben. Und am nächsten Tage, als der König das Volk an einem ihm heiligen Orte versammelt hatte, hub Poppo mit Gottes allmächtigem Beistande und voll Begeisterung für das Evangelium, ein ungeheuer schweres Stück glühenden Eisens aus und hielt es vor Aller Augen lange Zeit erhoben, ohne daß es ihm die Hände im Geringsten verletzt hätte. Und obschon dies jeden Zweifel hätte beseitigen können, so that der heilige Mann noch ein zweites Wunder als Zeugniß für die Göttlichkeit der Lehre, die er predigte, indem er ein mit Wachs bestrichenes Gewand anzog und dasselbe, mitten im Kreise der Heiden, in Gottes Namen anzuzünden befahl. Augen, Hände und Herz gen Himmel erhebend, ertrug er die lodernden Flammen, die über seinem Haupte zusammenschlugen, so geduldig, daß er, nachdem sein Gewand zu Asche gebrannt, mit freudigem und liebreichem Blick und Wort bezeugte, er habe kaum den Rauch des Brandes gespürt. Durch solche Wunder wurden der König und alle Anwesenden bekehrt, sie ließen sich taufen und nahmen willig das Christenthum an. Poppo's Name und Andenken wurden von da an unter dem Volke und in den Kirchen der Dänen hoch gefeiert.

Und diese Wunder sollen sich nach Einigen zu Ripen zugetragen haben, nach Anderen in Haddeby bei Schleswig.

Poppostein bei Helligbek

Der Kaiser aber, hocherfreut über Poppo's gesegnete Wirksamkeit, die dem Hamburgischen Hochstifte zu großem Ruhme gereichte, ließ ihn als Bischof von Schleswig ordiniren; und erst ums Jahr 1030 soll er verstorben sein.

Otto Beneke: Poppo, der Heidenapostel. In: Hamburgische Geschichten und Sagen. Hamburg 1854. Verlag Perthes-Besser & Mauke, Seite 10–11.

Der Poppostein, ein Großsteingrab (Dolmen) aus der Zeit von 3000 bis 2700 vor Christus bei Helligbek in der Gemeinde Sieverstedt, zeugt wie viele andere Funde aus der Jungsteinzeit davon, dass vom 4. bis 2. Jahrtausend vor Christus auch dieser Raum von sesshaften Bauern besiedelt war. Darüber hinaus spielte dieser Stein vielleicht bei der Einführung des Christentums in Schleswig-Holstein eine Rolle. Sagen berichteten von dem Wirken des Missionars Poppo. Nach dem Bericht Adams von Bremen soll Poppo seinen Glauben bekräftigt haben, indem er nach Aufforderung durch den dänischen König ein glühendes Eisen anfasste, ohne sich zu verbrennen. Daraufhin soll der anwesende König Harald Blauzahn sich zum Christentum bekannt haben. Poppo soll um 992 zum Bischof von Schleswig ernannt worden sein. Eine andere Geschichte, die Karl Müllenhoff in seine Sammlung aufnahm, erzählte das Wunder anders: Poppo soll ein mit Wachs getränktes Hemd angezogen und angezündet haben und durch seine Unversehrtheit die Menschen zur christlichen Taufe gebracht haben. Einer weiteren Sage zufolge soll der Teufel aus Wut über Poppos Wirken diesem den bereits erwähnten Stein entgegengeworfen haben, um ihn zu töten. Aber das Geschoss verfehlte Poppo, der den Stein von da an als Taufstein nutzte. Die Existenz eines Bischofs namens Poppo ist allerdings nicht zweifelsfrei erwiesen. Im Katalog der Bischöfe von Schleswig tauchte ein Poppo erst für die Zeit von 1010 bis 1015 auf. Sein Amtssitz müsste sich in Haithabu befunden haben.

Bischof Poppo am Hilligebek.

Zwischen Flensburg und Schleswig ist ein Bach, der Hilligebeke, der früher der Jüdebeke hieß, aber seinen Namen änderte, weil der heilige Poppo darin das heidnische Volk taufte. Daneben heißt noch ein Gehölz das Poppholz, weil er da seine Predigten hielt. Reiter und Fuhrleute lassen ihre Pferde nicht aus dem Bache trinken, weil es bekannt ist, daß diese sich sogleich darnach verfangen....
Der Teufel ist dem Bischof in seinem Werke vielfach in den Weg getreten. Einmal hatte er da im Hilligenbeke eine ganze Schar getauft, als der Böse einen ungeheuren Stein ergriff und auf ihn schleuderte. Aber in seiner Wut hatte er dem Wurfe einen zu großen Schwung gegeben und der Stein flog über den Kopf des Bischofs hin und lag nachher noch lange auf der Heide zwischen Stolk und Helligbek. Er hieß der Teufelstein und maß 20 Fuß in der Länge, 14 in der Breite und 12 in der Dicke. Man zeigt noch Überreste von ihm. Das meiste ist abgesprengt worden.

Karl Müllenhoff: Bischof Poppo am Hilligebek. In: Sagen, Märchen und Lieder der Herzogthümer Schleswig, Holstein und Lauenburg. Kiel 1845. Schwerssche Buchhandlung, Seite 112–113.

959 | Steine sprechen: die Runensteine rund um das Danewerk

Asfrid, die Tochter Odinkars, machte diese Denkmäler nach (zum Gedenken an) König Sigtrygg, ihren und Knubas Sohn. Gorm ritzte die Runen.

Der kleine Sigtryggstein

König Sven setzte diesen Stein nach (zum Gedenken an) Skarthe, seinem Gefolgsmann, der nach Westen (England) gefahren war, aber nun fiel bei Haithabu.

Der Skarthestein

Thorolf, der Gefolgsmann Svens, errichtete diesen Stein nach (zum Gedenken an) seinem Genossen Erik, der den Tod fand, als die Krieger Haithabu belagerten, und er war Steuermann, ein wohl geborener Krieger.

Der Erikstein

Diese Steine sprechen, die eingeritzten Runenzeichen erzählen Geschichte …
Als „Runen" bezeichnet man die von der Völkerwanderungszeit (4.–6. Jahrhundert) bis in

Von links nach rechts: Der kleine Sigtryggstein im Wikinger Museum Haithabu; Skarthestein im Wikinger Museum Haithabu; Nachbildung des Eriksteins zwischen Busdorf und Selk

die Wikingerzeit (8.–11. Jahrhundert) gebräuchlichen germanischen Schriftzeichen, die sich von Dänemark aus zunächst in ganz Skandinavien verbreiteten. Das Wort „Runen" wurde im 17. Jahrhundert aus dem althochdeutschen Wort „runa" für Geheimnis oder Geflüster geschaffen. Die meisten Runeninschriften stammen aus Nordeuropa, vor allem aus Südschweden, Dänemark und Schleswig-Holstein. Die Runenschrift der Germanen bestand aus 24 Zeichen. Die Buchstaben setzten sich aus drei graphischen Elementen zusammen, dem senkrechten Strich, dem diagonalen Strich sowie dem winkelartigen Haken. Sie bezeichneten einen Vokal, einen Konsonanten oder auch einen ganzen Begriff. Runensteine stammen aus der nordischen Eisenzeit und der Wikingerzeit zwischen dem 5. und 12. Jahrhundert. Sie stehen aufrecht und weisen mit ihren Inschriften auf zu verehrende bedeutende Verstorbene oder Gefallene hin, aber auch auf eigene Leistungen ihrer Erbauer. Zum Teil sind sie kunstvoll mit Schmuckbändern und Ornamenten oder Darstellungen von Menschen und Tieren gestaltet. Die meisten skandinavischen Runensteine fand man in Schweden (etwa 3.200), gefolgt von Dänemark einschließlich Schleswig (267) und Norwegen (133).

Runensteine sind wertvolle historische Quellen, da sie Aufschluss über tatsächliche Ereignisse der Geschichte geben. Die vier Runensteine von Haithabu werden in zwei Gruppen eingeteilt, zwei „Sigtryggsteine" und zwei „Svensteine".

Den beiden Sigtrygg-Steinen ist zu entnehmen, dass Königin Asfrid diese Steine errichten ließ zu Ehren ihres Mannes König Chnuba von Dänemark, der wohl 934 in Haithabu geherrscht hatte, und ihres Sohnes Sigtrygg. Dem Chronisten Adam von Bremen zufolge hatte im frühen 10. Jahrhundert der schwedische Wikingerhäuptling Olaf der Dreiste Dänemark erobert und die „schwedische" Olaf-Dynastie in Haithabu begründet. Als seine Nachkommen werden Chnuba und Sigtrygg genannt. Die schwedischen Runenzeichen auf dem größeren Stein deuten ebenfalls auf die schwedische Herkunft des Geschlechts hin. Die dänischen Zeichen auf dem kleineren Stein lassen eine dänische Abstammung der Mutter vermuten. Widukind von Corvey schilderte in seiner Chronik, dass der deutsche König Heinrich I. 934 an der Schlei einen König namens Chnuba unterwarf, tributpflichtig machte und zum Christentum bekehrte. Heinrich eroberte das Gebiet zwischen Schlei und Eider, das fortan den Kaisern des Heiligen Römischen Reiches für knapp einhundert Jahre als Grenzmark diente.

Der Skarthestein erinnert an einen bei Haithabu gefallenen Gefolgsmann des Dänenkönigs Sven Gabelbart namens Skarthi. Ein Skarthi wird auch im Zusammenhang mit der Seeschlacht von Hjörungavag an der norwegischen Atlantikküste um 995 genannt, die mit einem Sieg der Norweger über die Dänen endete. Auch der zweite „Svenstein", der Erikstein, soll an einen Gefolgsmann Sven Gabelbarts, des Sohns von König Harald Blauzahn, erinnern.

Harald Blauzahn, der sich selbst Eroberer von ganz Dänemark und Norwegen nannte, gilt als der Wikingerfürst, der in der zweiten Hälfte des 10. Jahrhunderts den Aufstieg Dänemarks zu einer Großmacht des Nordens in die Wege leitete. Der Runenstein, den er im dänischen Jelling errichten ließ, kündete von sei-

Ringwall um Haithabu

nem Wirken: „König Harald ließ dieses Denkmal zur Erinnerung an König Gorm, seinen Vater, und seine Mutter Thyra errichten; jener Harald, der ganz Dänemark und Norwegen gewann und die Dänen zu Christen machte."

Harald Blauzahn (um 910–987) war der erste dänische Herrscher, der den christlichen Glauben annahm und sich taufen ließ. Wahrscheinlich hatte er die politischen Vorteile einer Taufe erkannt. Haralds Vater Gorm (gestorben um 940) aber war seinem alten Glauben treu geblieben und hatte sogar grausame Christenverfolgungen veranlasst. Ihm gelang es zwischen 900 und 940, gegenüber einer Vielzahl von Häuptlingen und Kleinkönigen ein vereintes Reich zu bilden. Damit gilt er als Gründer des Dänischen Königreiches. Im Norden gehörten die südschwedischen Gebiete Halland und Schonen zu Dänemark, im Süden bestand die Grenze aus einem etwa dreißig Kilometer langen Verteidigungswall mit Gräben und Holzpalisaden, dem Danewerk. Die Stadt Haithabu verlor Gorm an den deutschen Kaiser Heinrich I. den Vogler (875–936) während dessen Dänenfeldzug.

Im Winter 959 bestieg nach dem Tod Gorms des Alten der 29-jährige Harald den dänischen Thron. Um 960 ließ sich der junge König von dem deutschen Priester Poppo taufen. Dieser hatte ihn der Legende nach durch ein Wunder von der Macht des christlichen Gottes überzeugt: Er umfasste ein glühendes Eisen mit bloßer Hand, ohne sich Verbrennungen zuzufügen. Mit der Taufe stieg Harald in den Augen des deutschen Kaisers Otto I. zum christlichen Herrscher auf, sicher auch ein Motiv für den plötzlichen Glaubenswechsel. Trotzdem besserte sich das Verhältnis zum deutschen Herrscher nicht, und zur wirkungsvolleren Verteidigung seines Reiches ließ Harald um

968 das Danewerk stärker ausbauen und mit dem Schutzwall um seinen Haupthandelsplatz und Königssitz Haithabu verbinden. Ebenso sollten viele weitere Festungsbauten sein Reich schützen. Auch nach Norden strebte Harald Blauzahn eine Ausweitung seiner Macht an, und über die Unterstützung eines Verwandten bei der Thronfolge in Norwegen gewann er auch hier großen Einfluss.

Doch bald wendete sich das Glück. Bei seinem Versuch, seinen Herrschaftsbereich über die Eidergrenze nach Süden auszuweiten, unterlag der Dänenkönig dem neuen deutschen Kaiser Otto II., dessen Truppen Haithabu und das Danewerk einnahmen. Nachdem ihm sein norwegischer Stellvertreter die Gefolgschaft verweigert hatte, fiel Harald in Norwegen ein, musste allerdings in der Seeschlacht vor Hjörungavag in Westnorwegen eine herbe Niederlage einstecken. Da Otto II. die Grenzen seines Reiches im Süden verteidigen musste, gelang es Harald 983, Haithabu und das Grenzland zurückzuerobern.

Um 986 zettelte Sven Gabelbart eine Rebellion gegen seinen Vater, den dänischen König Harald, an, weil dieser ihn wohl von der Thronfolge ausschließen wollte, und zog sogar in den offenen Kampf gegen ihn. Sven Gabelbart musste nach einer schweren Schlacht zwar zunächst fliehen, aber Harald Blauzahn erlag einer tödlichen Verletzung.

Nun war der Weg frei für Sven Gabelbart (um 965–1014), der seinem Vater ab 986 auf den Thron von Dänemark folgte. Er kehrte zum Heidentum zurück und vertrieb die christlichen Priester. Im Jahr 1013 besiegte Sven Ga-

Waldemarsmauer am Danewerk

belbart den englischen König Æthelred II. und machte sich selbst zum König von England. Allerdings starb er kurz vor seiner Krönung, so dass er als der englische König mit der kürzesten Regierungszeit von nur 40 Tagen in die Geschichte einging. Ihm folgten seine Söhne Harald II. und nach dessen Tod 1018 Knut auf den dänischen Thron.

Herrschern, denen es gelang, ein Großreich zu begründen, wird von der Geschichte gerne der Beiname „der/die Große" verliehen, wie Karl dem Großen. Unter Knut dem Großen (1018–1035), dem Sohn Sven Gabelbarts, der die Kronen Englands, Schottlands und Norwegens vereinigte und sich stolz als König aller Skandinavier und Engländer bezeichnete, entstand für kurze Zeit ein nordisches Großreich, das von England über Norwegen und Dänemark bis an die Grenze Schwedens reichte. Der erste deutsche Salierkaiser Konrad II. überließ seinem Schwiegervater Knut 1025 darüber hinaus die Mark Schleswig bis zur Eider als Südgrenze Dänemarks. Ausschlaggebend dafür war sicher auch die Anerkennung der geistlichen Oberhoheitsrechte des Erzbischofs von Hamburg-Bremen durch Knut. Im Gegensatz zu seinem Vater Sven Gabelbart führte Knut das Christentum wieder ein, unter anderem auch weil er den großen Einfluss der Kirche für die Sicherung seiner Königsmacht nutzen wollte.

Das Danewerk, dänisch Danevirke, bildete als Verteidigungswall die südliche Grenze Dänemarks und sollte zugleich den bedeutenden Handelsweg zwischen Nord- und Ostsee sichern. Der Wall verband die Handelsstadt Haithabu an der Schlei mit Hollingstedt und der Treene. Die ältesten Teile des Danewerks sind schwierig zu datieren, aber um 700 erfolgte ein erster großer Ausbau, ein weiterer im Jahr 737. Zur Zeit Karls des Großen ließ der dänische König Godfred an der Grenze das Danewerk weiter befestigen. In der Wikingerzeit wurde das Danewerk im 10. Jahrhundert verstärkt und mit Haithabu verbunden. Der Abschnitt der so genannten Waldemarsmauer ist ein 3,5 Kilometer langer Erdwall mit vorgesetzter Ziegelsteinmauer. König Waldemar I. der Große (1131–1182) gab den Bau 1163 in Auftrag.

1135 | Apostel der Wagrier

Von der Erbauung von Segeberg.

Da der glorreiche Kaiser Lothar und seine ehrwürdige Gemahlin Rikenza dem Dienste Gottes die andächtigste Fürsorge widmeten, so erschien vor dem Kaiser, als er sich zu Bardewich (wohl im Jahr 1131) aufhielt, Vicelin, der Priester Christi, und legte ihm an's Herz, daß er dem Volke der Slaven nach der ihm vom Himmel verliehenen Macht ein Mittel zur Rettung ihrer Seelen darbieten möchte. Ferner wies er ihm nach, daß im wagirischen Lande ein geeigneter Berg vorhanden sei, um auf demselben zum Schutze des Landes eine königliche Burg zu errichten. Denn auch Kanut, der König der Obotriten, hatte einst denselben Berg besetzt, aber die dort liegenden Krieger waren von Räubern, die bei nächtlicher Weile eingelassen waren, gefangen genommen, auf Anstiften des älteren Grafen Adolf, welcher von Kanut, wenn derselbe mächtig würde, bedrängt zu werden gefürchtet hatte. Der Kaiser gab also dem klugen Rathe des Priesters Gehör, und sandte sachverständige Männer hin, um den Berg zu besichtigen, ob er zur Befestigung geeignet wäre. Als diese Vicelins Ansicht bestätigten, kam er über den Fluß in's Land der Slaven an den bestimmten Ort und befahl dem ganzen Volke der Nordelbinger, zum Baue der Burg herbeizueilen. Aber auch die Fürsten der Slaven erschienen dem Kaiser gehorsam und halfen am Baue, obwohl mit großem Schmerze, denn sie merkten, daß damit eigentlich auf ihre Bedrückung hingearbeitet werde. Darum sagte ein Fürst der Slaven zu einem andern: „Siehst du diesen festen und emporragenden Bau? Siehe, ich prophezeihe dir, diese Burg wird eine Zwingburg für das ganze Land. Denn von hier ausrückend werden sie zuerst Plunen (Plön) überwältigen, dann Aldenburg und Lubeke: darnach werden sie über die Trabena gehen und Racesburg und das ganze Land der Polaben erobern. Aber auch das Land der Obotriten wird ihren Händen nicht entgehen." Jener antwortete: „Wer hat uns dies Unglück bereitet und dem Könige diesen Berg verrathen?" Da erwiederte der Fürst: „Siehst du den kleinen Mann mit dem kahlen Haupte, der dort beim Könige steht? Der hat dies ganz Unglück über uns gebracht." Die Burg also wurde fertig gebaut, mit einer zahlreichen Besatzung versehen und Sigeberg genannt. Der Kaiser aber setzte auf derselben als Befehlshaber seinen Getreuen Heriman ein. Damit nicht zufrieden, verordnete er auch die Gründung einer Kirche am Fuße des Berges, wobei er zur Unterhaltung des Gottesdienstes und der dort zu versammelnden geistlichen Brüder sechs oder mehr Ortschaften anwies, was dem Brauche gemäß durch besondere Urkunden festgesetzt wurde. Die Verwaltung dieser Kirche aber übertrug er dem Vicelin, damit derselbe auch die Errichtung von Wohnungen und die Herbeiziehung von Ansiedlern um so williger betreiben möchte. Dasselbe verfügte er auch in Betreff der Lubeker Kirche; dann befahl er dem Pribizlaw bei Verlust seiner Gnade, für den genannten Priester oder dessen Stellvertreter angelegentlichst Sorge zu tragen. Er nahm sich, wie er selbst bezeugte, vor, das ganze Volk der Slaven dem heiligen Glauben zu unterwerfen, und aus dem Diener Christi einen großen Bischof zu machen.

Helmold von Bosau: Chronik der Slaven.
Nach der Ausgabe der Monumenta

Germaniae übersetzt von Dr. J.C.M. Laurent. Neu bearbeitet von W. Wattenbach. Leipzig 1894, Seite 123–125.

Vom Priester zum bedeutenden Geschichtsschreiber: Seit etwa 1156 war der um 1120 in Goslar geborene Helmold Pfarrer an der St. Petri-Kirche in Bosau, einem der Ausgangspunkte für Vicelins Missionstätigkeit. Zwischen 1167 und 1172 verfasste Helmold eine Chronik in lateinischer Sprache, die „Chronica Slavorum" (Slawenchronik). Darin beschrieb

St. Petri-Kirche in Bosau

Vicelin, Statue in der St. Petri-Kirche in Bosau

Rekonstruktion der slawischen Siedlung in Starigard, dem heutigen Oldenburg, Wallmuseum Oldenburg

er die Ostsiedlung in Ostholstein (Wagrien), Mecklenburg, Brandenburg, Pommern und Skandinavien sowie die Missionierung der Slawen von der Zeit Karls des Großen an. Dem Plan zum Bau der Burg von Segeberg widmete er ein Kapitel. Helmolds Werk kann als bedeutendste Schriftquelle Norddeutschlands des 12. Jahrhunderts gelten. Helmold verehrte seinen Lehrer Vicelin und stellte in seiner Chronik auch die Persönlichkeit, das Leben und den Missionskampf des „Apostels der Wagrier" dar.

Vom 7. bis 12. Jahrhundert siedelten in Wagrien die slawischen Abodriten, auch Wenden genannt, mit ihren Teilstämmen, den Wagriern, die in das heutige Ostholstein zogen, und den Polaben im heutigen Lauenburg. Zu Beginn des 9. Jahrhunderts besiedelten die slawischen Stämme ein Gebiet, das von der Kieler Förde bis zur Elbe bei Lauenburg reichte. Das westlichste Herrschaftszentrum der Slawen war Starigard („alte Burg"), das heutige Oldenburg. Helmold nannte neben dem slawischen Namen auch den deutschen: „Aldenburg, ea quae Slavica lingua Starigard, hoc est antiqua civitas, dicitur." Reste einer frühmittelalterlichen Burg auf dem imposanten Ringwall erinnern an die slawische Siedlungszeit. Starigard/Oldenburg war die erste Burg und ehemalige Fürstenburg der Slawen in Ostholstein, später dann Bischofssitz und Zentrum der christlichen Mission Wagriens. Seit dem 9. Jahrhundert unternahmen die deutschen Könige und Kaiser immer wieder Versuche, das Land nordöstlich der Elbe zu kolonisieren und zu christianisieren. Aber der Widerstand der

Hafen in Starigard, Wallmuseum Oldenburg

Rekonstruktion des Fürstenhofes in Starigard, Wallmuseum Oldenburg

slawischen Stämme war beharrlich. In einem großen Aufstand drangen die Slawen 1066 in ganz Nordelbingen und Jütland ein, zerstörten Hamburg und Haithabu. Der zum Christentum übergetretene Wendenfürst Heinrich beendete interne Streitigkeiten und vereinigte die Stämme in einem slawischen Reich, das sich bis Mecklenburg und Vorpommern erstreckte.

Der um 1090 in Hameln geborene Vicelin wurde nach mehrjährigem Unterricht an der Paderborner Domschule ab 1118 Lehrer an der Domschule in Bremen. Nach einem Studienaufenthalt in Frankreich beauftragte ihn der Bremer Erzbischof Adalbero 1126 mit der Mission der zum Stamm der Abodriten gehörenden Slawen im Raum Lübeck. Zunächst nahm er seine Tätigkeit im Grenzgebiet zwischen Holsaten und Slawen auf und gründete

1127 eine Kirche und ein Kloster, dessen Name „novum monasterium" („neues Münster") schließlich auf den Ort Neumünster überging.

Vicelin überzeugte Lothar III. von Supplinburg (1075–1137), seit 1125 König, ab 1133 Kaiser des römisch-deutschen Reiches, den strategisch wichtigen Segeberger Kalkberg zu befestigen. Zugleich schaffte es Vicelin, unterhalb der wehrhaften „Siegesburg" um 1135 eine Kirche und ein Kloster zu errichten. Segeberg wurde zum Ausgangspunkt seiner Missionstätigkeit im slawischen Siedlungsgebiet. Klostergründungen bildeten meist die Vorhut der Besiedlungen, denen dann Kirchen, Burgen und Städte folgten.

Nach dem Tod Kaiser Lothars III. 1137 gelang es dem sächsischen Herzog Heinrich dem Löwen, sein Herzogtum auszubauen und nach Osten zu vergrößern. Den in der Auseinandersetzung zwischen Welfen und Staufern von Lothars Nachfolger Konrad III. vertriebenen Schauenburger Adolf II. setzte Heinrich der Löwe 1142 wieder als Grafen von Holstein ein. Der nun in seiner Slawenmission unterstützte Vicelin setzte vor allem darauf, den weiteren Bau von Kirchen voranzutreiben. So entstanden die Kirchen in Bornhöved, Oldesloe und 1151 Bosau. Mit den vielen Kirchbauten wurde Vicelin einer der „Kirchenväter" Nordelbiens. Nach jahrelangen politischen Kämpfen empfing Vicelin 1150 endlich die Bischofsweihe durch Heinrich dem Löwen. Nach langer Krankheit starb er 1154.

Die in den Missionskämpfen mehrfach bedrohte und auch zerstörte „Siegesburg" wur-

Lothar III. von Supplinburg, Fassadenfigur am Hamburger Rathaus

Marienkirche in Bad Segeberg

Die romanische St. Jakobi-Kirche in Bornhöved wurde 1149 von Vicelin geweiht.

de dem Schauenburger Grafen Adolf II. von Heinrich dem Löwen als gräfliche Residenz übertragen und als größte und bedeutendste Festung Nordelbiens ausgebaut. Graf Adolf machte sich daran, die unter seinem Vater, dem niedersächsischen Grafen Adolf I. von Schauenburg, begonnene Besiedlung und Missionierung fortzusetzen. Mit der Belehnung Adolfs I. mit der Grafschaft Holstein durch den damaligen Herzog von Sachsen Lothar von Supplinburg 1111 begann die mehr als 350 Jahr andauernde Regentschaft des Schauenburger Geschlechts über Holstein und Stormarn. Grundlage dieser Schauenburger Herrschaft bildete das Lehnswesen. Adolf II. festigte von Segeberg aus seine Landesherrschaft über Holstein, Stormarn und Wagrien, indem er deutsche Siedler aus Niedersachsen, Westfalen und vom Niederrhein ins Land rief, um den Grund und Boden zu kultivieren.

Helmold berichtete auch über diesen Siedlungsaufruf:

Wie aber das Land menschenleer war, so sandte er Boten aus in alle Lande, nach Flandern und Holland, nach Utrecht, Westfalen und Friesland, und ließ alle die, welche um Land verlegen wären, auffordern, mit ihren Familien hin zu kommen: sie würden sehr gutes, geräumiges, fruchtbares, Fisch und Fleisch im Ueberfluß darbietendes Land und vortheilhafte Weiden erhalten. ... Diesem Aufrufe folgend, erhob sich eine unzählige Menge aus verschiedenen Völkern, und sie kamen mit ihren Familien und mit ihrer Habe in's Land der Wagiren zum Grafen Adolf, um das Land, das er ihnen versprochen hatte, in Besitz zu nehmen.

Helmold von Bosau: Chronik der Slaven. Nach der Ausgabe der Monumenta Germaniae übersetzt von Dr. J.C.M. Laurent. Neu bearbeitet von W. Wattenbach. Leipzig 1894, Seite 132.

Das zur Verfügung stehende Land wurde zur Grundlegung der Abgabenhöhen vermessen und an die Kolonisten vergeben. Zuerst wurde das bis dahin von den Slawen bewohnte Gebiet besetzt. Sofern sie nicht vertrieben wurden, wurden die verbleibenden Slawen christianisiert und gezwungen, sich im Laufe der Zeit an die deutsche Lebens- und Wirtschaftsweise anzupassen. Häufig siedelten sich die Slawen bzw. Wenden in Dörfern neben ihren bisherigen Wohnsitzen an, was zu einem Nebeneinander deutschsprachiger und slawischer Ortschaften führte, die man an Ortsnamenzusätzen „Wendeschen-" bzw. „Dudeschen-" erkennt, zum Beispiel in „Dudeschen Alverstorp". Adolf II. legte mit seiner Siedlungspolitik die Grundlagen für die Grundherrschaft, die völlig neue Rechtsverhältnisse und Siedlungs- und Wirtschaftsstrukturen schuf. Für seine städtischen Gründungen rief Graf Adolf II. auch Handwerker und Kaufleute aus dem Westen ins Land. Adolfs Maßnahmen markierten den Beginn der deutschen Ostkolonisation.

Zur Sicherung des nördlich der Eidergrenze gelegenen Gebietes gegen die Gefährdungen von Süden, besonders durch die Slawen, wurde wegen seiner enormen grenzpolitischen, wirtschaftlichen, vor allem strategischen Bedeutung am Ende des 11. Jahrhunderts eine dänische Statthalterschaft in Schleswig eingerichtet. Von 1115 bis 1131 nahm diese Funktion der dänische Königssohn Knud Laward wahr. Dass dieser Statthalter oder Jarl die unmittelbare Herrschaft über die gesamte Grenzmark besaß, war eine der Voraussetzungen zur Umbildung Schleswigs zum eigenen Territorium und schließlich zum Herzogtum, das dem dänischen Königshaus in der Folgezeit auch zur Versorgung von Mitgliedern der königlichen Familie diente. Mit Herzog Abel (1218–1252), dem Sohn König Waldemars II., wurde ein Spross des Königshauses von 1232 bis 1250 Herzog von Schleswig. Verstärkt wanderten auch deutsche Adelige und Siedler in den bis dahin besiedlungsarmen Raum zwischen Schlei und Eider ein, die das bis dahin öd liegende Grenzgebiet kolonisierten und urbar machten. Die beiden großen Gebiete der Kimbrischen Halbinsel, Holstein im Süden und Schleswig im Norden, begannen den Weg zu ihrer Eigenständigkeit und ihrer Sonderstellung.

1143 | Spät, aber nicht zu spät: die mittelalterlichen Stadtgründungen

Der junge Theodor Storm, der 1837 im Lübecker Katharineum das Abitur ablegte, ließ es sich nicht nehmen, in seiner Ballade die direkte Nachbarschaft von Marienkirche und Rathaus bzw. Ratskeller in spöttischer Weise zu kommentieren. Dabei griff er die traditionelle und überall übliche Nähe weltlicher und geistlicher Machtzentren in mittelalterlichen Stadtgründungen auf. Storm bezieht sich in seiner Ballade auf eine alte Lübecker Sage, der zufolge die Lübecker den Teufel mit der Lüge, sie bauten ein Wirtshaus statt einer Kirche, dazu brachten, beim Bau zu helfen. Als der Teufel die Täuschung bemerkte, wollte er die Kirche mit einem großen Stein zerstören. Die Lübecker versprachen ihm aber den Bau eines Wirtshauses direkt neben der Kirche. So ließ der Teufel den Stein fallen, auf dem heute das Teufelchen sitzt.

Bronze-Teufelchen von Rolf Goerler vor der Marienkirche zu Lübeck

Der Bau der Marienkirche zu Lübeck.

Eine Sage

Im alten heiligen Lübeck
Ward eine Kirche gebaut
Zu Ehren der Jungfrau Maria,
Der hohen Himmelsbraut.

Doch als man den Bau begonnen,
Da hat es der Teufel gesehn;
Der glaubte, an selbiger Stelle
Ein Weinhaus würde erstehn.

Draus hat er manch arme Seele
Sich abzuholen gedacht,
Und drum das Werk gefördert
Ohn' Rasten Tag und Nacht.

Die Maurer und der Teufel,
Die haben zusammen gebaut;
Doch hat ihn bei der Arbeit
Kein menschlich Aug' geschaut.

Drum, wie sich die Kellen rührten,
Es mochte keiner verstehn,
Daß in so kurzen Tagen
So großes Werk geschehn.

Und als sich die Fenster wölben,
Der Teufel grinset und lacht,
Daß man in einer Schenke
So Tausende Scheiben macht.

Doch als sich die Bogen wölben,
Da hat es der Teufel durchschaut,
Daß man zu Gottes Ehren
Eine Kirche hier erbaut.

Da riß er in seinem Grimme
Einen Fels von Bergeswand,
Und schwingt sich hoch in Lüften,
Von männiglich erkannt.

Schon holt er aus zum Wurfe
Aufs heilige Prachtgebäu; –
Da tritt ein Maurergeselle
Hervor getrost und frei:

„Herr Teufel, wollt nichts Dummes
Begehen in der Hast!
Man hat ja sonst vernommen,
Daß Ihr Euch handeln laßt!"

„So bauet", schrie der Teufel,
„Ein Weinhaus nebenan,
Daß ich mein Werken und Mühen
Nicht schier umsonst getan." –

Und als sie's ihm gelobet,
So schleudert er den Stein,
Auf daß sie dran gedächten,
Hart in den Grund hinein. –

Drauf, als der Teufel entfahren,
Ward manches liebe Jahr
Gebaut noch, bis die Kirche
Der Jungfrau fertig war.

Dann ist dem Teufel zu Willen
Der Ratsweinkeller erbaut,
Wie man ihn noch heutzutage
Dicht neben der Kirche schaut.

So stehen Kirch' und Keller
In traulichem Verein;
Die frommen Herrn zu Lübeck,
Die gehen aus und ein.

Sie beten wohl da droben,
Da drunten trinken sie,
Und für des Himmels Gaben
Da droben danken sie.

Und trinken sie da drunten,
Sie denken wohl dabei:
Dem selbst der Teufel dienet,
Wer fröhlich, fromm und frei.

Theodor Storm: Der Bau der Marienkirche zu Lübeck. In: Volksbuch auf das Jahr 1846 für die Herzogthümer Schleswig, Holstein und Lauenburg. Altona 1845, Seite 111–113.

Spät, aber nicht zu spät … Das Hochmittelalter wurde endlich auch in Schleswig-Holstein zum Zeitalter der Stadtgründungen. Im Laufe

Marienkirche zu Lübeck

des 12. und 13. Jahrhunderts veränderte sich die Siedlungsstruktur radikal. Im 12. Jahrhundert wurden zwar nur vereinzelt Städte gegründet wie zum Beispiel Lübeck 1143, im 13. Jahrhundert dagegen konnte man von einer wahren Urbanisierungswelle sprechen, während der zahlreiche Städte, wie zum Beispiel Kiel 1242, gegründet wurden. Vor allem die dänischen Könige, die Herzöge von Schleswig sowie die Grafen von Holstein und Stormarn trieben in ihren jeweiligen Herrschaftsgebieten – durchaus auch immer als Konkurrenten – die Stadtgründungen voran. Die Städte als Orte mit besonderen rechtlichen, wirtschaftlichen und militärischen Merkmalen boten ihren Bewohnern ganz neue Lebensbedingungen. Die holsteinischen Binnenorte erhielten wie Segeberg oder Oldenburg als burgengeschützte Marktorte Lübisches Stadtrecht. Im Herzogtum Schleswig wurde vielfach die Förden- oder Buchtlage gewählt, so entstanden Flensburg und Haderslev, Eckernförde, Sønderborg und Aabenraa, die nach dem Schleswiger Stadtrecht verwaltet wurden, das dem Lübischen ähnlich war. Vielfach gründeten die Bettelorden der Franziskaner und Dominikaner ihre Klöster in diesen Städten und prägten damit das geistliche und das soziale Leben der Städte. Die

Burgtor in Lübeck

Rathaus von Lübeck

meisten Städte erfüllten hauptsächlich eine Binnenmarktfunktion. Ausgedehnte Exportgeschäfte wurden eigentlich nur in Lübeck und Hamburg abgewickelt, allenfalls noch in Kiel und Flensburg. Weitere Schauenburger Stadtgründungen waren: Itzehoe und Oldesloe 1238, Neustadt 1244, Heiligenhafen und Lütjenburg 1250.

Während die schleswig-holsteinischen Territorialherren etliche Klein- und Mittelstädte initiierten, entwickelte sich mit Lübeck seit der Gründung 1143 eine der wenigen mittelalterlichen Großstädte.

Lübeck ist es wert: Die Stadt wurde dreimal gegründet! Bereits im 9. Jahrhundert existierte etwas weiter nördlich am Zusammenfluss von Trave und Schwartau eine slawische Burganlage mit dem Namen Liubice, die „Liebliche, Schöne", die schon als hochrangiger Handelsplatz galt, aber im Jahr 1138 zerstört wurde. 1143 wurde auf der Halbinsel zwischen Trave und Wakenitz vom Grafen Adolf II. von Schauenburg, dem Lehnsmann des Sachsenherzogs Heinrich, im Rahmen der Besiedlung Wagriens eine deutsche Siedung angelegt, die zu einem der erfolgreichsten wirtschaftspolitischen Projekte des Mittelalters gezählt werden kann. Graf Adolf holte Friesen, Flamen und Westfalen als Siedler ins Land.

Der Welfenherzog Heinrich der Löwe (1129–1195) gilt gemeinhin als Gründer Lübecks. Tatsächlich aber gründete er 1159 die Stadt Lübeck zum dritten Mal. Eigentlich bekämpfte Heinrich der Löwe die Stadtanlage zunächst, weil er den Ruin seiner eigenen nahen Stadtgründung Bardowieck bei Lüneburg befürchtete und weil Graf Adolf es ablehnte, ihn an den Einkünften der Stadt zu beteiligen, und schließlich weil er sie als Konkurrenz zu der von ihm an der Wakenitz gegründeten Löwenstadt sah. Nachdem die Stadt 1157 nahezu vollständig Opfer einer Brandkatastrophe geworden war, gründete Herzog Heinrich der Löwe 1159 Lübeck erneut. Graf Adolf war nun endlich bereit, ihm gegen finanzielle Gegenleistung die Stadt zu überlassen. Der Herzog übernahm die Stadtherrschaft und begann mit Hilfe finanzstarker Kaufleute aus Westfalen und dem Rheinland, den Fernhandel der Stadt aufzubauen. Als Heinrich 1160 den Bischofssitz von Oldenburg nach Lübeck verlegte, wurde 1163 in Anwesenheit Heinrichs des Löwen und des Grafen Adolf ein erster Bau des Lübecker Doms geweiht.

Bei dieser Gelegenheit verlieh der Herzog der Stadt das Stadtrecht, das als Lübisches Stadtrecht Vorbild für viele norddeutsche Städte wurde. Alle holsteinischen Städte wurden nach dem Lübischen Recht verwaltet, erhielten also das Privileg der Selbstverwaltung durch einen Rat. Außerdem erhielt die Stadt weitreichende Privilegien, die innere Ordnung selbstständig zu regeln und nach dem Rechtsgrundsatz „Stadtluft macht frei“ zu verfahren, demzufolge jeder Unfreie nach einem Jahr die persönliche Freiheit als Bürger der Stadt, auch über sein Eigentum, erlangen konnte. 1173 legte der Herzog den Grundstein für den Bau eines neuen großen Doms. Vom Handelserfolg der Lübecker Kaufleute profitierte Heinrich der Löwe durch ihre ho-

Teile der alten Lübecker Stadtmauer

hen Abgabeverpflichtungen erheblich. Die Rechte des Herzogs in der Stadt vertrat ein Stadtvogt, der in der alten gräflichen Burg im Norden der Stadt residierte.

Lübeck wurde mit dem typischen Grundriss hochmittelalterlicher Städte angelegt: regelmäßiges Straßennetz mit zwei langen Parallelstraßen, großem Marktplatz mit Rathaus und zentralem Kirchenbau: Die Marienkirche wurde von 1277 bis 1351 als Bürger- und Marktkirche im Viertel der Kaufleute in der Nähe des Rathauses und des Marktes auf dem höchsten Punkt der Altstadtinsel gebaut und wurde – durchaus auch als Gegenpol zu dem Bischofsdom im Süden der Stadt – zum Symbol für den Reichtum und die Macht der Lübecker Kaufmannschaft. Die Kirche der Bürger war breiter und höher und wies deutlich höhere Türme auf als die Kirche des Bischofs. In ihrer grandiosen Backsteingotik war die Lübecker Marienkirche Vorbild für unzählige Kirchen des Ostseeraums.

Einzigartig waren auch die hervorragenden Verteidigungsmöglichkeiten der Stadt durch die Insellage, knapp zwanzig Kilometer vom Meer entfernt, gut geschützt gegen Seeräuber. Hinzu kam zugleich die beste Verkehrslage: Die Trave verband den Hafen mit der Ostsee, Möglichkeiten für die Binnenschifffahrt boten die Trave und der Ende des 14. Jahrhunderts zwischen Mölln und Lauenburg gebaute Stecknitzkanal, der den Schiffstransport des Lüneburger Salzes von Lauenburg bis Lübeck ermöglichte. Die Wasserversorgung war durch die aufgestaute Wakenitz für die Stadt gesichert sowie für die zahlreichen Wassermühlen und die Bierbrauerbetriebe. Im Süden der Stadt wurde der Dom errichtet als Sitz des Bistums Lübeck, im Norden wurde aus Dank für den Sieg über die Dänen bei Bornhöved (1227) das Dominikanerkloster an der Stelle der ehemaligen Grafenburg gebaut. Die Stadtmauer und die vier Stadttore waren die Bestandteile des Stadtbefestigungssystems, das im Dreißigjährigen Krieg erheblich ausgebaut wurde. Sie zogen die Grenzen der Stadt, boten den Einwohnern Schutz, trennten aber auch sehr deutlich, wer dazugehörte und wer nicht. Jeden Abend wurden die Stadttore geschlossen, und die Nachtwächter zogen ihre Runden. Auch die Kirchen, zumindest ihre

Mittelschiff der Marienkirche zu Lübeck

Mittelalterliches Kaufmannshaus in der Alfstraße 38, Lübeck

Türme, besaßen im Übrigen eine Funktion für die Verteidigung: Vom Turm aus war das Ausspähen des Feindes möglich, und mit den Glocken konnte Alarm geläutet werden.

Die gute geographische, äußerst verkehrsgünstige Lage Lübecks an der unteren Trave mit Zugang zur Ostsee und zugleich mit einer mannigfaltigen Straßenverbindung zum Hinterland, nach Hamburg und Lüneburg, aber auch ins südlichere Deutschland hinein bewirkte einen ungeheuren Aufschwung im Handel, vor allem mit den Ostseeländern. Das Silber aus den Bergwerken des Harzes verschaffte den Lübeckern ihr Kapital. Aus Lüneburg erhielt Lübeck über die Alte Salzstraße das Salz, das so wichtig war für die Konservierung von Fisch. Lübeck wurde zum Ausgangspunkt für die deutsche Schifffahrt auf der Ostsee und zum Vorbild für viele Stadtgründungen im Ostseeraum.

Die im 12. Jahrhundert gebildete Kaufmannshanse entwickelte sich im 13. und 14. Jahrhundert zu dem weitverzweigten Städtebund, dessen Zentrale Lübeck war, die „Königin der Hanse". Die Stadt wurde dadurch zu einem der wichtigsten Handelszentren Nordeuropas im ausgehenden Mittelalter und zählte zu den größten Städten im Heiligen Römischen Reich. Der Fernhandel verlagerte sich im Laufe der Jahrhunderte nach Westen; der Hamburger Hafen überflügelte den Lübecker, der immer bedeutungsloser wurde. Nachdem die Kontore in Nowgorod und London geschlossen worden waren, verlor die Hanse im 16. und 17. Jahrhundert ihre Vormachtstellung. Der Dreißigjährige Krieg brachte den internationalen Handel vorübergehend völlig zum Erliegen. 1669 fand in Lübeck der Hansetag zum letzten Mal statt.

Aber ihre herausragende Bedeutung war für die Hansestadt nicht immer nur vorteilhaft. Der langjährige Konflikt zwischen dem Sachsenherzog Heinrich und dem deutschen Kaiser Friedrich I. Barbarossa spitzte sich in der Frage des vom Kaiser geplanten Kreuzzugs zu. Sein Vetter verweigerte ihm die Teilnahme. Daraufhin setzte Barbarossa Heinrich den Löwen 1180 kurzerhand als Herzog ab. Nur die Lübecker Bürgerschaft hielt zu ihm, brachte die Stadt aber durch ihre Treue in arge Gefahr, denn der Kaiser rückte 1181 mit einem Heer gegen Lübeck vor. Was tun? Die Belagerung, den Kampf riskieren? Oder sich ergeben

Speicher an der Trave

und einen ehrenvollen oder sogar günstigen Frieden verhandeln? Die Bürgerschaft erkannte nun schnell, dass sie auf verlorenem Posten stand, bat unter diesen Umständen den Herzog darum, sie von ihrem Treueeid zu entbinden, und öffnete dem Kaiser die Stadttore, wodurch sie die Stadt rettete und ihr als Folge der Loslösung vom Landesherrn sogar die politische Unabhängigkeit sicherte. Kaiser Friedrich I. bestätigte den Lübeckern die wichtigsten städtischen Freiheiten, die so genannten Barbarossa-Privilegien. Diese Zeit höchster existentieller Bedrohung für die Stadt schildert Ernst Deecke in seinem Lübecker Geschichten- und Sagenbuch.

1178 ungefähr waren die Sachen im Wendenlande sehr verwickelt und verwirrt, wegen Herzog Heinrichs des Löwen, der sich des Kaisers große Unhuld zugezogen. Da er sich nun trotzig und protzig bewies, machte sich Kaiser Friedrich der Rothbart zur Rache gefaßt und verfolgte ihn. Er trieb ihn aus Baiern nach Sachsen, und ließ ihm nirgends keinen Frie-

Stadtgöttin Hammonia mit Lobeerkranz für Ruhm und Steuerrad für die Seefahrt, über dem Hauptportal des Hamburger Rathauses

den. Die Bardowieker aber, bei denen der Herzog Hülfe suchte, schlossen ihm nicht allein die Thöre zu, sondern bewiesen ihm auch von den Mauern herab viel Schimpfs. Lübeck aber nahm ihn mit Freuden auf, und hielt ihn als einen Kurfürsten von Niedersachsen. … Der Kaiser aber zog immer vorwärts und kam endlich vor Lübeck (1181). Wie aber bei seiner Ankunft die Stadt vor ihm zugemacht wurde, verwunderte er sich dessen nicht wenig, sintemal es noch eine neue Stadt war, und doch so verwegene Leute, daß sie das Thor vor ihm zuschließen dürften. Inzwischen lagerte er sich auf dem Lauerhof und verlegte die Straßen: dazu kam auch König Woldemar, den er durch Gesandte beschickt, mit einer großen Armada, die gleichwohl besser zur Pracht als zum Krieg gerichtet war. Nun ward Lübeck hart und fest belagert, und die Besatzung schwer bedrängt; Hülfe aber, oder gar Entsatz war nicht zu erwarten; dazu wurden die Bürger durch Kundschaft berichtet, daß der Kaiser sich ernstlich vorgenommen, nicht zu weichen; weil er die Stadt von außen gesehn, wollt' er sie auch inwendig beschauen. …

Hierauf haben sie des Raths und der Bürgerschaft Vornehmste zu ihrem Landesfürsten hinausgesandt und ihn berichten lassen, in welch großer Noth seine Stadt wäre, und daß sie dem Kaiser nicht länger widerstehn möchte; könne er sie aber in einer beraumten Zeit entsetzen, so wollten sie sich halten. Wie der Herzog das hörte, seufzte er tief und ward von Herzen betrübt, bedankte sich aber aufs höchste gegen Rath und Bürgerschaft, und sandte mit dem Grafen Günzel von Schwerin die Antwort: er möge dem Glück nicht widerstreben, und möchten sie auch thun, was die Noth erfordere; entsetzen und retten könne er sie nicht; auch würden sie allein einen schweren Stein nicht weiter werfen. Dann nahm er seine Fürstin und jungen Herren zu sich und zog nach England.

Darauf sind die Vornehmsten der Stadt Lübeck zum Kaiser ins Lager gekommen, haben den gebührenden Fußfall gethan und unterthänigst gebeten, Kaiserliche Majestät wolle sie bei ihren Privilegien und Gerechtigkeiten, womit ihr Fürst sie vorhin versehen, gnädigst bleiben lassen; wogegen sie sich zu allem Gehorsam wieder erböten. Der Kaiser hörte sie mildiglich an, und nahm sie nicht allein zu Gnaden auf, sondern gab ihnen auch noch mehr Freiheiten, und einen Adler mit zween Köpfen in ihr Stadtsiegel; und also ist Lübeck zu einer Reichsstadt geworden anno 1182. Danach ist er mit herrlichem Pomp und Pracht in die Stadt geritten, und von der Bürgerschaft sowohl wie von der Klerisei mit großem Frohlocken und Jubel empfangen und aufgenommen. Er machte auch die Stadt zum Haupt aller Städte an See, nahm ihre Rathsherren unter die Zahl seiner beständigen Reichsräthe auf und gestattete ihnen, goldnen Schmuck zu tragen und dessen zu gebrauchen wie seine besten Ritter.

Ernst Deecke: Lübeck wird Reichsstadt. In: Ernst Deecke: Lübische Geschichten und Sagen. Lübeck 1852. Carl Boldemann's Buchhandlung, Seite 19–22.

Kaiser Barbarossa, Fassadenfigur am Rathaus Hamburg

Im ausgehenden Mittelalter galt Lübeck mit 25.000 Einwohnern als eine der größten Städte Europas. Nach Köln mit 40.000 Menschen war sie die bevölkerungsreichste Stadt Deutschlands. Die Rechte, die ihnen Barbarossa eingeräumt hatte, ließen sich die Lübecker auch von Kaiser Friedrich II. bestätigen, dazu die Reichsunmittelbarkeit. Der Kaiser verlieh Lübeck 1226 das Reichsfreiheitsprivileg und erhob die Stadt damit in den Rang einer Freien Reichsstadt, die immer frei sein und zum Reich gehören sollte, also direkt dem Reichsoberhaupt unterstellt war. In der von nun an unabhängigen und gut organisierten Stadt konnten sich eine blühende Kultur und Wirtschaft entfalten. Diese Reichsfreiheit behielt die Stadt über 700 Jahr lang, bis sie 1937 von den Nationalsozialisten abgeschafft wurde.

1171 | Einigkeit macht stark: Heinrich der Löwe und der dänische König Waldemar gegen die Slawen

Vor dem Lübecker Dom steht das Löwendenkmal, auf dessen Gedenktafel zu lesen ist: „Zum Gedenken an Heinrich den Löwen, Herzog von Bayern und Sachsen, 1129–1195. Er setzte den Wegbereiter des Christentums in unserem Lande, Vicelin, in Oldenburg zum Bischof ein. Er gründete im Jahre 1159 die Stadt Lübeck wieder. Er erhob Lübeck im Jahre 1160 unter Bischof Gerold zum neuen Sitz des Bistums und begann im Jahre 1173 mit dem Bau des Domes. Diese Nachbildung des 1166 in Braunschweig errichteten Denkmals wurde im Jahre 1975 aufgestellt von der Elfriede Dräger Gedächtnis Stiftung."

Lübecker Dom

Der Löwe

Im Dom zu Braunschweig ruhet
Der alte Welfe aus,
Der Löwe Heinrich ruhet
Nach manchem harten Strauß.

Es liegt auf Heinrichs Grabe,
Gleichwie auf einem Schild,
Ein treuer Todtenwächter,
Des Löwen eh'rnes Bild.

Der Löwe konnt nicht weichen
Von seines Herzogs Seit,
Von ihm, der aus den Krallen
Des Lindwurms ihn befreit.

Sie zogen mit einander
Durch Syriens öden Sand,
Sie zogen mit einander
Nach Braunschweig in das Land.

Wo auch der Welfe wandelt,
Der Löwe ziehet mit,
Zieht mit ihm, wie sein Schatten
Auf jedem Tritt und Schritt.

Doch als des Herzogs Auge
In Todesnöthen brach,
Der Löwe still und traurig
Bei seinem Freunde lag.

Vergebens fing den Löwen
Man in den Käfig ein;
Er brach die Eisenstäbe,
Beim Herren muß er sein.

Beim Herzog ruht der Löwe,
Hält jeden Andern fern,
Doch nach drei Tagen fand man
Todt ihn beim todten Herrn.

D'rum mit des Herzogs Namen
Geht stolz, Jahrhundert lang,
Der Löwe, wie beim Leben,
Noch immer seinen Gang.

Julius Mosen: Heinrich der Löwe. In: Thusnelda 1841. Zeitschrift zur Bildung und Unterhaltung der Jugend, insbesondere der weiblichen. Wien 1841. II. Band, Seite 342.

Nicht ohne Grund gibt Julius Mosen dem Sachsenherzog Heinrich in seiner Ballade den Löwen an die Seite als einen treuen Begleiter bis in den Tod. Das Wappentier des Welfenherzogs Heinrich der Löwe steht als Bronzestatue nicht nur in Braunschweig und Goslar, sondern auch in Lübeck und Ratzeburg. Das Streben des Herzogs von Bayern und Sachsen, sein Land und seine Macht in Konkurrenz zum Stauferkaiser Friedrich Barbarossa stetig zu vergrößern, richtete sich besonders auf Norddeutschland und auch auf Schleswig-Holstein. Um seinen Herrschaftsbereich nach Osten zu sichern, nahm er 1147 am Wendenkreuzzug teil, wobei er große Gebiete des slawischen Abodriten-Reiches in Wagrien und in Mecklenburg-Vorpommern eroberte, dessen vollständige Inbesitznahme ihm jedoch erst 1160 gelang. Das slawische Gebiet in Wagrien wurde der schauenburgischen Herrschaft unterstellt. Der Schauenburger Graf Adolf II. (1110–1164) als Lehnsmann des Herzogs holte Siedler in das Land. Die

Löwe vor dem Lübecker Dom

Heinrich der Löwe, Fassadenfigur am Hamburger Rathaus

ständige Bedrohung durch die Slawen wurde zu einer Schicksalsfrage sowohl für die Deutschen als auch für die Dänen. Im gemeinsamen Kampf gegen die Slawen sahen sich der Sachsenherzog und der König von Dänemark Waldemar I. der Große (1131–1182) zunächst vereint. Der Heeresmacht der Sachsen und dem gleichzeitigen Angriff der dänischen Flotte war der Slawenfürst Niklot nicht gewachsen. Nachdem Niklot, der letzte bedeutende Abodritenherrscher, im Kampf gefallen war, brach der Widerstand der Slawen zusammen. Als sich ihre Gebietsansprüche in Vorpommern aber überschnitten, wurde aus dem Bündnis Heinrichs mit Waldemar rasch eine Rivalität.

Nach einem erneuten Aufflammen des Widerstands im slawischen Abodriten-Reich unter Niklots Söhnen Wratislaw und Pribislaw ließen der Sachsenherzog und der dänische König ihr Bündnis wieder aufleben. 1163 kam es zur verlustreichen entscheidenden Schlacht, in deren Verlauf der Graf Adolf von Schauenburg fiel. Das besiegte Abodritenland wurde unter Herzog Heinrich und König Waldemar aufgeteilt. Durch diese außenpolitischen Erfolge gelang es Waldemar, seine Stellung im eigenen dänischen Reich zu festigen. Nach einem letzten gemeinsamen Waffengang gegen die Slawen änderte Heinrich aber seine Slawenpolitik und gab den Abodriten ihr Land zurück. Der Abodriten-Fürst Pribislaw nahm sein ehemaliges Reich 1167 von Heinrich dem Löwen als Lehen an und wurde ein treuer Vasall des Sachsenherzogs, auch in den danach aufbrechenden Konflikten mit dem dänischen König. 1171 kam es zum endgültigen Friedensschluss zwischen Sachsen und Dänen. Heinrich der Löwe kam bei der Zusammenkunft dem Dänenkönig an der Grenze auf der Eiderbrücke bis zur Hälfte entgegen, um seine gleichberechtigte Stellung zu unterstreichen. Zur Bekräftigung der künftigen friedvollen Koexistenz wurde Heinrichs Tochter Gertrud mit dem erst achtjährigen Knut, dem Sohn Waldemars des Großen, verheiratet. Damit waren für Herzog Heinrich die politischen Verhältnisse in Nordelbingen grundlegend geklärt und befriedet. Die Grenzen waren gesichert.

Neben Braunschweig war Lüneburg ein weiteres wichtiges Herrschaftszentrum Heinrichs des Löwen. 1154 erhielt er das Recht zur Bischofsinventur und gründete unter anderem das Bistum Ratzeburg. Auch dort ging die Initiative zum Dombau vom Herzog aus. Es entstand ein weiteres Musterbeispiel der romanischen Backsteinarchitektur Norddeutschlands, dessen Formstrenge und kompakte Größe dem Betrachter die gewaltige Macht der christlichen Kirche vor Augen führte. Gegenüber den kleinen Häusern um ihn herum schien der monumentale Kirchenbau kaum von Menschenhand geschaffen. Der Dom wurde zu einem imponierenden Symbol für das Selbstbewusstsein der christlichen Ostkolonisation.

Die außen- und innenpolitischen Erfolge Heinrichs des Löwen verhalfen ihm zu einer unumschränkten Herrschaft in seinem Herzogtum und zu einer nahezu königlichen Machtfülle, die sein Selbstbewusstsein ins Unermessliche steigerte. Das von ihm beherrschte Territorium, das von der Eidergrenze im Norden bis zum Harz reichte und zu dem auch Bayern und die Toskana gehörten, war größer als das aller deutschen Landesfürsten zusammen. Der Kaiser war in seinem dezentral regierten Reich meist im fernen Süden engagiert; das verschaffte dem Sachenherzog freie Hand. In seiner wachsenden Gegnerschaft zu Kaiser Friedrich Barbarossa zog Heinrich der Löwe aber schließlich den Kürzeren. Der Kaiser verhängte über den langjährigen Widersacher die Reichsacht, so dass dieser 1182 in die Verbannung nach England gehen musste. 1194 wurde er rehabilitiert und erhielt Teile seines Besitzes zurück. 1195 starb Heinrich der Löwe in seiner Residenzstadt Braunschweig.

Löwe vor dem Ratzeburger Dom

1227 | Eine entscheidende Schlacht: Bornhöved

Ein junger Heißsporn betrat die Bühne der Landesgeschichte. Der erst zwanzigjährige Erbe Holsteins trat zum Kampf um die Rückgewinnung seiner Grafschaft an, den er schließlich für sich entscheiden konnte. 1225 nahm der junge Graf Adolf IV. von Schauenburg und Holstein (vor 1205–1261) entschlossen den Kampf auf gegen den kampferprobten alten dänischen König Waldemar II. den Sieger (1170–1241), an den sein Vater, Graf Adolf III. (1160–1225), die Grafschaft Holstein verloren hatte. Adolf III. war ursprünglich durch Heinrich den Löwen und nach dessen Sturz erneut durch Kaiser Friedrich I. Barbarossa mit der Grafschaft belehnt worden. Den dänischen Expansionsversuchen war Adolf III. schließlich in der Schlacht bei Stellau 1201 unterlegen. Er wurde vom dänischen König gefangen genommen, verzichtete 1203 auf die Grafschaft Holstein und Stormarn und zog sich auf seinen Stammsitz Schauenburg an der Weser zurück. Holstein war dänisch geworden.

Nach Adolf's III. Verzicht herrschten die Dänen und ihre gewaltthätigen Amtleute im Lande. König Waldemar hatte über ganz Nordalbingien den Grafen Albrecht von Orlamünde als Statthalter gesetzt. Und die Holsteiner, die zuvor wohl hätten treuer zu ihrem rechtmäßigen Herrn halten können, wünschten sich jetzt sein Regiment zurück. Die Edlen des Landes kamen insgeheim zusammen, und schürten Botschaft nach der Schauenburg, der Graf möge nur wieder kommen, ganz Holstein harre seines rettenden Armes mit Verlangen. Aber der edle Graf Adolf blieb seinem Eide treu, und schlug ihre verlockende Ladung aus. Da, als die allgemeine Noth immer höher stieg, sandten die Holsteiner die edle Frau von Deest, Herrin auf Kellingdorf bei Wilster, mit demselben Anliegen an Adolf. So beredt sie auch die Bitte vorbrachte, dennoch war's vergeblich. Aber der Sohn des Grafen, wie sein Vater Adolf geheißen, ein schöner Knabe von 12 bis 14 Jahren, der wurde lebendig ergriffen von den Worten der edlen Frau, als sie das Unglück des Landes schilderte. Und ein Heldenfunken entzündete in ihm das Verlangen: dem Lande seiner Väter dereinst ein Retter zu werden. Die kluge Gesandtin fachte das Feuer an, und so geschah es, daß der Vater einwilligte, den Sohn mit ihr nach Holstein ziehen zu lassen, damit er dort an Ort und Stelle seiner künftigen Thaten, seiner hohen Bestimmung gemäß erzogen werde. Also lebte der junge Graf fortan heimlich und verborgen auf Kellingdorf bei der Frau von Deest, unter der Leitung der Edelsten des Landes zu allen ritterlichen und fürstlichen Tugenden wie zur Frömmigkeit und Gottesfurcht trefflich erzogen und herangebildet. Die Dänen ließen sich's freilich nicht beifallen, daß der rechtmäßige Erbe des von ihnen geraubten Landes so nahe bei ihnen weile. Aber die Holsteiner wußten es, und da sie in dem herrlich aufblühenden Jünglinge den künftigen Retter und Fürsten freudig erkannten und begrüßten so getrösteten sie sich dessen in traurigen Zeitläuften mit Hoffnung und Zuversicht.
Inzwischen waren neue Kriegsunruhen über Stadt und Land gekommen. …

Der Graf Orlamünde zog dann zu Felde, bei Möln (1225) verlor er eine Schlacht und kam als Gefangener zu seinem königlichen Herrn nach Dannenberg; der junge Erbe Holsteins trat als Graf Adolf IV. aus der Verborgenheit auf den Kriegsschauplatz, das ganze Land fiel huldigend ihm zu.

Otto Beneke: Aus des Grafen Adolf IV. Jugendzeit und von Hamburgs Geschicken. In: Hamburgische Geschichten und Sagen. Hamburg 1854. Verlag Perthes-Besser & Mauke, Seite 52–55.

Otto Beneke stellt in der von ihm niedergeschriebenen Sage um Graf Adolf IV. von Schauenburg zwar die historischen Gegebenheiten nicht ganz korrekt dar, aber ein wahrer Kern wird sichtbar.
Erst dem Sohn Adolfs III., Graf Adolf IV., sollte es gelingen, die Grafschaft Holstein zurückzuerobern. Der junge Adelige, der in seiner Kindheit als Geisel in Dänemark hatte leben müssen, war von dem einzigen Gedanken erfasst, die Schande seines Vaters wiedergutzumachen und die Herrschaft über das Stammland zurückzugewinnen. Graf Adolf IV. war fest entschlossen, sein Erbe, das Land der Schauenburger, die Grafschaft Holstein, die sein Vater Graf Adolf III. an den dänischen König Waldemar II. verloren hatte, wieder zu erobern. 1225 war der Augenblick gekommen. Der junge Graf war bereits in einigen Schlachten gegen die Lehnsmänner des dänischen Königs, auch gegen den als Herrscher in Holstein eingesetzten Grafen Albrecht von Orlamünde, erfolgreich gewesen. In der Schlacht von Bornhöved am 22. Juli 1227 kam es zur Entscheidung: das Heer der verbündeten

Graf Adolf III. von Schauenburg, Trostbrücke in Hamburg

Adolf IV., Fassadenfigur am Rathaus Hamburg

Fürsten Norddeutschlands unter Graf Adolfs Führung besiegte das dänische Heer König Waldemars, und Adolf IV. errang seine Grafschaft Holstein zurück. Damit war die dänische Vormachtstellung zusammengebrochen.

Die Schlacht bei Bornhövede (1227)

Als Graf Alf mit seinen Holsten dem König Waldemar auf dem Felde bei Bornhövede gegenüberstand und schon lange gekämpft war, begannen seine Scharen zu weichen. Denn die Sonne schien ihnen ins Gesicht und die Dänen wehrten sich tapfer. Da flehte der edle Herr mit inbrünstigem Gebete zu der heiligen Maria Magdalena, deren Tag gerade war, und verhieß ihr ein Kloster zu bauen, wenn sie ihm hülfe. Da erschien die Heilige in den Wolken, segnete das Heer und bedeckte mit ihrem Gewande die Sonne. Als die Holsten dieses Wunder sahen und Graf Alf sie zugleich mit Worten ermunterte, faßten sie neuen Mut und nachdem die Dithmarschen ihre Schilde umgekehrt hatten und den Dänen in den Rücken gefallen waren, ward der vollständigste Sieg erfochten.

In dieser Schlacht hatte der König Waldemar seinen Stand auf dem Hügel, der nach ihm der Köhnsberg heißt. Es ward ihm sein Pferd unter dem Leibe erschossen. Als seine Leute geflohen waren und es schon dunkel werden wollte, irrte er noch hilflos auf dem Schlachtfelde umher. Da traf er einen schwarzen Ritter, der seinen Helm geschlossen hatte; den bat er für eine gute Belohnung ihn nach Kiel in Sicherheit zu bringen. Der Ritter nahm ihn zu sich aufs Pferd und brachte ihn ohne ein Wort zu sagen zur Stelle. Als sie in den Schloßhof einritten und die Diener mit Fackeln erschienen, forderte ihn der König auf, seinen Helm zu öffnen und seinen Namen zu nennen, damit er seinen Lohn empfange. Da schlug der Ritter das Visier zurück und alle erkannten erstaunt den Grafen Alf selbst. Er wandte darauf sein Roß und ritt eilend zu seinen Leuten ins Lager zurück.

Karl Müllenhoff: Die Schlacht bei Bornhövede. In: Sagen, Märchen und Lieder der Herzogthümer Schleswig, Holstein und Lauenburg. Kiel 1845. Schwerssche Buchhandlung, Seite 15–16.

Graf Adolf IV. von Schauenburg führte in der schleswig-holsteinischen Geschichte eine entscheidende Wende herbei, er wurde dadurch zu einer bedeutenden Persönlichkeit. Kein Wunder, dass er in vielen Geschichten als Held auftauchte; so auch bei Karl Müllenhoff, der „Graf Alf" nicht nur als inbrünstig frommen Mann darstellt, sondern auch als edlen „schwarzen Ritter", der sich sogar seinem ärgsten Feind gegenüber menschlich und großmütig erwies.

Die Schlacht von Bornhöved muss als eines der entscheidendsten Ereignisse in der Landesgeschichte angesehen werden, als ein Wendepunkt, quasi als eine der Geburtsstunden des Landes Schleswig-Holstein. Seitdem blieb die Grafschaft Holstein, also das Land südlich von Eider und Schlei bis zur Elbe, dem deutschen Kaiser unterstellt, der es als Lehen vergab. Für das Herzogtum Schleswig nördlich davon war der dänische König der Lehnsherr. Um seine wiedergewonnenen Herrschaftsansprüche abzusichern, verheiratete Adolf IV. seine Tochter Mechthild mit Herzog Abel von Schleswig, einem Sohn König Waldemars. Mechthild sollte

Gedenkstein in Bornhöved

1250 für zwei Jahre an der Seite Abels sogar Königin von Dänemark werden.
Nicht zuletzt aufgrund ihrer großen Bedeutung für die Landesgeschichte ist die Schlacht von Bornhöved in vielfältigen Dichtungen thematisiert worden, ob in der Sage aus Karl Müllenhoffs Sammlung der „Sagen, Märchen und Lieder der Herzogthümer Schleswig, Holstein und Lauenburg" oder in der Ballade aus der Feder des Kieler Dichters Detlev von Liliencron. Auch Liliencron hebt aus dem historischen Geschehen besonders die Großmut des Grafen hervor und sein Gelübde der Heiligen gegenüber, dessen Erfüllung schließlich zur Gründung des Franziskanerklosters in Kiel führte.

Die Schlacht bei Bornhöved
(Am Marien Magdalenentage 1227).

Der König, der in Banden war
Des Grafen von Schwerin,
Das war der König Waldemar,
Verstäubt sein Hermelin.
Er sah vom Gitterfenster aus
Nur Schwalbenflug und Fledermaus,
Und sah die Wolken ziehn.

Bis er versprach, das ganze Land,
Wo deutscher Stamm und Kern,
Zurückzugeben in die Hand
Der anerkannten Herrn.
Doch als er los in Lenz und Flur,
Vergißt er bald den Friedenschwur,
Und glaubt an seinen Stern.

Auf Märschen lang und Märschen heiß
Des Königs Helmbusch vorn,
Der nickt und winkt scharlach und weiß
Und grüßt den Güldensporn.
Bis mitten er in Holstein hält,
Den Pflock einschlägt für Zaum und Zelt
Im sichelreifen Korn.

Genüber schnitzt sein Widerpart
Den Pfeil sich und den Bolz:
Von Bremen Bischof Gerihardt,
Graf Adolf, Holstenstolz.
Und Lübecks Bürgermeister fuhr
Dem Dänen an die Gurgelschnur,
Daß dem die Seele schmolz.

Maria-Magdalenen-Tag,
Mittsommersonnenschein.
Gelärm auf Schild und Eisendach,
Die Lanzen rasseln drein.
Doch allzuscharf die Sonne sticht
Dem Holstenvolk ins Treugesicht,
Die Reihen werden klein.

Wie Blatt und Zweig im Bachgespül,
So treibt manch Blondgesell.
Graf Adolf nur im Kampfgewühl,
Er treibt nicht von der Stell.
Und bald aus Bach wird Strom und Schaum,
Nimmt Blumen mit und Ast und Baum;
Wie treibt die Woge schnell!

„Maria Magdalena, hilf,
Dämm ab die Dänenflut!
Du hebst zerknicktes Rohr und Schilf,
Gib uns den alten Mut!
Am Himmel zeig dein Siegpanier;
Auf immer will ich dienen dir
In Hulden treu und gut."

Der Graf packt fest in Zeug und Riem,
Sieg oder Untergehn.
Da sieh: am Himmel zeigt sich ihm

Maria Magdalen,
Und breitet ihren Mantel aus,
Die Sonne zieht ins Wolkenhaus,
Und kühle Winde wehn.

Wie flog der Graf ins Schlachtgedräng,
Die Axt durchbricht den Wald;
Um seinen Harnisch im Gemeng
Die Holstentatze krallt.
Und kratzt dem Dänen Bart und Bein,
Und hackt sich ihm ins Fleisch hinein,
Bis blaß er wird und kalt.

Herr Waldemar, der Dänen Schild,
Wie heißes Eisen glüht.
In seinen Augen wüst und wild
Die Zornesblume blüht.
„Du Hundegraf, du Hurensohn,
Ich mähe dich wie Wiesenmohn,"
Des Königs Lippe sprüht.

Hin, hin auf weißem Friesenhengst,
Schwert klirrt und Panzerkleid.
„Du Frosch, daß in den Schlamm du sänkst,"
Der König schreit es weit.
Der Graf sich wie der Löwe hebt,
Sein Helmbusch wie die Möwe schwebt
Auf Wassern, stoßbereit.

Ein Pantherthier vom Pfeil geritzt,
Der König wütend schlägt.
Herr Adolf ihm im Nacken sitzt,
Den Widerschlag verlegt,
Und stößt den König auf die Knie,
Der betet: „Jesus und Marie!"
Der Graf hörts herzbewegt.

Und hebt ihn auf den Sattel sacht,
Gewonnen ist das Spiel,
Und trägt ihn durch die Sternennacht
Bis auf sein Schloß in Kiel.
Er löst ihm Kettenhemd und Schien
Und stellt ihm Rosen und Jasmin
Um seine Wunden viel.

Dann denkt er an Maria rein
Und an sein heißes Flehn.
Er ministriert am Altarschrein,
Und barfuß muß er gehn.
Als Bettelmönch mit Spottgewinn,
So dankt er seiner Helferin
Marien Magdalen.

Detlev von Liliencron: Die Schlacht bei Bornhöved. In: Detlev von Liliencron: Gesammelte Werke, Zweiter Band: Gedichte. Berlin 1911. Schuster und Loeffler Verlag, Seite 26–29.

Adolf IV. von Schauenburg, Graf von Holstein, Stormarn und Wagrien. Gemälde von Hans Olde, um 1911. Nikolaikirche Kiel

Bronzestatue Graf Adolfs IV. vor dem Kieler Stadtkloster

Zu den wieder eroberten Gebieten gehörte auch der Raum um die Kieler Förde. Nördlich davon begann der dänische Herrschaftsbereich. Östlich der Schwentine lag slawisches Gebiet hinter dem Limes Saxoniae. Hier an der Förde bot sich Adolf die einzigartige Möglichkeit, einen sturmsicheren Tiefwasserhafen anzulegen und damit einen Zugang zur Ostsee und einen Ausgangspunkt für den Ostseehandel zu gewinnen. Eine Vorgängersiedlung aus dem 12. Jahrhundert wurde überformt. Um 1233 gründete Adolf IV. auf dieser flutsicheren Anhöhe die Stadt „Civitati Holsatiae", also „Stadt Holsteins bzw. der Holsten". Die Stadt war nahezu vollständig vom Wasser umflossen. Mit der Beschreibung des Stadtgebiets „totum stagnum Kyl", „der ganze See Kyl", waren die Förde und der Kleine Kiel gemeint. Die Förde ragte wie ein Keil weit ins Land hinein. Im allgemeinen Sprachgebrauch verkürzte man bald den Namen der Stadt zu „tom Kyle" und später zu „Kiel". Die planmäßig angelegte Siedlung war mit ihren 1.800 Einwohnern damals die nördlichste Stadt im Heiligen Römischen Reich.
Das weitere Schicksal des Schauenburgergrafen schildert Johann Petersen in seiner Landeschronik aus dem Jahr 1557.

Graff Adolph wirt ein Barfusser münch

Nach dem Adolphus der vierdt widerumb auß Liffland kommen im Jar 1238 vnd alle ding in den Fürstenthumen Holsten wol geschicket hatte / befalh er sein Land / in dem seine Kinder noch sehr jung vnd auch nicht im Lande waren / Abeli dem Hertzogen zu Schleßwick / seiner Tochterman / vnd begab sich mit zweyen von seinem Adel / die Sikowen genant / in das Barfusser Kloster zu Hamburg / am tage Hippoliti / vnd ward ein grawer Münch / verließ hinder im drey Sün / Johannem / Gerhardum vnd Luderum. Luderus ist in der Kindtheit gestorben / die andern beiden waren von irem Vater in die Hohen schulen gen Pariß gesandt / darinn die freyen künst zustudiren.

Adolphus nun ein Barfusser münch / reiset zu fuß gehn Rom / vnd erlanget vom Bapst Innocentio dem vierdten das er zum Priester ward geordinieret / kam widerumb in sein Fürstenthumb Holsten / vnd hat erstmals offenbar Meß gehalten im grawen Kloster zu Hamburg / am tage Gregorii im Jar 1244. Nachmals begab er sich in die Stadt zum Kiel / vnd hat da angefangen ein Barfusser Kloster zu bawen / Er hat die newe Kirchen in dem Lande zu Aldenburg in der Ehre Anthonii von Padua verschaffet zu bawen. Nach dem er in dem Kloster vber zwentzig Jar gelebt / starb er im Jar 1261. ward in dem Kloster zum Kiel (das er angefangen zu bawen) im Chor begraben.

Johann Petersen: Chronica der Lande zu Holsten/Stormarn/Ditmarschen vnd Wagern/Zeitbuch. Franckfurt am Mayn 1557. Bey Peter Braubach, Der Ander Theil der Holsten Chronicken, Seite 71.

Während seiner Regierungszeit gründete Adolf IV. zur Sicherung seiner Herrschaft weitere Städte in Schleswig-Holstein, zum Beispiel 1235 Oldenburg und 1238 Itzehoe. Mit der Stadtgründung stiftete er in Kiel zugleich ein Franziskanerkloster. Mit der Bitte um den Sieg in der Schlacht bei Bornhöved hatte Adolf ein Gelübde abgelegt, das er nun erfüllte. Nach seiner Rückkehr von einem Kreuzzug nach Livland dankte er 1239 als Herzog ab und trat in das Kieler Marienkloster der Franziskaner ein. 1244 pilgerte er nach Rom, um

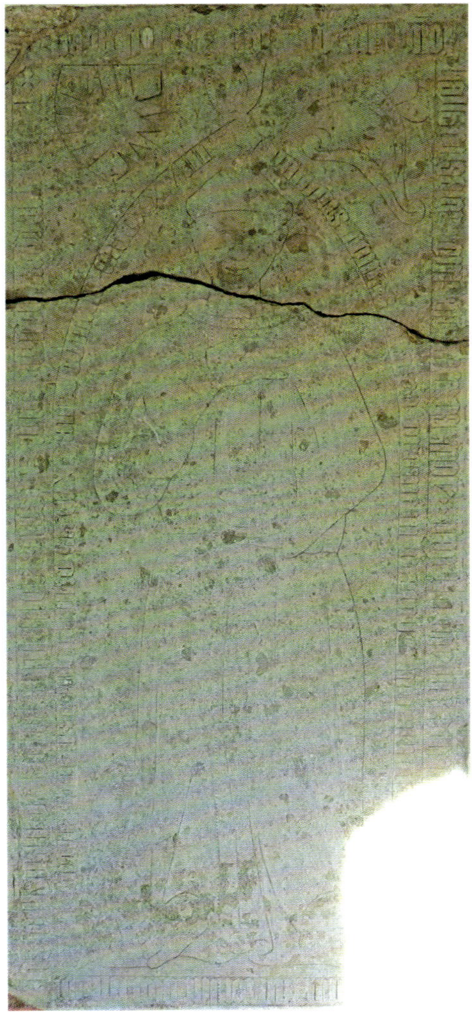

Grabplatte Graf Adolfs IV. im Kieler Stadtkloster

Adolf IV. im Sarkophag mit Franziskanerkutte und nackten Füßen, 1450, ehemals Maria-Magdalenen-Kloster Hamburg, jetzt Museum für Hamburgische Geschichte

die Absolution für seine teilweise blutigen weltlichen Taten zu erbitten. Nach seiner Rückkehr empfing er vom Lübecker Bischof die Priesterweihe. Seine letzten Lebensjahre verbrachte der Mönch Adolf im Kieler Kloster, wo er am 8. Juli 1261 starb. Mit der Regentschaft seiner Söhne Johann I. und Gerhard I., die sich die Grafschaft Holstein teilten, begann die Zeit der zahlreichen Landesteilungen unter ihren jeweiligen Erben. Um 1300 existierten nebeneinander fünf Schauenburger Grafenlinien, nach ihren Burgen benannt als Kieler, Plöner, Segeberger, Pinneberger und Rendsburger Linie.

Graf Adolfs Grabstein mit gotischer Inschrift ist bis heute im Kieler Stadtkloster erhalten. Die Skulptur im Klostergarten zeigt Adolf IV., der sich eine Mönchskutte über die Rüstung zieht, sich also vom Ritter in einen Geistlichen verwandelt.

1250 | Der Brudermord Abels

Diesmal war es nicht Abel, der von seinem Bruder erschlagen wurde. Eine düstere Geschichte, die Erzählung vom Brudermord, den Abel an seinem Bruder, dem dänischen König Erik IV. (1216–1250), beging. Die schauerliche Geschichte geben Theodor Mommsen und Theodor Storm in allen Einzelheiten in ihrer Sage wieder, einschließlich der gespenstischen Erscheinungen als Folge der Tat.

Die Abelssage

Mit König Erichs Thronbesteigung hatte sein Bruder, Herzog Abel von Schleswig, durch Intriguen und offene Feindseligkeiten ihn zu stürzen und sich seines Thrones zu bemächtigen gesucht, doch da Erich ihn besiegte, hatte er sich unterwerfen müssen. Da bekam plötzlich der König Nachricht, daß ungeachtet des Friedens Graf Johann von Holstein mit Heeresmacht Rendsburg belagere, und Abel ihm wahrscheinlich hülfreiche Hand leiste. Sogleich brach der König gegen die Holsteiner auf; unterwegs aber kehrte er in Schleswig bei seinem Bruder ein, um diesen zur Eintracht zu gewinnen. Abel empfing ihn auf seinem Schlosse, das auf der jetzt sogenannten Möweninsel lag, und bewirthete ihn freundlich. Aber während Erich nach der Tafel mit einem Ritter am Brettspiel saß, berieth Herzog Abel sich mit Lauge Gudmundsön und Inge Pust, wie er den König aus dem Wege räumen möchte. Als sie sich einig waren, suchte der Herzog einen Zank mit dem König. Darum ging er auf ihn zu und schalt ihn wegen des Unheils, das er über sein Haus gebracht habe. „Denkst du noch daran", sagte er, „wie du vor zwei Jahren diese Stadt verbranntest, und meine Tochter nackend und barfuß aus dem Thore gehen mußte?" – Der König antwortete: „Ich glaube, lieber Bruder, daß ich noch Geld genug im Beutel habe, um deiner Tochter ein Paar neue Schuhe zu kaufen." Da ließ der Herzog ihn sogleich fesseln und in ein Boot werfen, das mit ihm die Schlei hinunter-

Gedenkstele für Theodor Mommsen, Ratsdienergarten Kiel

fuhr. Bei Brodersbye holte ein zweites Boot das des Königs ein; der König fragte, wer es leite. Als man ihm antwortete, es sey Lauge Gudmundsön, so wußte der König, daß er sterben müsse, und befahl, ihm einen Mönch von der Brodersbyer Kapelle zu holen, was auch geschah. Davon heißt der Ort noch jetzt Messunde. Als Erich gebeichtet hatte, schlug man ihm auf Lauge's Befehl das Haupt herunter, und versenkte den Leichnam in die Schlei, beschwert mit Steinen und Ketten, von welchen noch heute einige Glieder in dem Schleswiger Dom gezeigt werden.

Zur Nachtzeit aber sah man an der Stelle, wo der König versenkt war, blaue Flammen auf dem Wasser tanzen, und des Tages lagerten sich dort dichte Möwenschwärme und riefen unaufhörlich Erich! Erich! – Das währte zwei Monate hindurch; da tauchte der Leichnam wieder auf und wurde von Fischern nach Schleswig gebracht, wo er heimlich im Dom bestattet ward. Seitdem verschwanden die Flammen; die Möwen aber flogen auf und lagerten sich um Abelsburg, wo sie ihre Nester bauten und sich auf keine Weise vertreiben ließen. Die Burg ist seitdem längst in Trümmer gesunken, die Möwen aber bewohnen noch immer und jetzt allein die Insel, und rufen. Erich! Erich!

Elternhaus Theodor Storms in Husum, Hohle Gasse 3

Abel war nun König, aber Ruhe fand er nicht mehr und fiel zwei Jahre später in einem Kampfe gegen die Friesen, der Rademacher Wessel Hummer aus Pellworm erschlug ihn auf dem Milderdamm bei Stapelholm. Auch ihn bestattete man wie seinen Bruder im Dome zu Schleswig; aber es duldete ihn nicht im Grabe. Nachts, wenn die Mönche ihr Gebet absangen, erhub sich Gepolter und Stöhnen und störte sie in ihrem heiligen Amte. Nachdem sie vergebens versucht hatten, den ruhelosen Geist zu bannen, ließen sie die Leiche ausgraben und in einen Sumpf im Pöhlerwald versenken und einen Pfahl durch den Sarg und den Körper in die Erde treiben, damit er sich nicht wieder erheben könne. Noch jetzt zeigt der Bauer der dortigen Gegend die Stelle. – Allein es ist Alles vergebens gewesen. In der Nacht steigt der todte König aus seinem Sumpfgrabe und schwingt sich auf ein kleines feuriges Roß; zwei feurige Hunde begleiten ihn. So unter Pfeifen und Hörnerschall braus't die wilde Jagd hoch durch die Luft hin, über das Gehölz, über die Domkirche dem Möwenberge zu; um diesen wird die Runde gemacht; dann geht es weiter bis nach Missunde hin zu der Stätte des Brudermordes, dann wieder zurück in das Grab im Pöhlersumpf. Das ist König Abel's wilde Jagd, die manchen noch Lebenden erschreckt hat. In der Sommernacht aber des zehnten August, am Todestage König Erich's, jagt er wilder als sonst, und Hörnerruf, Gestöhn und Rüdengebell schallen laut durch die Nacht.

Theodor Mommsen und Theodor Storm: Die Abelssage. Aus: Schleswig-Holsteinische Sagen, in: Volksbuch für das Jahr 1844, mit besonderer Rücksicht auf die Herzogthümer Schleswig, Holstein und Lauenburg. Kiel 1844. Schwers'sche Buchhandlung, Seite 84–87.

Als der ältere der Brüder war Erik nach dem Tod seines Vaters König Waldemar II. von Dänemark 1241 Nachfolger auf dem Thron, während der jüngere Abel (1218–1252) Herzog von Schleswig wurde. Der 23-jährige Abel aber machte seinem Bruder den Thron streitig. Im sich daraus entwickelnden Bruderkrieg zerstörte die Armee Eriks 1248 etliche Handelsplätze im Herzogtum Schleswig, auch die Stadt Flensburg. Abel lud daraufhin den Bruder zur Versöhnung nach Schleswig ein. Nichtsahnend geriet König Erik in einen Hinterhalt. Während der Überfahrt über die Schlei ließ Abel den König bei Missunde ermorden und in den Fluss werfen. Auf dem anschließenden Gerichtstag in Viborg beschworen vierundzwanzig Ritter Abels Unschuld. Abel hatte sein Ziel erreicht. Am 1. November 1250 bestieg er als König von Dänemark den Thron. Lange konnte er allerdings seinen Triumph nicht genießen. In der Schlacht bei Oldenswort am 29. Juni 1252 gegen die Friesen fiel er im Alter von nur 34 Jahren. Auf den Thron folgte ihm sein Bruder Christoph I., während Abels Sohn Waldemar Herzog von Schleswig wurde.

Sein Grab fand König Abel in der Nähe Schleswigs.

Historisch nicht ganz gewissenhaft thematisiert auch Emanuel Geibel in seiner Ballade den Brudermord und vor allem das schreckliche Ende des mit Fluch beladenen Königs Abel.

König Abels Ende

König Abel hatt' einen schweren Traum,
Nicht länger läßt's ihn schlafen,

König Abels Grab befindet sich am unteren Ende des Wickeltals bei Schleswig.

Er springt vom Bett und tritt hinaus
Zum Söller überm Hafen.

Es scheint der Mond, es rauscht die Schlei
Mit dumpfem Wellenschlage;
Der König starrt hinab, er denkt
Der Schuld vergangner Tage.

Und wie es Eins vom Dome schlägt,
Kommt unten auf den Wogen
Gespenstisch aus dem Nebelduft
Ein stummer Kahn gezogen.

Er schwebt heran im weißen Licht,
Unhörbar geht das Ruder –
„Hilf Gott! Der dort am Steuer sitzt,
Das ist mein toter Bruder!

Langsam an seinem Halse quillt
Das Blut aus breiter Wunde,
In seinem Haar noch klebt das Schilf,
Der Schlamm vom Stromesgrunde.

Er stiert mich an mit glas'gem Blick,
Mein Blut gerinnt vor Grauen;
Er hebt den Arm und winkt und winkt –
Weh mir, ich kann's nicht schauen!"

Herr Abel stürzt zurück ins Schloß:
„Laßt mir den Bischof wecken!"
Er keucht's und birgt sein fiebernd Haupt
In seines Lagers Decken.

„Fluch dir, Fluch dir, unselig Gold,
Du Königskron' im Norden!
Wohl heiß ich Abel, doch um dich
Zum Kain bin ich worden.

Fluch, Purpur, dir! Du gleißtest mir
So zaubrisch vor den Sinnen;
Nun sengst du mich wie Feuersglut,
In Qual muß ich von hinnen."

Was pocht und hämmert in der Wand?
Das kommt vom Totenwurme.
Was klirrt und klingt? Das Fenster springt
Weitklaffend auf im Sturme.

Und sieh, zwei schwarze Raben ziehn
Herein mit heiserem Schreien,
Sie flattern kreischend um das Bett
Und fliegen hinaus zu dreien.

Der Bischof kommt, er schlägt ein Kreuz,
Die Raben sieht er fliegen,
Er sieht den König starr und tot
Auf seinem Purpur liegen.

Emanuel Geibel: König Abels Ende. In: Emanuel Geibel: Werke, Band 2. Leipzig und Wien 1918. Seite 275–277.

1252 | Lewwer duad üs Slaav – die Friesische Freiheit

Dass sie keinem Herrn Gehorsam schuldeten außer dem Kaiser, das war die so genannte Friesische Freiheit , ein Recht, das den Friesen angeblich von Karl dem Großen verliehen worden war und das sich ursprünglich nur auf die südlich der Nordsee lebenden Friesen bezog. Über Jahrhunderte konnten sich in Friesland tatsächlich keine adeligen Strukturen durchsetzen.

Ab etwa 700 besiedelten über die Nordsee kommende Friesen die nordfriesischen Inseln Sylt, Amrum und Föhr und ab etwa 1100 auch die menschenleeren Festlandsmarschen. Die Friesen betrieben Landwirtschaft und sorgten für den Deichbau. Nordfriesland galt als reiches Land. Offenbar gerieten die Friesen vielfach in Konflikt mit den benachbarten Dänen und ihren Königen, die das Land in Besitz genommen hatten. Die Friesen selbst betrachteten sich aber trotzdem als weitgehend unabhängig von Dänemark. In den folgenden Jahrhunderten gab es zahlreiche Konflikte um Steuern und Abgaben.

Nordfriesland war als „utland" eigentlich dem dänischen König unterstellt, aber nach und nach gelangten größere Bereiche in den Herrschaftsbereich des Herzogtums Schleswig. Bis zum Jahre 1864 behielt der König al-

Deiche in Nordfriesland

Friesische Flagge

lerdings die Insel Amrum, den westlichen Teil Föhrs und den Ort List auf Sylt als Teil des Königreiches Dänemark.

In der Zeit um 1844 entstand in Nordfriesland die „Friesische Bewegung", die für den Erhalt der friesischen Identität und gegen die dänische Herrschaft kämpfte. Wie das Sängerfest in Schleswig, wurde 1844 auch das erste Heimatfest der Nordfriesen in Bredstedt veranstaltet. Dort tauchte der Spruch „Lever dood as Slav"(„Lieber tot als Sklave") zum ersten Mal als politischer Wahlspruch in friesischer und deutscher Sprache auf. Der Spruch ging zurück auf die Nordfriesische Chronik des Anton Heimreich von 1666, der den eigentlich für die Westfriesen geltenden Satz „Liever doot dan onvrij" („Lieber tot als unfrei") auch auf die Nordfriesen bezog. Der Sylter Lehrer und Schriftsteller Christian Peter Hansen behauptete in seiner Chronik der Friesischen Uthlande aus dem Jahr 1856, dass die Nordfriesen 1252 vor der Schlacht bei Oldenswort, in der sie den dänischen König Abel besiegten, gemäß ihrem alten Wahlspruch „Lewer duad üs Slaaw!" einen Schwur ablegten.

In seiner äußerst populären Ballade, in der er den Wahlspruch als letzten Vers in jeder Strophe wiederholt, beschreibt Detlev von Liliencron den Widerstand der mittelalterlichen friesischen Bevölkerung am Beispiel der Figur des Sylter Fischers Pidder Lüng. Stellvertretend für die dänische Herrschaft steht der Amtmann von Tønder Henning Pogwisch.

Pidder Lüng

„Frii es de Feskfang,
Frii es de Jaght,
Frii es de Strönthgang,
Frii es de Naght,
Frii es de See, de wilde See
En de Hörnemmer Rhee."

Der Amtmann von Tondern, Henning Pogwisch,
Schlägt mit der Faust auf den Eichentisch:
Heut fahr ich selbst hinüber nach Sylt
Und hol mir mit eigner Hand Zins und Gült.
Und kann ich die Abgaben der Fischer nicht fassen,
Sollen sie Nasen und Ohren lassen,
Und ich höhn ihrem Wort:
Lewwer duad üs Slaav!

Im Schiff vorn der Ritter, panzerbewehrt,
Stützt sich finster auf sein langes Schwert.
Hinter ihm, von der hohen Geistlichkeit,
Steht Jürgen, der Priester, beflissen, bereit.
Er reibt sich die Hände, er bückt den Nacken.
Der Obrigkeit helf ich die Frevler packen;
In den Pfuhl das Wort:
Lewwer duad üs Slaav!

Gen Hörnum hat die Prunkbarke den Schnabel gewetzt,
Ihr folgen die Ewer, kriegsvolkbesetzt.
Und es knirschen die Kiele auf den Sand,
Und der Ritter, der Priester springen ans Land,
Und waffenrasselnd hinter den beiden
Entreißen die Söldner die Klingen den Scheiden.
Nun gilt es, Friesen:
Lewwer duad üs Slaav!

Die Knechte umzingeln das erste Haus,
Pidder Lüng schaut verwundert zum Fenster heraus.
Der Ritter, der Priester treten allein
Über die ärmliche Schwelle hinein.
Des langen Peters starkzählige Sippe
Sitzt grad an der kargen Mittagskrippe.
Jetzt zeige dich, Pidder:
Lewwer duad üs Slaav!

Der Ritter verneigt sich mit hämischem Hohn,
Der Priester will anheben seinen Sermon.
Der Ritter nimmt spöttisch den Helm vom Haupt
Und verbeugt sich noch einmal: Ihr erlaubt,
Daß wir euch stören bei euerm Essen,
Bringt hurtig den Zehnten, den ihr vergessen,
Und euer Spruch ist ein Dreck:
Lewwer duad üs Slaav!

Da reckt sich Pidder, steht wie ein Baum:
Henning Pogwisch, halt deine Reden im Zaum.
Wir waren der Steuern von jeher frei,
Und ob du sie wünschst, ist uns einerlei.
Zieh ab mit deinen Hungergesellen,
Hörst du meine Hunde bellen?
Und das Wort bleibt stehn:
Lewwer duad üs Slaav!

Bettelpack, fährt ihn der Amtmann an,
Und die Stirnader schwillt dem geschienten Mann:
Du frißt deinen Grünkohl nicht eher auf,
als bis dein Geld hier liegt zu Hauf.
Der Priester zischelt von Trotzkopf und Bücken
Und verkriecht sich hinter des Eisernen Rücken.

O Wort, geh nicht unter:
Lewwer duad üs Slaav!

Pidder Lüng starrt wie wirrsinnig den Amtmann an.
Immer heftiger in Wut gerät der Tyrann,
Und er speit in den dampfenden Kohl hinein:
Nun geh an deinen Trog, du Schwein.
Und er will, um die peinliche Stunde zu enden,
Zu seinen Leuten nach draußen sich wenden.
Dumpf dröhnt's von drinnen:
Lewwer duad üs Slaav!

Einen einzigen Sprung hat Pidder getan,
Er schleppt an den Napf den Amtmann heran
Und taucht ihm den Kopf ein und läßt ihn nicht frei,
Bis der Ritter erstickt ist im glühheißen Brei.
Die Fäuste dann lassend vom furchtbaren Gittern,
Brüllt er, die Türen und Wände zittern,
Das stolzeste Wort:
Lewwer duad üs Slaav!

Der Priester liegt ohnmächtig ihm am Fuß;
Die Häscher stürmen mit höllischem Gruß,
Durchbohren den Fischer und zerren ihn fort,
In den Dünen, im Dorf rasen Messer und Mord.
Pidder Lüng doch, ehe sie ganz ihn verderben,
Ruft noch einmal im Leben, im Sterben
Sein Herrenwort:
Lewwer duad üs Slaav!

Detlev von Liliencron: Pidder Lüng. In: Nebel und Sonne. Der Gesammelten Gedichte dritter Band. Berlin und Leipzig 1902. Schuster & Loeffler Verlag, Seite 19–22.

1331 | Der erste „Große“: de groote Gert

Schlacht auf der Lohheide. (1331)

Diese Schlacht war ein überaus großes Werk, aber Gott gab dem Grafen Geert doch den Sieg, obwohl die Holsten gegen die Dänen weit in der Minderzahl waren.

In dem Gedränge geschah es, daß der Graf vom Pferde stürzte. Aber ein Bauer aus der Wilstermarsch, aus Büttel bei Brokdorf, half ihm wieder auf und sprach: „Nun gebrauche deiner vorigen Kräfte wieder.“ Für diese Treue des Mannes befreite der Graf das ganze Dorf von der gemeinen Schatzung des Landes.

Es fielen der Dänen so viel, daß die ganze Feldmark voll Leichname lag. Im ganzen sollen einige tausend Menschen gefallen sein. (Man sagt auch noch, daß die schwarze Greet dabei gewesen sei und vor der Schlacht ihre Sünden in der Kirche zu Haddebye gebeichtet habe.) Graf Geert verlor einen Edelmann, Wedeke vom Osten, den hatte er so lieb, daß er um seinetwillen weinete.

Er hatte aber in Rendsburg eine Schar Landsknechte zurückgelassen, weil die Bürger, obgleich er für sie gut sagte, sie nicht fortlassen wollten, bevor sie ihre Zehrung bezahlt hätten. Als diese nun den Lärm der Schlacht hörten, aber nicht wußten wie es abgelaufen sei, machte der edle Ritter B o r c h a r d von I t z e h u d e sich doch auf mit den Leuten. Und

Heidelandschaft bei Lohe-Föhrden

Müllenhoff-Brunnen in Marne

da nun schon die Nacht da war, und sie gegen Sehestedt oder nach Königsförde kamen, hörten sie den Hufschlag von Pferden, und weil sie bald merkten, daß es Dänen waren, rüsteten sie sich und griffen das Häuflein an. Einige erschlugen sie und fingen die übrigen: das war der König Christoffer von Dänemark selbst mit seinem Gesinde. Borchard ritt mit ihnen nach Gottorp zu, pochte mit großem Schalle an die Pforte, rief den Wächter und verlangte den Grafen zu sprechen. Als dieser den Lärm hörte, stand er sogleich vom Bette auf, und obwohl er schwer verwundet war, ging er hinunter und fragte was da wäre. Da antwortete ihm Borchard, der des Grafen Marschalk war: „Herr, da ich Euch zuziehen wollt, bin ich verwundet und dazu gefangen; wes soll ich mich trösten? Wollet Ihr mich lösen?" Da der Graf des Edelmannes Stimme erkannte, antwortete er sogleich: „Hab ein wenig Geduld, ich hab der Dänen so viel gefangen, Du sollt bald los werden." „Getreuer Herr, getreuer Knecht", sprach nun der Edelmann zu sich selber, und sprach weiter mit freudiger Stimme: „Herr, ich bringe bessere und fröhlichere Botschaft; ich bringe gefangen den König von Dänemark. Stehet auf und tuet das Tor auf, daß wir ihn in Verwahrung bringen." Also ward es hier zu Lande ein gemeines Sprichwort: „Treuer Herr, treuer Knecht." Der König Christoffer aber mußte sich mit großem Gelde lösen.

Karl Müllenhoff: Schlacht auf der Lohheide. In: Sagen, Märchen und Lieder der Herzogthümer Schleswig, Holstein und Lauenburg. Kiel 1845. Schwerssche Buchhandlung, Seite 23–24.

Es hatte schon Tradition, dass die Lohheide, eine Heidelandschaft im südlichen Schleswig, südlich vom Danewerk zwischen den Flüssen Eider und Sorge, Kampfplatz zwischen holsteinischen und dänischen Heeren gewesen war: 1261 fand hier eine Schlacht zwischen der dänischen Regentin Margarete Sambiria, der Witwe des dänischen Königs Christoph I., und dem späteren Herzog Erich von Schleswig, dem Sohn König Abels, statt, die Erich für sich entscheiden konnte. 1262 trafen am selben Ort der holsteinische Graf Gerhard I. und dänische Truppen aufeinander. 1331 unterlag – wieder auf der Lohheide – der dänische König Christoph II. dem holsteinischen Grafen Gerhard III., wie Karl Müllenhoff in seiner Geschichte anschaulich darzustellen versucht. Christoph II. (1276–1332) war nach dem Tod seines Bruders seit 1320 König Dänemarks, eines wirtschaftlich geschwächten und hochverschuldeten Landes, bevor ihn 1326 Graf Gerhard III. als Führer einer Vereinigung von Aufständischen nach der Schlacht am Hesterberg bei Schleswig vom Thron vertrieb. Christophs Versuch, die Krone zurückzuerobern, führte 1331 zur Schlacht auf der Lohheide. König Christophs Gefangennahme, die Karl Müllenhoff in seiner Sage „Die Schlacht auf der Lohheide“ schildert, und sein Tod 1332 waren der Beginn der sogenannten „Königslosen Zeit“ in Dänemark. Dem Schauenburger Grafen stand nach der Schlacht der Weg zur weiteren Expansion in Richtung Dänemark offen.

Wegen seiner bedeutenden Rolle in der Landesgeschichte wurde der holsteinische Graf Gerhard III. (1293–1340) auch „de groote Gert“, Gerhard der Große, genannt. Nach dem Tod seines Vaters 1304 wurde er Graf

Gerhard-Brunnen auf dem Schlossplatz in Rendsburg

von Holstein-Rendsburg, während sein Cousin Johann III. die Grafschaft von Holstein-Kiel innehatte. Gerhards Herrschaft umfasste damit den größten Teil Holsteins, die anderen Gebiete jedoch gehörten verschiedenen Cousins und wiesen nach mehreren Erbteilungen eine erhebliche Zersplitterung auf.
Es gelang den Cousins Gerhard und Johann, nach heftigen Auseinandersetzungen mit ihrer Verwandtschaft auch den Landesteil Holstein-Segeberg unter sich aufzuteilen. Gerhard III. versuchte erfolgreich, Einfluss auf die Politik im Königreich Dänemark zu nehmen. 1319 misslang ihm allerdings der Versuch, die Bauernrepublik Dithmarschen zu unterwerfen. 1326 gelang es ihm, als Vormund seinen erst elf Jahre alten Neffen Waldemar III. statt des mittlerweile landflüchtigen Königs Christoph II. auf den dänischen Thron zu bringen. Damit war Gerhard praktisch Regent von Dänemark. Zum Dank dafür erhielt Gerhard das Herzogtum Schleswig als Lehen. Zum ersten Mal war ein holsteinischer Graf zugleich Herzog von Schleswig, und Gerhard konnte erstmalig Schleswig und Holstein in einer Hand vereinen. Waldemar musste darüber hinaus zugestehen, dass das Herzogtum Schleswig nicht mehr vom gleichen Herrscher wie Dänemark regiert werden sollte (constitutio valdemariana). Bereits vier Jahre später musste Waldemar die Krone wieder ablegen, weil er im Kampf gegen Christophs Söhne machtlos war.
Zunächst aber übernahm nach dem Tod König Christophs II. im Jahr 1332 Graf Gerhard anstelle des Königs die Regentschaft über Jütland und Fünen, sein Cousin Johann über die restlichen Landesteile. Der dänische Adel sah darin eine feindliche Okkupation und beförderte die Opposition und sogar Aufstände gegen Gerhard und die verhasste schauenburgische Herrschaft. 1340 wurde Gerhard III. in Randers, wo er sich von einer schweren Krankheit erholen wollte, von einem fanatischen jütischen Adeligen ermordet. Eine Lübische Chronik schildert die Tat so: sie „slogen den seken Mann uppe sinen bedde dot, darto sinen capellan und dre Knappen.“
Der Attentäter Niels Ebbesen wurde in der Zeit des nationalen Konflikts zwischen Schleswig-Holstein und Dänemark im 19. Jahrhundert zu einer Symbolfigur des dänischen Widerstands stilisiert. Angesichts der deutschen Besetzung Dänemarks im Zweiten Weltkrieg schuf der von den Nationalsozialisten ermordete Pastor und Dichter Kaj Munk das Schauspiel „Niels Ebbesen“, das allerdings während der Besatzungszeit nicht aufgeführt werden durfte. Darin stellt Munk die Ermordung des Grafen Gerhard durch Niels Ebbesen dar.

Niels Ebbesen

(Niels Ebbesen herein mit zwei Leuten)

Niels Ebbesen: Ich bin Niels Ebbesen. Man wollte mich nicht hineinlassen. Ich bitte Euch zu entschuldigen, dass ich mich eines Scherzes bediente.
Graf Gert: Aha! Du bist also Niels Ebbesen. Ich weiß, warum du kommst. Um Almosen, um dir deine Leute frei zu bitten. Ich antworte dir: Sie sollen auf die gefahrvollsten Posten gestellt werden; nicht einer soll lebend nach Hause davon kommen; du sollst leben und es sehen. Allein aus diesem Grund hänge ich dich nicht an den Galgen. Denn sonst …
Niels Ebbesen: Herr Graf, Diebe und Schelme könnt Ihr …

Graf Gert: Ich bin es nicht gewohnt, dass man mich unterbricht. Siehst du, Niels Ebbesen, du bist in meinen Augen ein Musterbild deines Volkes. Ihr seid von diesem niedrigen Gedanken beherrscht, dass alles von selbst gehen kann. Ihr wollt euch durchschlagen, indem ihr ausweicht, indem ihr euch draußen vor haltet, ihr verabscheut Kampf, wenn es um große Dinge geht, aber ihr seid erpicht auf Streit im kleinen, ohne Zusammenhalt, ohne Ernst, essfreudig, selbstgefällig … kein Volk auf dieser Welt steht mehr im Gegensatz zu mir und dem meinen. Ihr habt einmal zu etwas getaugt, aber es wäre lästerlich, wenn ihr aus diesem Grund dieses schöne Land, dessen ihr euch lange unwürdig erwiesen habt, behalten dürftet. Nenne mir einen wirklichen Willen, zeige mir eine kühne Tat. Nein, ihr seid passé. Gott hat es in meine Hände gelegt, euch ins Grab zu bringen.

Niels Ebbesen (vor Wut stöhnend): Mit welchem Recht setzt Ihr, ein Fremder, Euch zum Richter über unser Volk?

Graf Gert: Mit dem Recht dessen, der euch besiegt hat. Wer siegt, hat Recht.

Niels Ebbesen: Nun denn … Ihr batet um eine kühne Tat …

Graf Gert: Und eine solche bist du hier, mir zu zeigen! Ja, ich sah es wohl, als du hereintratest, wie das schlechte Gewissen in deinen Schafsaugen nach meines Bettes Kopfende schielte, nach dort, wo, wie man dir wohl bedeutete, mein Schwert seinen Platz hat. Zu mir, Graf Gert von Holstein, in dem Gott Wohnung nahm, wolltest du, Niels Ebbesen, ein Däne, dich hereinschleichen und mir den

Turmhügelburg, Rekonstruktion einer mittelalterlichen Burganlage im Lütjenburger Nienthal

Ritterhaus und Kapelle der Turmhügelburg Lütjenburg

Tod geben. Ha, ich muss lachen. Schau her! Ich sitze hier waffenlos, nur im Nachtgewand, und dort hängt mein Schwert, also, nimm es, nimm es, nimm es, zeig uns deine Tat.
Niels Ebbesen (zieht ein kurzes Schlachtschwert aus dem Umhang): Ich muss mir keines borgen. Ich habe mein eigenes!
Graf Gert: Wie das? Habe ich nicht verboten? … Wie kommt ein Mann mit Waffen hier herein? Hinaus mit ihm! …

Kaj Munk: Niels Ebbesen (1942). In: Sydslesigsk Forening (Hg.): Kaj Munk – Schauspiele. Münster 2003. Edition ATE im LIT Verlag, Seite 337.

Es kommt immer auf die Perspektive an: In die dänische Geschichte ging Gerhard nicht als „der Große", sondern als „den kullede greve", der kahlköpfige Graf, ein.

1340 | Noch ein „Großer": Waldemar Atterdag

Nach der Ermordung Gerhards III. wurde im Jahr 1340 Waldemar IV. (um 1321–1375), der jüngste Sohn König Christophs II., zum dänischen König gewählt. Seine Erziehung hatte er von 1326 bis 1338 am Hof des deutschen Kaisers Ludwig des Bayern erfahren.

Weil es vor seiner Wahl zum König in Dänemark keine zentrale Regierung gab, sondern die einzelnen Provinzen unter Gerhard III., Graf Johann und Waldemar III. aufgeteilt waren, war sein Machtbereich anfangs allerdings stark begrenzt, nämlich nur auf den nördlichen Teil Jütlands beschränkt. Durch Eroberung oder durch Einlösung der jeweiligen Pfandgelder gelang es Waldemar IV. bis in die 1350er Jahre hinein schließlich, die Herrschaft über ganz Dänemark zu gewinnen und die verlorene dänische Königsmacht wiederherzustellen.

Der Charakter Waldemars IV. war von großem Ehrgeiz geprägt. Sein Ziel war die Bildung eines mächtigen Ostseereiches, das sich über die Ostsee bis nach Estland erstreckte. Waldemars Expansionspolitik führte zwangsläufig zu einem heftigen Konflikt mit der Hanse: Es ging um viel, Waldemar hatte erkannt, wie viel Reichtum und Macht der Ost-West-Handel mit sich bringen konnte; es ging um die Vormachtstellung im gesamten Ostseeraum. Die Auseinandersetzung gipfelte zwischen 1360 und 1370 in zwei Kriegen zwischen Dänemark und der Hanse, den so genannten Waldemarkriegen, in die auch Schleswig und Holstein hineingezogen wurden. Waldemars brutaler Überfall auf die reiche Hansestadt Visby auf Gotland 1360 traf einen Lebensnerv der Hanse und führte zum Krieg. Während er diesen ersten Krieg noch für sich entscheiden konnte, musste der König im zweiten Krieg von 1368–1370, in dem die hansische Seite vom Herzog von Mecklenburg und vom holsteinischen Grafen unterstützt wurde, eine empfindliche Niederlage einstecken. Im Frieden von Stralsund 1370 wurden der Hanse die Zolleinnahmen am Øresund zugesprochen. Darüber hinaus bedurfte die Wahl des künftigen dänischen Königs grundsätzlich der Zustimmung der Hanse. König Waldemar selbst verweigerte bis zu seinem Tod 1375 beharrlich seine Unterschrift unter dem Friedensvertrag.

Waldemar IV. gilt als einer der bedeutendsten mittelalterlichen Könige Dänemarks. Sein Beiname „Atterdag" bedeutet „wieder Tag". Er

Kieler Hansekogge vor dem Schifffahrtsmuseum

pflegte zu sagen: „I morgen er atter en dag“ (Morgen ist wieder ein Tag.), wenn er auf die passende Gelegenheit zum politischen oder militärischen Handel wartete. Fontane erklärt den Namen in seiner Ballade auf seine Weise.

Waldemar Atterdag

Und Waldemar, (König Christophers Sohn),
Im Dome zu Ringstedt nahm er die Kron',
Nun führt er die Herrschaft mit kluger Hand
Ueber Dänemark-Meer und Dänemark-Land,

Nie faßt ihn Jähzorn, nie treibt ihn Eil,
„Erst wägen, dann wagen.“ „Eile mit Weil.“
Und ob es zur That ihn auch drängen mag,
Auf den andern Tag schiebt er's: „Atterdag“.

Und er fährt gen Jütland. Auf Schloß Aarhuus
Harrt er auf Huldigung und Gruß,
Auf Gruß des Adels. Der hält sich zurück;
Einer nur sprengt über die Brück':

„Um Gott, König Waldemar, auf und flieh',
In hellen Haufen kommen sie,
Sie zürnen Dir schwer, weil Du zubestimmst
Dem Bauer all' das, was dem Adel Du nimmst,

Sehstedt führt sie; von Viborg her
Kommen Dreihundert oder mehr
In den Sattel, König, und flieh und jag'
Hin über die Haide.“ … „Atterdag.“

Und ein Jahr und ein Tag, und auf Schloß Helsingör
Im Landsthing sitzt er und giebt Gehör;
Um ihn her seine Räthe; da stürmt in den Saal
Erik Swensen, sein erster Admiral.

„Eile Dich, König. Zu dieser Stund
Fahren die Lübischen in den Sund,
Zwischen Insel Amak und Hveen
Sind siebenundzwanzig Segel zu sehn,

An der Spitze die „Seekuh“, ihr bestes Schiff
Greif zu, wie Dein Vater einst sie griff.
Sie kommen wie Räuber. Nach Gut und Blut
Dürsten sie. Zertritt ihre Brut,

Vernichte sie mit einem Schlag.“
„Erst wägen, dann wagen … Atterdag.“
Und wieder ein Jahr und auf Schloß Wordingborg
In Stille sitzt er und doch in Sorg',

In Sorg' um Heilwig. Auf seinem Sinn
Lastet die schöne Königin.
Es heißt, sie sei krank, ohne Schlaf ihre Ruh,
Aber ein Kämmerling flüstert ihm zu:

„Der Königin Krankheit ist Lug, ist Schein,
Sten Sture geht lachend aus und ein,
Er ist noch ein Knabe, noch halb ein Kind,
Das lieben die Frauen, wie Frauen sind.

Auf, Waldemar, stör' ihre Lust, ihre List,
Zeige, daß Du der König bist,
Ueberrasche Schön-Heilwig, erforsche sie, frag'“
„Es würde sie töten … Atterdag.“

Und die Jahre gehn und in Roskild-Abtei
Todtkrank liegt Waldemar, Gott steh' ihm bei,
Sein Blick ist erloschen, fahl sein Gesicht,
Erzbischof Ansgar aber spricht:

„Alle Sünde, die Dich quält und brennt,
Es löscht sie Beicht' und Sakrament,

Und willst Du Dein Gewissen still'n,
Hier bin ich, sprich Deinen letzten Will'n,

Uns're Kirch' ist arm, wer sie speist und tränkt,
Dess' auch die Kirch' in Liebe gedenkt,
Dein Spruch war immer: „Eile mit Weil,"
Aber jetzt eilt es mit Deinem Heil,

Säen ist erndten und Opfer Ertrag;
Säe, König." „Atterdag."

Theodor Fontane: Waldemar Atterdag. In: Theodor Fontane, Gedichte. Stuttgart und Berlin 1905. J. G. Cotta'sche Buchhandlung Nachfolger, Seite 101–102.

Der Traum des Waldemar Atterdag vom großen Ostseereich erfüllte sich zu seinen Lebzeiten noch nicht, er musste ihn – wie Fontane in seiner Ballade den Beinamen „Atterdag" interpretiert – verschieben: „Atterdag". Schließlich aber wurde der Traum doch noch unter Waldemars Tochter Margarethe I. (1353–1412), die mit König Håkon VI. Magnusson von Norwegen verheiratet war, verwirklicht. Mit geschickten militärischen und heiratsdynastischen Schachzügen erreichte sie, nach dem Tod Håkons 1380 und ihres erst siebzehnjährigen Sohnes Olav 1387 in der „Union von Kalmar" (1397) als Regentin auch Norwegen (1387) und Schweden (1389) in den Herrschaftsbereich einzugliedern. Zum zweiten Mal nach dem Reich Knuts des Großen gelang es, ein nordisches Großreich zu schaffen, freilich ohne England. Obwohl nie gekrönt, nannte Margarethe sich doch Königin; ohne Zweifel war sie aufgrund ihrer großen Machtfülle eine der bedeutendsten Persönlichkeiten der nordischen Geschichte. Die Personalunion wurde 1397 im südschwedischen Kalmar vertraglich besiegelt. Der erste Unionskönig war der fünfzehnjährige Großneffe Margarethes, Erich von Pommern (um 1382–1459), den sie 1397 von den versammelten Reichsräten der drei Länder wählen ließ. Sie selbst sicherte sich die Regentschaft bis zu ihrem Tode. Ihr riesiges Reich hinterließ sie Erich VII., der von 1412 bis 1439 alleiniger König der Union war. Während Schweden 1521 aus der Union ausschied, blieben Norwegen und Dänemark bis 1815 vereinigt.

Büste der Margarethe im St. Annen-Museum Lübeck

Schleswig-Holsteinisches Landeswappen

Auch in die Geschicke Schleswigs und Holsteins griff Margarethe ein: 1386 belehnte sie zu Nyborg den holsteinischen Grafen Gerhard VI. (um 1367–1404) mit dem ganzen Herzogtum Schleswig. Da es Gerhard VI. ebenfalls gelang, die Gebiete der verschiedenen Schauenburger Grafen in Holstein zu vereinigen und vorläufig die fortgesetzten Landesteilungen zu beenden, kann der 15. August 1386 somit wieder einmal als eine Art Geburtstag von Schleswig-Holstein gelten. Ganz folgerichtig ergänzte der zu neuerworbener Macht gelangte Graf 1395 sein Siegel und sein holsteinisches Wappen mit dem silbernen bzw. weißen Nesselblatt, dem Wappen der Schauenburger Grafen, um die beiden Schleswigschen Löwen, die dem dänischen Wappen entnommen waren.

1447 | Vor den Toren der freien Reichstadt hört die Macht des Königs auf: Christoph III.

König Christoffer

1447 hatte König Christoffer von Dänemark viele Fürsten und Herren verschrieben, daß sie zu ihm gen Lübeck kommen wollten auf Michaelis, daselbst mit ihm lustig und fröhlich zu sein. Einem Rath zu Lübeck aber hatte er nichts hievon kund gethan, wie er doch billig hätte thun sollen.
Da nun der Tag Michaelis vorhanden, begunnten etliche der verschriebenen Herren heranzukommen; doch schickten sie vorher um Geleit nach altem Gebrauch. Erst nach dieser Herren Ankunft schickte König Christoffer seine Briefe an Einen Rath zu Lübeck, begehrte Geleit für sich und alle diejenigen, so er dahin beschieden; insonderheit aber: daß er seine Herberge halten möchte im Burgkloster.
Dieß Schreiben ward verlesen, mit großer Verwunderung daß der König auf so ungewöhnliche Art und Weise Geleit begehrte; darum ließ Ein Rath der vornehmsten Bürger an die 400 zu Rathhaus fordern, und ihnen des Königs unbilligen Anschlag vorlesen. Wie die Bürger das hörten, begehrten sie, daß dem Könige ja nicht gewillfahrt werde. Also hat des Königs Bote eine schriftliche Antwort wieder bekommen: daß Ihm das Geleit gar gerne bewilligt sein sollte, daß Er aber mit 4–500 Pferden zum höchsten kommen möchte; im Kloster zur Burg Ablager zu halten, ginge nicht an.
Solche Antwort hat den König zu großem Zorn bewogen, daß es nicht nach seinem Willen gehn sollte; er blieb also gar aus Lübeck, unangesehn daß er so viele Fürsten und Herren dahin verschrieben. Dann schickte er zur Wißmar, und begehrte dort gleichergestalt anzulangen wie in Lübeck; aber die Wißmarschen gaben ihm gleiche Antwort. Da blieb er zu Heiligenhafen und ließ seine Verwandte aus Baiern dahin fordern, den andern Fürsten aber den Hof wieder abschreiben.
Wie er nun gänzlich auf die Stadt Lübeck verbittert war, und sich im Herzen vorgenommen, daß er sich rächen wollte, sammelte er einen großen Schatz; dergestalt daß er bei seinen Räthen in Argwohn gerieth, als ob er denselben zum Land hinausschicken und selber balde, wenn's ihm füglich, nachfolgen wollte.
Da vermerkte er, daß seine letzte Zeit herangetreten, berief die Reichsräthe vor sich, und sagte zu ihnen: „Seht, ich sterbe; den Schatz aber, den Ihr gemeint, daß ich ihn wegschicken wollen, werdet Ihr an dem und dem Orte finden, und Ihr mögt ihn sicher verwahrt halten. Mit diesem Schatz hab' ich allezeit im Sinne gehabt, die Stadt Lübeck wieder unter das Reich Dänemark, dem sie, wie ich vernommen, vormals gehörig gewesen, zu zwingen."
Bald nach diesem starb er.

Ernst Deecke: König Christoffer. In: Ernst Deecke: Lübische Geschichten und Sagen. Lübeck 1852. Carl Boldemann's Buchhandlung, Seite 210–211.

Die von Ernst Deecke beschriebene Situation, die misslungene Einladung König Christophs an seine bayerischen Verwandten nach Lübeck, zeigt den fortwährenden unterschwelligen Konflikt zwischen der Hansestadt Lübeck und dem dänischen König, war symptomatisch für das angespannte Verhältnis zwischen der freien Reichsstadt und dem dänischen Herrscherhaus.

Christoph III. (1416–1448) begleitete in seiner Jugend als einziger Sohn und Stellvertreter seinen Vater Herzog Johann von der Pfalz-Neumarkt zu den Reichstagen. Ab 1434 diente er am Hof des deutschen Kaisers Sigismund. 1438 trat für Christoph eine unerwartete Wende in seinem Leben ein. Der dänische Reichsrat bot

Burgkloster in Lübeck

ihm die Krone Dänemarks und auch die Anwartschaft auf diejenigen Schwedens und Norwegens als Nachfolger seines Onkels, des Bruders seiner Mutter, an. Erik VII. von Dänemark lag wegen seiner enormen Geldausgaben durch den Krieg gegen die Hanse im Streit mit dem Reichsrat. Erik hatte sich außerdem für Bogislaw von Pommern-Stolp als seinen Nachfolger eingesetzt, den der Reichsrat aber verhindern wollte. Nach seiner Absetzung zog sich Erik nach Gotland zurück. So kam es, dass der junge Pfalzgraf zum König aufstieg. Christoph übernahm 1439 zunächst als Reichsverweser die Regierungsgeschäfte in Kopenhagen. 1440 wurde der erst 24-Jährige zum König von Dänemark gewählt, 1441 wurde er zum König von Schweden gekrönt, 1442 auch zum König von Norwegen. Ein Jahr später wurde er zum „Erzkönig" der dänischen Reiche gekrönt und war damit Herrscher über die gesamte Kalmarer Union, die von Grönland bis Finnland reichte. Die drei Königreiche behielten zwar ihre Souveränität, agierten aber außenpolitisch als Union. Eine solche Karriere hatte allerdings ihren Preis. König Christoph hatte den Reichsräten Dänemarks, Norwegens und besonders Schwedens zuvor weitgehende Privilegien einräumen müssen. Gegen den Willen der Räte und auch des Adels konnte er kaum selbstständig regieren. Die Bestrebungen der norddeutschen Fürsten, die Macht der Städte zurückzudrängen, fand seine Unterstützung. Aber die bestehenden Rechte der Hanse anzuerkennen, wurde der König gezwungen. Daraus erwuchs natürlich ein kaum überbrückbarer Konflikt des Königs mit der Hansestadt Lübeck.

Christoph III. war der erste König, der Kopenhagen zur Haupt- und Residenzstadt erhob. Eine seiner ersten Amtshandlungen war 1440

Holstentor in Lübeck

die Umwandlung des Schleswiger Lehens des Schauenburgers Adolf VIII. (1401–1459) in ein erbliches. Als Christoph III. von Dänemark 1448 im Alter von nur 32 Jahren an einer Blutvergiftung kinderlos starb, bot der dänische Reichsrat die Krone dem Herzog Adolf VIII. von Schleswig und Holstein an, doch dieser lehnte zugunsten seines Neffen Christian von Oldenburg ab. Christian I. wurde neuer dänischer König und heiratete Christophs Witwe Dorothea, die Tochter des Markgrafen von Brandenburg. Mit ihm gelangte die bis heute regierende Herrscherfamilie der Oldenburger auf den dänischen Thron.

1460 | Up ewig ungedeelt: Ripen

Timeo Danaos, et dona ferentes
(Melodie: Sie sollen ihn nicht haben.)

…
Sie sollen es nicht haben
Das heil'ge Land der Schlei!
Sie sollen es nicht haben
Das Land so stolz und frei.
Der Herzog hat's geschrieben,
Den sich das Volk erwählt:
„Se schölln tosammen blieben
Op ewig ungedeelt!"

August Wilhelm Neuber: Das Lied von der Schlei

Worauf August Wilhelm Neuber in seinem Schleilied von 1841 mit den Schlussversen Bezug nimmt, ist der Vertrag von Ripen 1460, in dem die schicksalhafte Formulierung „Up ewig ungedeelt" Verwendung fand.
Christian I. von Dänemark (1426–1481) wurde mit seinen beiden jüngeren Brüdern Gerhard und Moritz am Hof seines Onkels Herzog Adolf VIII. von Schleswig und Graf von Holstein, des Bruders seiner Mutter, erzogen. Nach dem Tod des Königs Christoph von Dänemark 1448 wurde der erst Zweiundzwanzigjährige zum König gewählt. Ein Jahr später heiratete er Christophs achtzehnjährige Witwe Dorothea von Hohenzollern. Der norwegische Reichsrat erkannte Christian 1450 auch als rechtmäßigen König von Norwegen an. Indem er im selben Jahr in Trondheim zum norwegischen König gekrönt wurde, war die dänisch-norwegische Union gesichert. Nach dem Krieg zwischen Dänemark und Schweden fiel ihm 1457 für etwa zehn Jahre auch die schwedische Krone zu. Einen weiteren politischen Erfolg konnte er 1459 nach dem Tod des letzten Schauenburger Grafen und Herzogs Adolf VIII., der keinen unmittelbaren Erben hinterließ, verbuchen. Nach dem Aussterben des Schauenburger Geschlechts verzichteten die Brüder des Königs auf ihre Ansprüche auf Schleswig und Holstein und erhielten dafür neben Geldzuwendungen die königlichen Anteile an den Grafschaften Oldenburg und Delmenhorst. Der Ritterschaft schien der dänische König als Neffe des Verstorbenen der geeignete Kandidat für die Nachfolge zu sein. Eine Vereinigung Schleswigs, Holsteins, Stormarns und Dänemarks unter einem Herrscher schien politisch opportun zu sein, um ein Wiederaufflammen des Konflikts verschiedener Mächte zwischen Ost- und Nordsee zu verhindern. 1460 wählten die Landstände Schleswigs und Holsteins deshalb zu Ripen König Christian I. auch zum Herzog von Schleswig und Grafen von Holstein. Am 2. März 1460 huldigten ihm die wahlberechtigten Räte als Herzog und Grafen.
Nun war der dänische König auch Landesherr von Holstein im deutschen Reichsverband. Die dänische Herrschaft reichte bis zur Elbe. Diese Personalunion der Herzogtümer mit Dänemark sollte bis 1864 Bestand haben. Nach dem Vertrag von Ripen sollte Schleswig als dänisches Lehen ein eigenes Herzogtum bilden, das aber mit Holstein, das ein Lehen des Deutschen Reiches blieb, gemeinsam verwaltet wurde. Im Gegenzug wurde den Land-

Nachdruck des Ripener Vertrags von 1460 im Schloss Gottorf

ständen zugesichert, dass die Herzogtümer „up ewich tosamende ungedelt" bleiben sollten. Gemeint war mit dieser Formel wohl, dass zwischen den beiden Landen zukünftig keine Streitigkeiten mehr herrschen sollten. Die Stände wollten stabile politische Verhältnisse erreichen. Der Vertrag sollte Konflikte zwischen dem dänischen Königshaus und den holsteinischen Herrschern zukünftig verhindern. Ludolf Wienbarg stellt in seiner Geschichte Schleswigs die Bedingungen des Ripener Vertrages dar.

Nachdem diese Präliminarien zu Rendsburg abgemacht waren, entbot der König die Räthe des Landes nach der Stadt Ripen, seit Alters vom schleswigschen Gebiete abgetrennt und als jütisches Bisthum zu Jütland gezogen. Die Räthe folgten, wie es heißt: weil sie hören wollten, was des Königs Begehr sei!

Hier wurden die Unterhandlungen zu Ende geführt und den Ständen die berühmte Urkunde, die staatsrechtliche Grundlage der vereinten und niemals zu trennenden Lande ausgestellt am 5. März 1460.

Demgemäß fand schon in Ripen die Wahl statt. Der Bischof von Schleswig verkündigte mit lauter Stimme von dem Rathhause zu Ripen: daß der Rath von Holstein – so hießen die vereinigten Stände – um des Besten willen ihres Landes zu einem Herzog von Schleswig und Grafen von Holstein gekoren hätten den gnädigen Herrn, den König Christian von Dänemark.

Nicht von den Schleswigern besonders oder von den Holsten für sich, sondern von beiden gemeinsam – was wohl zu merken – wurde Christian die Herrschaft in beiden Landen als eine ungetrennte übergeben. Jeden andern Anspruch, auch den der Lehnshoheit, hatte er aufgegeben, um mit dem gleichen Erbrecht beide Lande für seine Person zu gewinnen.

Den neuen Herzog und Grafen empfing, da er in's Land kam, die Huldigung der Ritter und Städte. Zugleich ertheilte er eine neue Bestätigung und Erweiterung der verliehenen Freiheiten und Rechte, genannt „die tapfere Verbesserung" (4. April zu Kiel).

Hinterher, am 11. Mai, wurde noch eine früher verabredete ritterschaftliche Versammlung mit dem Grafen von Schauenburg abgehalten. Man soll ihm dort auf seine bitteren Beschwerden erklärt haben: der König und seine Brüder besäßen ein näheres Erbrecht auf Holstein, im Lande der Holsteiner erbe die SpillSeite (die Verwandten mütterlicherseits) ebensowohl, wie die SchwertSeite (die Verwandten väterlicherseits). Schließlich fand der König sich mit den Grafen ab durch eine Geldsumme; er nimmt vertragsmäßig ihre diesseitigen Besitzungen in Schutz und erhält von ihnen das Zugeständniß, daß in Kriegszeiten ihm ihre Schlösser offen stehen sollen. Dadurch allein schon ist die enge Verbindung der Herrschaft Pinneberg mit dem übrigen Holstein unzweideutig anerkannt und ausgesprochen worden. Vom Lübecker Bischof ließ er sich dann die Belehnung mit Holstein ertheilen.

Ludolf Wienbarg: Geschichte Schleswigs.
Erster Band: Das heroische Zeitalter.
Hamburg 1861. Verlag von Otto Meißner,
Seite 87–89.

Aus dem Lehnsadel hatten sich die holsteinischen Adelsfamilien als eine geschlossene soziale Gruppe entwickelt, die sich mit immer größerem Landbesitz die entsprechende Machtfülle aneignete. Zu den großen Adelsclans des Landes gehörten die Familien Ahlefeldt, Blome, Brockdorff, Buchwaldt, Rantzau, Reventlow und Rumohr.

Lade der schleswig-holsteinischen Ritterschaft im Schloss Gottorf

Gut Hasselburg

Die Landesherren waren oft zu erheblichen Zugeständnissen dem Adel gegenüber gezwungen. Im Herzogtum Schleswig konnte der einheimische Erbadel seine Rechte, die auf der freiwilligen Gefolgschaft beruhten, gegenüber dem Landesherrn bewahren. Im Rahmen der Herrschaft Gerhards III. über Holstein, Schleswig und Jütland ließen sich viele holsteinische Adelige auch über die Eidergrenze hinaus im Herzogtum Schleswig nieder. Die zunehmende Verschmelzung des holsteinischen und des Schleswiger Adels führte zur Herausbildung der schleswig-holsteinischen Ritterschaft. 1397 nahmen zum ersten Mal Adelige aus Schleswig an einer Sitzung des holsteinischen Adels in Bornhöved teil.
Die holsteinische Ritterschaft sicherte sich in Holstein, aber auch in Schleswig einen maßgeblichen Einfluss auf die Vergabe der wichtigen Ämter, über die ein Consilium, ein landesherrlicher Rat aus hohen Landesadeligen, entschied. Mit der Einführung des so genannten

Gut Kletkamp

Gut Emkendorf

Indigenatsrechts 1415 war sichergestellt, dass die höchsten Ämter ausschließlich dem alteingesessenen schleswig-holsteinischen Adel vorbehalten blieben. 1422 wurde der Adel von der Steuerpflicht sowie von der Heeresfolge außerhalb des Landes befreit. Aufgrund ihrer materiellen Machtbasis war der schleswig-holsteinischen Ritterschaft auch in politischen Belangen nichts mehr entgegenzuhalten. Der Ritterschaft, die in Holstein wie in Schleswig Güter besaß, war besonders daran gelegen, dass die beiden Lande zusammenblieben.

Im Laufe der nachfolgenden Zeit gelang es dem Adel, seine Machtposition immer weiter auszubauen. In den ständischen Landtagen hatte die Ritterschaft ohnehin eine maßgebliche Stellung; ihre Übermacht wurde noch deutlicher, als der Landtag nach der Reformation und dem Ausscheiden des hohen Klerus zu einer rein ritterschaftlichen Vertretung wurde. Nachdem Frederik I. dem Adel 1524 die volle Gerichtsbarkeit über die Untertanen auf den Gütern zugebilligt hatte, war die Grundlage für die Leibeigenschaft der Bauern gegeben, die sich seit dem 16. Jahrhundert immer weiter verbreitete. Alle Bauern innerhalb der Gutsbezirke verloren damit ihre persönliche Freiheit.

König Christian I. war 1460 bereit, den Ständen alles zu versprechen, um gewählt zu werden. Außer der Unteilbarkeit des Gebietes wurden den Ständen in der Ripener Handfeste zugleich wichtige Rechte und Privilegien verbrieft, ein eigenes Fürstenwahlrecht, eigene Landtage, eigenes Indigenatsrecht, d.h. das Vorbehaltsrecht von hohen Verwaltungsämtern für Bewohner der beiden Lande, eigenes Münz- und Zollrecht. Diese wurden in der so genannten Kieler „Tapferen Verbesserung" noch erweitert, die am 4. April 1460 im Kieler Schloss unterzeichnet wurde.

Jeder neue Landesherr musste künftig von der Ritterschaft bestätigt werden. Durch die hohen Zahlungsverpflichtungen, die der König eingegangen war, und die Schulden, die er von Adolf VIII. übernommen hatte, geriet Christian I. in große Finanznot, welche er nur durch den Verkauf von Liegenschaften und Schlössern mildern konnte, die sich nun im

Pfandbesitz von Lübeck und Hamburg sowie des schleswig-holsteinischen Adels befanden, der damit übermächtig wurde. Manche Adeligen leisteten erhebliche Widerstände gegen den König, zum Beispiel Henning Pogwisch, an dem der König ein Exempel statuierte, der seinen Pfandbesitz Tønder verlor und landflüchtig wurde.

Der deutsche Kaiser, zu dem Christian I. freundschaftliche Beziehungen unterhielt, belehnte ihn mit Dithmarschen und erhob 1474 auf Betreiben König Christians auch die Grafschaften Holstein und Stormarn zum reichsunmittelbaren Herzogtum. 1481 starb König Christian I., der erste Herrscher über Dänemark und Schleswig-Holstein aus dem Haus Oldenburg, er wurde in der Domkirche zu Roskilde beigesetzt.

Zusammen begründeten der Vertrag zu Ripen und die Kieler „Tapfere Verbesserung" eine gemeinsame Landesherrschaft über Schleswig und Holstein und schufen einen Landfrieden. Der Vertrag von Ripen verlor zwar mit dem Tod Christians I. seine unmittelbare Gültigkeit, die niedergelegten Grundgedanken wirkten jedoch fort. Schleswig-Holstein war also seit 1460 eine Realunion, ein zusammengehöriges Staatsgebilde, allerdings halb unter deutscher, halb unter dänischer Lehnshoheit. Es war mit Dänemark durch einen gemeinsamen Herrscher in Personalunion verbunden. Als Christian I. 1481 starb, hinterließ er einen gewaltigen Schuldenberg, eine von ihm gegründete Universität in Kopenhagen sowie zwei Söhne, Hans und Frederik. Da sich die Stände nicht zwischen den beiden entscheiden konnten, wurde ein Kompromiss gefunden: Hans und Frederik wurden gleichzeitig zu Nachfolgern gewählt, was 1490 zu einer Teilung des Herrschaftsgebietes führte, einer von mehreren folgenschweren Landesteilungen. So zerfiel das eigentlich „Ungedeelte" in zwei Teile, einen Königlichen in Segeberg und einen Gottorfer Anteil in Gottorf.

Rantzaubau des Kieler Schlosses

1500 | „Wahr di, Gaar! De Bur, de kummt!" – die Schlacht bei Hemmingstedt

De Slacht bi Hemmingsted (1500. Febr. 17.)

De König to den Herzog sprok: Och hartlev Broder min,
Wa krigt wi dat frie Ditmarscher Land? segg an, wa kamt wi in?

As dat Reinold vun Mailand hör, de mit sin gęlen Bart,
Do seggt he, wi schickt de Garr en Bad, dat uns en Bistand ward.

Sobald de Garr dat Wort man hör, rüst' se sik mächti sehr,
Se rüst' wul föfteindusend Mann, un trock dær de Heiloh hęr.

Un as de Garr bi den König keem: „Och Herr, min lewe Herr,
Wo liggt denn nu dat Ditmarscher Land, in Hęben oder op de Eer?"

„Das nich mit Kęden ann Himmel bunn', op Eer is dat to finn'"
Do sä de Junker Slenz mit Moth: denn wüllt wi't bald gewinn'!

He leet de Trummelsläger slan, de Fahnn de leet he fleegn,
Se trocken ut æwer Weg un Steg bet se dat Ländken seegn. –

„Nu wahr di Bur, de Garr de kumt", vun Möldorp jagt se hęr,
De Helm un Panzers schint as Gold, as Sülwer schint de Pęr.

König Hans un all wat Adel kumt mit groten Larm un Schall,
De Wulf de lurt mit wücke Burn bi Braken achtern Wall.

Vun Möldorp trock dat swart hendal, wul dörtig dusent Mann:
Vun Wörden il en lütten Tropp, en Mäden gung vœran.

„So hölp uns Herr, du hest dat Rik in Himmel un op Eer!"
Wulf Isebrand störtt ut de Schanz, twee Hunnert achterhęr.

Un op de Panzers fulln de Släg', un Rüters in den Sand,
Un vun de Geest dar kaamn de Burn, un de Floth keem œwert Land.

Un dal vun Hęben full de Snee, op Pęr un Minsch de Släg',
Blank war dat Moor un witt de Geest, un blödi warn de Stęg'.

De Buern schregen: stękt de Pęr un schont de Rüterknechts!
Un sprungn barfot mit Kluwerstöck un slogen links un rechts.

Un reten inne Gröben dal un störtten se in Slamm,
Bet Minsch un Veh sik drängn un drungn all langs den smallen Damm.

„Nu wahr die Garr, de Bur de kumt!" he kumt mit Gott den Herrn,

Vun Hȩben fallt de Snee heraf, de Floth de stiggt vun nerrn.

Un wit ut alle Dörpen hȩr kumt Hölp un frischen Moth:
„Nu schont de Pȩr – de ridt wi noch – un slat de Rüters dot!"

In Slick un Slamm sack menni Herr, de sunst op Siden leeg,
Int Swinmoor liggt nu menni Een, de harr en golden Weeg.

Keen Nam so grot int Holstenland un nich in Dännemark,
Dar ligt se nu ahn Krüz un Steen, dar ligt se ahn en Sark.

De Garr de full mit Junker Slenz, so grot un stolt he weer,
De lange Reimer Wimerstȩd de keem un steek em dœr.

Mit nauer Noth, in Angst un Sorg keem König Hans dervan;
In Möldorp leet he Beer un Win un Bradens inne Pann.

Dat gev en Smaus na Noth un Dod, un Friheit weer dat Arf.
Dat mak de Düwels Isebrand un de Dusend-düwelswarf!

Klaus Groth: De Slacht bi Hemmingsted. In: Klaus Groth: Quickborn. Volksleben in plattdeutschen Gedichten ditmarscher Mundart. Hamburg 1860. Verlag Perthes-Besser & Mauke, Seite 140–143.

Natürlich fand der überlieferte Kampfruf der Dithmarscher „Nu wahr di Gaar, de Bur, de kummt!" in der niederdeutschen Ballade Klaus Groths Verwendung. Er schildert darin die berühmte Schlacht bei Hemmingstedt, in der es am 17. Februar 1500 zum Kampf der

Klaus Groth-Denkmal am Kleinen Kiel in Kiel

Schlachtruf der Dithmarscher auf dem Denkmal Dusendüwelswarf

Dithmarscher Bauern gegen die weit stärkeren vereinigten Armeen des dänischen Königs Johann I. und seines Bruders, des Herzogs Friedrich von Holstein, kam.

Dithmarschen fiel nach der Niederlage der Dänen in der Schlacht von Bornhöved 1227 an das Erzbistum Bremen. Da der Erzbischof jedoch wenig Einfluss nahm, regierten sich die Dithmarscher letztlich selbst. Ein Rat der Bauern, das „Kollegium der 48er", bildete die eigentliche Führung des Landes, das inoffiziell zu einer Art Bauernrepublik wurde. Der Wohlstand des Großbauerntums und der Zugang zur Nordsee weckten Begehrlichkeiten, zum Beispiel beim dänischen König Christian I., der 1473 den deutschen Kaiser Friedrich III. um einen Lehnsbrief bat, der ihm die Hoheitsrechte über Dithmarschen zusicherte. Doch die Dithmarscher erhielten Unterstützung von Papst Sixtus IV., der die Zugehörigkeit Dithmarschens zum Erzbistum Bremen bestätigte. 1499 erhob Christians Sohn Johann I., unterstützt von seinem Bruder, erneut Ansprüche auf Dithmarschen.

Das Heer der Landesherren bestand unter anderem aus 4.000 Landsknechten, der für ihren Kampfgeist berühmten und für ihre Grausamkeit berüchtigten Schwarzen Garde. Die Truppen Johanns und Friedrichs überschritten am 11. Februar 1500 die Grenze nach Dithmarschen. Sie fanden die Geest verlassen vor und konnten auch Dithmarschens Hauptstadt Meldorf kampflos besetzen, weil sich die Dithmarscher in dem Bewusstsein, dass sie in einem Kampf auf offenem Feld unterlegen wären, in die Marsch zurückgezogen hatten. Um die Dithmarscher zu verfolgen, bot sich nur eine einzige Möglichkeit über einen Dammrücken der Geest, um den sich tiefe Wassergräben befanden, die durch Öffnen der Schleusen überflutet werden konnten. Das einsetzende Tauwetter schuf einen weiteren Vorteil für die Dithmarscher, die natürlich die Landesgegebenheiten kannten. Sie errichteten südlich von Hemmingstedt und nördlich der so genannten Dusendüwelswarf eine Schanze quer zur Landstraße und öffneten die Siele an den Deichen. So warteten sie auf die Feinde.

Das Heer der Angreifer hatte beim Marsch über den Damm eine unübersehbare Länge von etwa zehn Kilometern. Die stark behinderten Soldaten hatten keine Chance, sich gegen die Angriffe der Dithmarscher zu wehren, die sich in dem nassen und schlammigen Boden geschickter zu bewegen wussten. Die Kanonen und die Pferde der Angreifer gelangten auf der durch den Regen zu Brei verwandelten Straße überhaupt nicht zum Einsatz. Viele Soldaten des Königs ertranken. Nach drei Stunden war die Schlacht entschieden. Die berühmte Armee des Dänenkönigs hatte eine vernichtende Niederlage erfahren, bei der unzählige Mitglieder der schleswig-holsteinischen Adelsfamilien fielen. König Johann und Herzog Friedrich konnten entkommen. Vermittelt durch Lübeck und Hamburg kam es am 15. Mai zum Friedensschluss, der Dithmarschens Selbstständigkeit bis 1559 sicherte.

Denkmal Dusendüwelswarf in Epenwöhrden

Den alten Wahlspruch der Schwarzen Garde: „Wahr Di, Buer, de Gaar de kummt" kehrten die Dithmarscher um in: „Wahr di, Gaar! De Bur, de kummt!"

1542 | Der König will eine neue Kirchenordnung: Reformation in Schleswig-Holstein

Um 1520 kam die Reformationsidee über Hamburg und Lübeck in den Herzogtümern an. Erste protestantische Prediger übten Kritik an der katholischen Geistlichkeit und propagierten die neue Lehre. Husum wurde durch den Reformator Hermann Tast zu einem Zentrum und Ausgangspunkt der Bewegung. Als im Jahr 1523 die dänischen Stände den Gottorfer Herzog Friedrich (1471–1533) zum dänischen König Frederik I. wählten, der der neuen Lehre zwar positiv, aber zögerlich gegenüberstand, verbreiteten sich die Ideen immer stärker. Endgültig brechen wollte Frederik I. als Anhänger eines Reformkatholizismus nicht mit der katholischen Kirche, deshalb vermied er es, eine klare Position zu beziehen, duldete aber die Anfänge der Reformationsbewegung.

Martin Luther, Porträt von Lucas Cranach d. Ä. im Schloss Gottorf

Frederiks Sohn Christian III. (1503–1559) dagegen war ein leidenschaftlicher Lutheraner, der in Dänemark und Norwegen die Reformation einführte. Der 18-jährige Kronprinz nahm 1521 stellvertretend für seinen Vater am Reichstag in Worms teil und lernte dort Martin Luther kennen.

Der Reformator hinterließ einen tiefen und bleibenden Eindruck bei dem jungen Prinzen, der zum glühenden Verehrer Luthers und Verfechter seiner Lehre wurde. Als ihm 1525 die Verwaltung des Herzogtums Schleswig übertragen wurde, begann Christian dort die Reformation energisch voranzutreiben und führte eine evangelische Kirchenordnung ein, die als eine der ältesten protestantischen Kirchenordnungen der Welt gelten kann. In den Kirchen des Herzogtums Schleswig wurde schon seit 1527 evangelisch gepredigt. Gleichzeitig setzte sich auch in den größeren Städten Dänemarks die Reformation immer mehr durch, die von evangelischen Predigern initiiert und durchgeführt sowie vom Volk getragen wurde. Der Kampf gegen die katholische Kirche wurde vor allem mit Hilfe von Büchern und Flugblättern in der Volkssprache ausgefochten. In den späten 1520er Jahre war die reformatorische Bewegung schon so weit vorangeschritten, dass es in Dänemark die beiden

Grabmal Frederiks I. und seiner Gemahlin Anna von Brandenburg in Bordesholm. Der Sarkophag ist allerdings leer. Die Herzogin ist unterhalb des Kenotaphs im Grabgewölbe des Kirchenschiffs beigesetzt, der Herzog im Schleswiger Dom.

Kirchen nebeneinander gab. Die meisten Pfarrer verblieben in ihren Ämtern und wurden im Geist der Reformation unterrichtet.

Über die Landesgrenzen hinaus ging die so genannte „Flensburger Disputation" in die Kirchengeschichte ein. Am 8. April 1529 berief der dänische König Frederik I. im seit 1528 säkularisierten Flensburger Franziskanerkloster ein öffentliches theologisches Streitgespräch ein. Die Versammlung ähnelte aber eher einem Schauprozess gegen den reformatorischen Laienprediger Melchior Hoffmann wegen dessen Auslegung der Abendmahlslehre, die er spiritualistisch interpretierte. Der König nahm an der Disputation nicht teil, sondern beobachtete von der über der Flensburger Altstadt gelegenen Duburg aus, wie sein ältester Sohn Kronprinz Christian den Vorsitz der Verhandlung führte. Der wortgewandte Johann Bugenhagen vertrat, unterstützt durch die Reformatoren Her-

Grabmal für König Frederik I. im St. Petri-Dom zu Schleswig

Johannes Bugenhagen, Johanneum Hamburg

mann Tast aus Husum und Nicolaus Boie aus Meldorf, die lutherische Position der Realpräsenz Christi im Abendmahl, die von Hoffmann geleugnet wurde. Er verharrte in seiner Position: „Nein, ich gläub' es nit … Das Brot, das wir empfangen, ist figurlich und sacramentlich der Leib Christi, nicht wahrhafftig." Aufgrund des königlichen Urteils wurde Hoffmann des Landes verwiesen und musste binnen weniger Tage Schleswig-Holstein verlassen.

Johannes Bugenhagen (1485–1558) wurde seit ihrer Begegnung 1529 bei dem Flensburger Religionsgespräch zum Vertrauten Christians. Aufgrund ihres engen Verhältnisses ließ sich Christian nach dem Tod seines Vaters 1537 in Kopenhagen von ihm zum König krönen. Bugenhagen hatte als Weggefährte Martin Luthers ganz wesentlichen Anteil an der Ausbreitung der Reformation in ganz Niederdeutschland. Neben Martin Luther und Philipp Melanchthon war er zu den herausragenden Vertretern der gemäßigteren Wittenberger Reformation zu zählen. Bugenhagen baute unter anderem die Hamburger Gelehrtenschule Johanneum auf, verbesserte die Armenfürsorge und schuf einen breiteren Zugang zur Bildung.

1536 schloss sich die dänische Kirche offiziell der lutherischen Lehre an. Maßgeblich beteiligt war Bugenhagen, der perfekt niederdeutsch sprach und auch meist seine Predigten auf Niederdeutsch hielt, an der niederdeutschen Übertragung der lutherschen Bibelübersetzung und deren Herausgabe. Nach dem Vorbild der auf Lateinisch und auf Dänisch publizierten evangelischen Kirchenordnung (Ordinatio ecclesiastica) für Dänemark von 1537, für die er ebenfalls verantwortlich war, legte Bugenhagen 1542 im Auftrag des Königs Christian III. eine

Johannes Bugenhagen überreicht König Christian die neue Kirchenordnung, Wandteppich in der Kieler Nikolaikirche

neue, auch von Luther abgesegnete Kirchenordnung für Schleswig-Holstein vor, die mit ihren Empfehlungen zur Lehre und zu den Zeremonien nach Zustimmung der Stände auf dem Landtag in Rendsburg zur Grundlage der protestantischen Gottesdienste in den Herzogtümern wurde. Diese gemeinsame Kirchenordnung wurde für die Herzogtümer zu einem neuen und mächtigen einigenden Band. Dass die neue Kirchenordnung in Niederdeutsch verfasst war, machte sie ebenfalls zu einem starken verbindenden Element in den Herzogtümern. Im ländlichen nördlichen Schleswig wurde auf Dänisch gepredigt, in den Städten wie Aabenraa, Haderslev und Tønder auf Niederdeutsch.

Nachdem diese Kirchenordnung 1559 auch in Dithmarschen und 1640 in der Grafschaft Holstein-Pinneberg eingeführt wurde, war die Reformation in Schleswig-Holstein vollendet. Sie zog ein enges Zusammenrücken von Dänemark und dem protestantischen Norden Deutschlands nach sich. Der Konfessionswechsel ging nirgends in Deutschland so ruhig und wenig fanatisch vonstatten wie in Dänemark und Schleswig-Holstein, wenn man von der grausamen Ermordung des protestantischen Predigers Heinrich von Zütphen einmal absieht, der 1524 einer Verschwörung in Dithmarschen zum Opfer fiel.

Es ist nicht unwahrscheinlich, daß diese Reformation, die eine strengere Handhabung der Disciplin zur Folge haben muß, bei unsern Nonnen eine böse Stimmung gegen das Klosterleben erzeugt, und so entfernter Weise diejenigen Schritte von ihrer Seite, die eine frühe Sekularisation des Reinbeker Klosters herbeiführten, so wie die letzten muthwilligen Auftritte, die im Kloster der Auflösung des Convents unmittelbar vorhergingen, vorbereitet habe. Priörin, Subpriörin und ganzer Convent verkauften nämlich 1528 ihr Kloster mit allen dessen Besitzungen an König Friedrich I., und Heldvader giebt uns davon, so wie von dem Abschiede der Nonnen vom Kloster folgenden Bericht (2 p.86): In Reinbek stach die Nonnen der Jeckel, daß sie in Abwesenheit ihres Probstes D. Detlef Reventlau, dem König Friedrich das Kloster mit allem Zubehör übergaben, und hielten in ihrem Abzug zum Valet ein herrliches Bankett, tanzten, schlugen Fenster, Tische und Bänke entzwei und zogen mit Freuden davon. Als nun der Probst anheim kam, fand er ein ledig Nest, und waren ihm die Tauben entflohen.

Christian Kuß: Die vormaligen Nonnen-Klöster des Cistercienserordens in Holstein. In: Nikolaus Falck (Hg.): Neues Staatsbürgerliches Magazin, mit besonderer Rücksicht auf die Herzogthümer Schleswig, Holstein und Lauenburg. Erster Band, erstes Heft. Schleswig 1832. Königliches Taubstummen-Institut, Seite 74.

Kloster Cismar, Westfassade

Kreuzgang im Kloster Ratzeburg

Christian Kuß gibt in seinem Aufsatz über die holsteinischen Zisterzienserklöster eine ganz abstruse Szene aus der Zeit der Klosterauflösungen 1528 wieder. Im Zuge der während der Reformation vollzogenen Säkularisierung wurden ab 1528 die meisten Klöster in Dänemark und in den Herzogtümern aufgelöst, zunächst in den Städten, denen der gesamte Klosterbesitz zufiel, dann auch auf dem Lande; dort wurde das klösterliche Vermögen auf den Landesherrn übertragen. Vor der Reformation gehörte dem dänischen König etwa ein Sechstel des Landes; mit der Konfiszierung des klösterlichen Besitzes wuchs das Krongut auf über die Hälfte des Territoriums.

Kloster Cismar, Ostfassade

Auch die Ritterschaft erkannte schnell, dass sich aus der Aufgabe der Klöster wirtschaftlicher und politischer Nutzen schlagen ließ. Durch die Einführung der Besteuerung für den Klerus war die Kirche teilweise zum Verkauf von Liegenschaften gezwungen. Angehörige des Adels kauften diese kirchlichen Besitzungen auf und vergrößerten dadurch ihren Grundbesitz um ein Vielfaches. So wurde zum Beispiel Johann Rantzau zum mächtigsten Grundbesitzer und zum reichsten Mann im Land.

Einige Klöster wurden in Lateinschulen umgewandelt wie das Franziskanerkloster in Kiel oder das Katharineum in Lübeck. Frauenklöster wie die Adeligen Damenstifte Kloster Preetz, Kloster Itzehoe, St. Johannis-Kloster vor Schleswig und Kloster Uetersen wurden der schleswig-holsteinischen Ritterschaft übereignet, die sie fortan zur Versorgung und Unterbringung ihrer unverheirateten oder verwitweten Frauen nutzte.

Klosterkirche Preetz

1564 | Das Land wird vielfach geteilt

Schon unter der Schauenburger Herrschaft hatte es mehrere Landesteilungen in fünf Teilgrafschaften gegeben. 1459 waren diese mit dem Tod Adolfs VIII. wieder zusammengeführt worden. Der Vertrag von Ripen von 1460, der eine zukünftige Teilung ausschließen sollte, wurde aber bereits 1490 gebrochen. Johann, der älteste Sohn König Christians I., entschädigte seinen jüngeren Bruder Friedrich trotz der Bedenken der Stände mit Teilen Schleswigs und des inzwischen zum Herzogtum aufgestiegenen Holstein. Zum ersten Mal wurde Gottorf Sitz eines Landesherrn. Gebiete der adeligen Grundherrschaft wurden gemeinsam regiert; auch Bischöfe, Räte und Ritterschaft blieben beiden Landesherren gegenüber verpflichtet. Die neuen Herrscher Johann und Friedrich agierten trotz aller internen Spannungen zunächst gemeinsam, indem sie zusammen versuchten, die freie und reiche Bauernrepublik Dithmarschen zu vereinnahmen. Nicht gerechnet hatten sie allerdings mit dem Verteidigungswillen der wehrhaften Dithmarscher, die die Angreifer am 17. Februar 1500 in der berühmten Schlacht von Hemmingstedt vernichtend schlugen.

Herzog Adolf von Schleswig-Holstein-Gottorf, Schloss Gottorf

Die einschneidendste Landesteilung erfolgte 1544, als König Christian III. (1503–1559), der als glühender Vertreter des lutherischen Glaubens die Reformation in Dänemark einführte, seine Halbbrüder Johann den Älteren und Adolf entschädigen musste, die Herzöge in Schleswig und Holstein wurden und von da an mit dem König gemeinschaftlich regierten. 1581 starb Johann der Ältere ohne Erben, so dass dessen Anteil unter Christian III. und Adolf aufgeteilt wurde.

Herzog Adolf (1526–1586) benannte seinen Anteil nach seiner Residenz Gottorfer Anteil und begründete damit die Linie Schleswig-Holstein-Gottorf. Seitdem herrschte trotz des Protests der Stände ein Kondominium, also eine gemeinschaftlich ausgeübte Herrschaft von zwei Fürsten, beide aus dem Hause Oldenburg, von denen der eine König war und der andere Herzog. Unter beiden Linien war das Land von nun an in buntem Wechsel in königliche und herzogliche Gebiete aufgeteilt, was auch fortwährend zu Konflikten führen sollte. Der dänische König verfolgte immer wieder das Ziel, seine Schleswiger Anteile mit dem Königreich zu vereinen, wogegen der Herzog von Gottorf natürlich bestrebt war, seine Souveränität zu erhalten. Die dem Adel gehörenden Güter und die auf dem Landtag vertretenen Städte wurden nicht geteilt, sondern von König und Herzog gemeinsam regiert. Die Durchsetzung dieser Landesteilung bedeutete zugleich einen Sieg des fürstlichen Erbrechts über das Wahlrecht der Stände.

Heinrich von Rantzau, Wandsbeker Marktplatz

Zweyerley verzeichnus vnd bericht:
Erstlich /
Auff welchen tag vnd stelle / der
Durchleuchtigste Grossmechtige vnd
Hochgeborner Fürst vnd Herr / Herr Friderich
der Ander
zu Dennemarcken / Norwegen / der
Wenden vnd Gotten König / Hertzog zu
Schles-
wig / Holstein / Stormarn vnd der Dithmar-
schen: Graff
zu Oldenborch vnd Delmenhorst / etc. in
Gott dem
Herrn Christlich verstorben. Auch mit was
Ce-
remonien und Ordnung solche Königliche
Leich
ins Sarck gelegt/ vnd damit biß an die ver-
ordente legerstede der Königlichen be-
grebnus zu Rodschild ge-
führet worden.

Folgends eine beschreibung der
Ordnung / Ceremonien vnd Solen-
niteten / so bey der Königlichen
Leichbestettigung / den 5. tag Junii /
dieses M.D.LXXXVIII. Jahrs / zu Rodschild ge-
halten worden.

Verzeichnus vnd Bericht / auff
welchen tag vnd stelle /
König Friderich
der Ander / zu Dennemarcken / Norwegen /
etc.
In Gott dem Herrn verstorben / Auch mit was
Cere-

monien und ordnung / solche Königliche
Leiche ins
Sarck gelegt / vnd damit biß an die verorden-
te
Legerstede der Königlichen begrebnuß zu
Rodtschildt geführet worden / etc.

Hochstermelte / Gottselige Kön. Mait. Sein Anno etc. 88. vff den Grünen Donnerstag /

Fragment des ursprünglich 15 Meter hohen Rantzau-Obelisken von 1590 in Bad Segeberg

Rantzau-Kapelle von 1588 in Bad Segeberg

war der vierde tag Aprilis / gegen abendt zwischen vier vnd fünff vhr / auff dem Königlichen Schlosse Anderschow / in Sehlandt / in Godt dem Herrn selig und Christlich entschlaffen. Welcher gestalt aber / für der zeit / ire Kön: Mait. nach vorgehendem andechtigem Gebet vnd Confession / das hochwirdig Sacrament empfangen / vnd was ire Kön: Mait. sonste für ein Christlich andacht vnd deuotion gehabt / solchs wird bald besonderlich / durch derselben Beichtvater / in truck ausgehen / vnd menniglich kund gethan werden. Den heilgen Ostertag / ist solche Königliche Leiche / Königlich vnd herlich gesalbet / ins sarck gelegt / vnd auff dem Königlichen gemach vber der erden inder gesetzet / war vff denselben vnter der Leiche schwartz ge-

Schloss Sønderborg

wandt / vber den Sarch ein Sammette deck gespredet.

Heinrich von Rantzau: Zweyerley verzeichnus vnd bericht. 1588.

1588: Frederik II. (1534–1588), König von Dänemark, war tot. Heinrich von Rantzau (1526–1598), als Angehöriger einer der uradeligen Familien 42 Jahre lang Statthalter des dänischen Königs für die königlichen Anteile an den Herzogtümern Schleswig und Holstein, Großgrundbesitzer von mehr als siebzig Gütern und bedeutendster Vertreter des norddeutschen Humanismus, beschreibt in seinem Bericht die Beisetzungsfeierlichkeiten. Die fast dreißig Jahre der Regentschaft Frederiks II. begannen mit der endgültigen Unterwerfung Dithmarschens 1559 in einem zeittypisch grausamen Krieg. 1570 konnte der König den so genannten Dreikronenkrieg gegen Schweden erfolgreich beenden. Dem Monarchen gelangen zahlreiche Reformen und Verbesserungen in den Bereichen Landwirtschaft, Handel und Schifffahrt. Die Wissenschaften erfuhren durch ihn erhebliche Förderungen.

1564 entschloss sich Frederik II., in Personalunion Herzog von Schleswig und Holstein, Gebiete in den Herzogtümern aus königlichem Besitz, zum Beispiel Sønderborg und Plön, herauszulösen, seinem jüngeren Bruder Johann dem Jüngeren als dessen Erbteil zu übereignen und aus diesen Lan-

Schloss Glücksburg

desteilen ein neues Herzogtum zu schaffen. Es kam also zu einer weiteren Landesteilung.

Allerdings wurde Johann dem Jüngeren von den Ständen, von Ritterschaft und Landtag, die Huldigung als Landesherr verwehrt. Er galt wie seine Nachfahren als Abgeteilter Herr. Er war zwar Herzog, aber kein regierender, also ein „abgeteilter" Landesherr, der auch keinen Anteil an den gemeinsam verwalteten Landesgebieten besaß. Auf seinem Territorium ließ Herzog Johann das Wasserschloss Glücksburg bauen. Nach seinem Tod 1622 wurde sein Besitz unter seinen Söhnen in fünf noch kleinere Herzogtümer mit selbstständigen Nebenlinien geteilt.

1611 | Der Weg der Ochsen nach Süden

Nächst den Pferden sind die dänischen Ochsen und Kühe ein wichtiger Reichthum des Landes. Es werden jährlich viele tausend Ochsen nach Deutschland, Holland und Brabant geführet, aus welchen Ländern sich die Ochsenhändler um Lichtmesse auf den Herrenhöfen einfinden, und nach geschlossenem Kontrakt auf jedem Hofe hundert, oder zweyhundert Ochsen, auch wohl mehr, in Empfang nehmen. Zuweilen werden sie bey Ringkiöbing, Hietting* und Ripen, als durch einen kürzern Weg nach den Niederlanden eingeschiffet, gemeiniglich aber durch Holstein und Westphalen getrieben. Manche werden auf der Sommerweide in den Marschgegenden gemästet, und bis an die Elbe getrieben. Man sagt, diese Handlung wäre zuerst von Jens Beldenack, Bischof in Odensee, aufgebracht und eingerichtet worden. Die Holländer haben sich oft Mühe gegeben, Mittel auszufinden, um der dänischen Ochsen zu entrathen. Sie kaufen auch anitzt nicht mehr so viele, als ehemals, da hingegen Hamburg und Altona desto mehr erfordern.

*Gemeint ist wohl die Stadt Herning am Ochsenweg.

Erich Pontoppidans, Prokanzler der Universität zu Kopenhagen: Kurzgefaßte Nachrichten, die Naturhistorie in Dännemark betreffend. Aus dem Dänischen übersetzt. Mit Kupfern. Kopenhagen und Hamburg 1765. Verlegts Gabriel Christian Rothens Wittwe und Profft, und Michael Christian Bock, Seite 153–154.

Der Vorgang, den der dänische Wissenschaftler Erich Pontoppidans hier schildert, spielte sich auf dem legendären Ochsenweg ab. Der Ochsenweg, auch „Hærvejen" (Heerweg) genannt, war seit der Bronzezeit ein historischer Verkehrsweg auf der Kimbrischen Halbinsel in Nord-Süd-Richtung, überwiegend entlang der Wasserscheide auf dem trockenen Boden der

Ochsenhörner am Ochsenweg bei Kropp

Ochsenweg bei Kropp

Geest oder des Geestrandes. Er begann im dänischen Viborg und endete in Wedel, dem Sammelplatz für den Viehhandel. Außer dieser Funktion war der Ochsenweg ebenfalls als Heerstraße von Bedeutung. Aufgrund seiner Lage entlang der Wasserscheide gibt es mehrere Quellgebiete am Rand des Ochsenweges. Da diese christlichen Pilgern als heilig und Wallfahrtsorte galten, entwickelte sich der Weg auch zum Pilgerweg.

Der bedeutende Viehtrieb, die Ochsendrift, verlief in Dänemark über Vejle und Aabenraa, in Schleswig-Holstein über Flensburg, Schleswig, vormals Haithabu, und Rendsburg, wo der Ochsenweg die Eider überqueren musste. Südlich dieser Grenze teilte sich der Weg in eine östliche Route über Neumünster und Bad Bramstedt und eine westliche über Itzehoe und Elmshorn. In Uetersen wurden beide Wege wieder zusammengeführt bis zu ihrem Ziel, dem Ochsenmarkt in Wedel. Mit Fähren wurde das Vieh über die Elbe nach Stade transportiert, von dort ging es weiter dann auf dem „Hellweg", dem großen mittelalterlichen Heer- und Fernhandelsweg zwischen Rhein und Elbe entlang

Viehauftrieb, Relief in Kropp

der Mittelgebirgsschwelle, nach West- und Mitteldeutschland. Auf Hamburger Boden endete der Ochsenweg am Ochsenzoll. Es gab aber auch Endpunkte in Glückstadt und Altona, den eigenen Häfen des dänischen Königsreiches.

Transportiert wurden Ochsen, also Stiere, die für einen Transport kastriert wurden, weil sie ansonsten zu wild waren. Kühe wurden nicht transportiert, sondern zur heimischen Milch- und Kälberproduktion gehalten. Der Viehtrieb dauerte deutlich länger als einen Tag. Deshalb waren entlang des Ochsenweges zahlreiche Gasthöfe für die Treiber und Viehställe, in denen die Tiere vor Wölfen geschützt waren, eingerichtet. An Übergängen, Brücken und Furten wurde teilweise Zoll für die ausgeführten Tiere erhoben.

Bis weit in das 19. Jahrhundert wurde das Vieh aus Jütland und von den dänischen Inseln zur Fettweide in die Mastgebiete an der Westküste Schleswig-Holsteins, Ost- und Westfrieslands getrieben, bevor es als Schlachtvieh verkauft wurde. Im 17. Jahrhundert wurden 30–50.000 Ochsen jährlich über den Ochsenweg getrieben, außerdem Pferde, Schweine, Ziegen, Schafe und Gänse. Allein im Jahre 1611 sollen laut Gottorfer Zoll 50.000 Ochsen den Weg passiert haben. Der Ochsenweg hatte ausgedient, als die Eisenbahn ab Mitte des 19. Jahrhunderts weitgehend seine Aufgabe übernahm.

1616 | Zentrum der Kultur: der Gottorfer Hof

Friedrich III. (1597–1659), dem Herzog von Schleswig-Holstein-Gottorf von 1616 bis 1659, Enkel von Frederik II. von Dänemark, war es beschieden, den Gottorfer Hof zu einer imposanten kulturellen Blüte zu führen, und das in den wirren Zeiten des Dreißigjährigen Krieges.

Seit 1608 regelten die Herzöge von Gottorf ihre Nachfolge nach dem Prinzip der Primogenitur, nach dem der Erstgeborene das Erbe antritt, und nahmen keine weiteren Teilungen ihres Besitzes mehr vor, sondern machten ihre jüngeren Söhne zu Fürstbischöfen von Lübeck. Als sein Vater Johann Adolf im Alter von erst 41 Jahren 1616 plötzlich starb, wurde Friedrich also nicht gewählt, sondern durch Erbhuldigung zum Nachfolger als Herzog von Schleswig-Holstein-Gottorf bestimmt. Die Konsolidierung der Staatsfinanzen war angesichts des Schuldenberges, den ihm sein Vater hinterlassen hatte, seine erste große Aufgabe. Den Einfluss des alten Adels versuchte er zurückzudrängen, indem er Räte heranzog, die nicht zur Ritterschaft, sondern zum bürgerlichen Juristenstand gehörten wie Johann Adolph Kielmann von Kielmannsegg.

Die größte Herausforderung seiner Regentschaft war die Situation seines Landes wäh-

Hirschsaal im Schloss Gottorf

rend des Dreißigjährigen Krieges. Die antikaiserliche Politik des dänischen Königs Christian IV. brachte den Herzog in einen Konflikt zwischen seinem dänischen Lehnsherrn für das Herzogtum Schleswig und seinem kaiserlichen Lehnsherrn für das Herzogtum Holstein. Friedrich setzte alles daran, seinen kleinen Staat zu schützen, das zerstückelte Territorium Gottorfs war aber militärisch kaum wirksam zu verteidigen. Friedrich III. geriet zwischen die Fronten in dem Kampf um die Vorherrschaft im Ostseeraum. Als sich Friedrich gegen den dänischen König stellte, marschierten dänische Truppen in gottorfsche Gebiete ein. Seine Neutralitätspolitik musste er aufgeben, als 1643/44 schwedische Truppen Schleswig-Holstein besetzten. Aufgrund seines Vertrages mit Schweden fand die Auseinandersetzung zwischen Schweden und Dänemark zum großen Teil auf holsteinischem Boden statt und kaiserliche Truppen verwüsteten gottorfschen Besitz. 1654 verheiratete Herzog Friedrich seine Tochter Hedwig Eleonora mit dem schwedischen König Karl X. Gustav. Mit Hilfe Schwedens versuchte der Herzog nach Ende des Dreißigjährigen Krieges, die völlige Souveränität von Dänemark zu erreichen. Nach dem Sieg Schwedens, auf dessen Seite er im Dreißigjährigen Krieg gestanden hatte, über Dänemark im Zweiten Nordischen Krieg wurde dem Gottorfer 1658 tatsächlich die Aufhebung der dänischen Lehnshoheit über die gottorfschen Anteile des Herzogtums Schleswig, also die Souveränität zugesprochen, ohne dass die im Vertrag von Ripen festgeschriebene Union mit Dänemark aufgehoben wurde.

Ehrgeizige Pläne verfolgte Friedrich III. mit dem Fernhandel. Zu diesem Zweck schuf er sich 1621 mit der Gründung von Friedrichstadt einen Hafen an der Nordsee. Eine Handelsroute nach Russland und Persien zu finden, war das Ziel einer Expedition, die er 1633 auf die Reise schickte. Nachdem es nicht gelang, mit dem Zaren ein Handelsabkommen

Herzog Friedrich III., Porträt von Julius Strachen im Schloss Gottorf

Schloss Gottorf

zu schließen, entsandte der Herzog 1635 eine weitere Delegation an den persischen Hof in Isfahan. Um persische Waren wie Seide und Gewürze lagern zu können, wurden in Kiel am Markt als Packhäuser zwischen 1632 und 1638 die so genannten Persianischen Häusern gebaut. Aber auch diese Reise wurde ein vollständiger Fehlschlag. Friedrichs Fernhandelspläne waren damit gescheitert. Der Leiter der beiden Expeditionen Otto Brüggemann wurde allein verantwortlich gemacht und hingerichtet. Teilnehmer der Expeditionen war auch der Gesandtschaftssekretär Adam Olearius, der eine viel beachtete „Beschreibung der Muscowitischen und Persischen Reyse" verfasste.

Der gotische Saal im Erdgeschoss des Südflügels des Schlosses Gottorf von 1530, die so genannte Königshalle, beherbergte die Kunstkammer und die Bibliothek.

Die Wirtschaftskraft des Gottorfer Staates beruhte nicht unwesentlich auf dem Reichtum der Marschen an der Westküste. Die gewaltige Burchardiflut von 1634, nach der ersten von 1362 die zweite „Grote Mandränke", die

Tausende von Menschenleben kostete und die gesamte Westküste und vor allem die Insel Nordstrand fast völlig zerstörte, beendete zugleich die Pläne Friedrichs zur Eindeichung des Landes und Landgewinnung. Erfolgreicher verliefen Friedrichs wissenschaftliche und kulturelle Vorhaben. Herzog Friedrich III. machte seine Residenz Schloss Gottorf, die vierflügelge Schlossanlage an der Schlei, zu einem Zentrum der europäischen Geisteswelt. Er beschäftigte an seinem Hof den Rembrandt-Schüler Jürgen Ovens als Hofmaler und den großen Bildschnitzer Hans Gudewerth den Jüngeren. Er förderte das Musikleben am Hof durch Bildung einer Hofkapelle und eines höfischen Balletts. Den Hofgelehrten Adam Olearius (1599–1671) beauftragte er mit dem Aufbau einer großen Bibliothek und der berühmten Kunstkammer mit wertvollen Gemälden von Lukas Cranach aus der Mitgift seiner Frau Maria Elisabeth von Sachsen. Sehenswert waren darüber hinaus die Gottorfer Gartenanlagen, der erste terrassenartig angelegte Barockgarten Nordeuropas mit Lustschloss, Teichen und Wasserspielen sowie Skulpturen.

Der wichtigste Auftrag für Olearius aber war ab 1651 die Konstruktion des riesigen Gottorfer Globus. Der im Durchmesser drei Meter große und begehbare Globus aus Schmiedeeisen, Holz und Messing war zu seiner Zeit das größte Modell der Erde, und das zu einer Zeit, in der viele Menschen immer noch nicht von der Kugelgestalt der Erde überzeugt waren. Auf der Außenseite zeigte der Globus die Kontinente und Ozeane; innen war der Sternenhimmel mit allen Sternbildern aufgemalt. Die Innenseite war die erste dreidimensionale Darstellung des Sternenhimmels und das ers-

Barockgarten des Schlosses Gottorf

te Planetarium der Welt. Wasserkraft versetzte den Globus in eine Rotationsbewegung. Mit diesen Initiativen machte Herzog Friedrich III. Schloss Gottorf zum bedeutendsten Kulturzentrum des Nordens. Olearius verfasste mehrere Schriften, natürlich auch zu der von ihm betreuten Kunst-Kammer und zum Globus.

Günstiger lieber Leser.

Wenn ein kluger Vater oder fleissiger Praeceptor seinen Kindern und Schülern etwas in Wissenschaft beybringen und sie lehren wil / thut ers nicht nur mit dem Munde / sondern auch mit der Feder / schreibet und mahlet ihnen vor allerhand Figuren und Abbildunge / und will durch das Kleine was Grosses andeuten und zu verstehen geben. So thut ein Mathematicus und Geometra. Ein Astronomus zeiget auff einem kleinen HandGlobo Coelesti die Beschaffenheit des grossen Himmels mit allen seinen sichtbaren Cörpern / da ein Punct einen grossen Stern bedeutet. Imgleichen auch ein Geographus bildet auff einer kleinen Erdkugel oder Globo terrestri ab den gantzen Kreiß der Erden / mit allen Landschafften / Seen und Strömen / da auch ein Punct eine Stadt / eine Linie einen Strom / und ein Platz eines Daumens breit eine gantze breite See abbilden muß.
Eben auff solche Art handelt unser allgemeiner Vater im Himmel und klugester Lehrmeister GOtt der HErr mit uns seinen Kindern und Schülern. Danner uns neben seinem geoffenbarten Worte das grosse Wunderbuch die Welt mit den zwey grossen Blättern nemlich Himel und Erden vorgeschrieben / daß wir darinne studiren / und dadurch etwas grössers erkennen lernen sollen / nemblich / Ihn den Schöpffer selbst / seine Majestät und Allmacht. Und ist nicht ohne / wenn man den schönen Wunderbau des Himmels nicht nur mit leiblichen / sondern auch mit gesunden Vernunfts-Augen anschauen und betrachten will / hilff Gott / was für Wunder werden uns da vorkommen. Die Sterne / die wir von uns etliche tausend Meilen erhöhet / als kleine Lichter erblicken / seynd jeglicher grösser als der Erdboden / worüber / wenn wir ihnen nahe kommen sollten / unsere Vernunft erstarren / und unsere Augen verblenden würden. Und gehen alle in ihrer gewissen Ordnung / daß man hierunten ihren Lauff ablernen / der Planeten Zusammenkünffte / Entgegensetzunge und Finsternisse zuvor / ehe sie geschehen / beschreiben/ und also wie die Einwohner des Himmels auff gewisse Maaß künfftige Dinge wissen können. Wenn man nun solches siehet und bedencket / kan es nicht fehlen / man muß daraus schliessen / daß der HERR / so dieses gemachet / viel herrlicher ja ein überaus Majestätischer Gott seyn müsse.

Adam Olearius: Gottorffische Kunst-Cammer / Worinnen Allerhand ungemeine Sachen / So theils die Natur / theils künstliche Hände hervor gebracht und bereitet. Vor diesem Aus allen vier Theilen der Welt zusammen getragen. Jetzo beschrieben Durch Adam Olearium, Bibliothecarium und Antiquarium auff der Fürstl. Residentz Gottorff. Schleßwig in der Fürstl. Druckerey gedruckt durch Johan Holwein / Im Jahr 1666.

Friedrich III. plante sogar die Gründung einer Universität, für die er 1652 auch ein kaiserliches Privileg erhielt, allerdings nur auf dem Gebiet des Heiligen Römischen Reiches, so dass Schleswig als Standort nicht in Frage kam. Während des Dreißigjährigen Krieges mussten die Pläne aber ohnehin zurückgestellt werden. Friedrich III. starb am 10. August 1659 in der Festung Tönning. Wegen des Krieges mit Dänemark konnte der Sarg erst 1661 in den Schleswiger Dom überführt werden. Erst Friedrichs Sohn Christian Albrecht gelang es, den Plan der Universitätsgründung in Kiel, der damals bedeutendsten Stadt im gottorfschen Teil Holsteins, 1665 zu verwirklichen.

Durch die vielen kriegerischen Auseinandersetzungen auf seinem Boden war das Herzogtum Schleswig-Holstein-Gottorf so geschwächt, dass der dänische König Christian V. (1646–1699) von 1675 bis 1679 und von 1684 bis 1689 seine gottorffeindliche Politik fortsetzte und den herzoglichen Anteil an Schleswig besetzen ließ. Herzog Christian Albrecht (1641–1694) ging während dieser Besatzungszeit ins Hamburger Exil und erlangte erst 1689 seine landesherrlichen Rechte zurück.

Originalgetreue Rekonstruktion des Gottorfer Globus im Globushaus des Schlosses Gottorf

1617 | Stadt des Glücks

„Dat schall glücken und dat mutt glücken, und denn schall se ok Glückstadt heten!" soll König Christian IV. von Dänemark gesagt haben, als er 1617 die Stadt Glückstadt an der Elbe gründete. Dem Stadtwappen verlieh er eine Fortuna, die Glücksgöttin, auf einer goldenen Kugel stehend. Des Glückes bedurfte es wohl auch, wenn der Plan aufgehen sollte, mit der neuen Hafen- und Festungsstadt an der Unterelbe dem starken Hamburg, der Freien Reichsstadt, und dem Altonaer Hafen der Holsteiner Konkurrenz zu machen und von hier aus die Elbe zu beherrschen. Die Stadt präsentiert sich in Grundriss und Gestaltung

König Christian IV. von Dänemark, Porträt von Pieter Isaacsz im Schloss Gottorf

Wiebke-Kruse-Turm des ehemaligen Königshofs in Glückstadt

als typische fürstliche Stadtgründung der Neuzeit, eine auf dem Reißbrett entworfene Stadt, das „beste Meisterstükk", wie Johann Rist Glückstadt nennt. Mittelpunkt war das Schloss, in dem die Herrscherfamilie häufig residierte, das aber schon 1708 wegen schlechter Fundamente abgerissen wurde.
Neue Einwohner wurden mit dem Versprechen der Religionsfreiheit, mit Steuerfreiheiten und kostenlosen Grundstücken angeworben. Aus Portugal geflüchtete sephardische Juden und niederländische Reformierte, aber auch Katholiken, Mennoniten und Remonstranten zogen ab 1620 in die neue Stadt. Christian IV. garantierte in seinem Toleranzedikt von 1624 allen Religionsgemeinschaften ihre Religionsfreiheit. In seinem Fürstenlob beschreibt Johann Rist die glückliche Rückkehr Christians IV. in die von ihm gegründete Stadt Glücksburg. In der ersten Strophe nach dem einleitenden Titel wird die Abfahrt des Monarchen geschildert.

Triumff-Lied

Triumff-Lied/
Als der Durchlauchtigster Groß-
mächtigster Fürst und Herr/
Herr Christian der Vierde/ zu
Dennemark/ Norwegen/ der Gohten
und Wenden König etc: Nach glüklich vollen-
brachter gefährlicher Schiffahrt und Reise in
Ihrer
Majestät Königreich Norwegen/ frisch/
fröhlich und gesund
am 20 Tage deß Heumonahts im 1641 Jahre/
in Ihrer
Vestung Glükstatt auff deroselben Königli-
chen Hause Glüksburg wiedrum
anlangete/

Rathaus von Glückstadt

Auff Gnädigen Befehl
Deß hochwolgebornen Graffen und Herren/
H. Christian/ deß Heil. Römischen
Reiches Graffen von Pentz/ Rittern/ Herren zu
Wandesbeek/ der Königl: Majestät zu
Dennemark
geheimen Raht/ Gouverneur der Vestung
Glükstatt/ Amt-
man zuer Steinburg und in Süder-Dithmar-
schen/ Obristen
über dero Leib-Regiment/ seines Gnädigen
Herren
in Unterthänigkeit auffgesetzet und
übergeben.

Es blühete die Welt/ es lacheten die Felder/
Der helle Wiederschall drang frölich durch die
Wälder/
Auch nam der Flüsse Pracht an tausend
Schiffen zu
und alles (kurz gesagt) das lebt in stoltzer Ruh'.

An einem dieser Tag erhub sich zu verreisen
Der Held aus Dennemark/ den auch der Himmelpreisen
und selbst bezeugen muß/ daß dieser Herr so reich
von Gaben deß Gemühts/ daß Ihm kein König gleich.
Er ließ sein Holstein stehn/ Er ließ die schöne Spitzen
zusamt der wehrten Statt/ wo bey einander sitzen
Fried und Gerechtigkeit/ Ja wo Natur und Glükk
streiten an der Elb' ums beste Meisterstükk.
Ade du Statt deß Glüks/ dein König muß dich lassen
und alles Land mit dier/ Er will die Kühnheit fassen
zu reisen über Meer weit in die Norder Welt/
Fahr hin/ Gott schütze dich du sehr behertz-ter Held.
Der König geht zu Schiff' und läst die Segel fliegen/
Die Elb' ist sehr betrübt/ die grünen Ufer ligen
für Traurigkeit fast krank/ die Stätt' erzittern schier
und alles Volk erseuftzt: Ach Gott der sey mit dier!

Johann Rist: Triumff-Lied. In: Poetischer Schauplatz/ Auff welchem allerhand Waaren/ Gute und Böse/ Kleine und Grosse/ Freude und Leid-zeugende/ zu finden. Hamburg 1646. Bey und In Verlegung Heinrich Wernern, Seite 1–2.

Christian IV. ließ Glückstadt aber auch zur Festung und zum Kriegshafen ausbauen, um seine strategischen Pläne zu verwirklichen. Die Festung Glückstadt bestand bald die Bewährungsprobe; sie war die einzige schleswig-holsteinische Festung, die während des Dreißig-

Glückstädter Hafen

jährigen Krieges nicht bezwungen werden konnte. Nach dem Krieg wurde Glückstadt eine reine Festungs-, Residenz- und Verwaltungsstadt. Johannes Dose verlegt seine Geschichte aus dem alten Glückstadt in die Zeit des Krieges.

Der Mai war gekommen – der des Jahres 1625 –, aber nicht als lachender, leuchtender, leutseliger Lenz, dem alle jungen Herzen zufallen, sondern als ein vornehm verdriesslicher Herr, sehr kühl und voll wetterwendischer Launen. Es hat schon oft sehr hoher Besuch viel Enttäuschung hinterlassen. Man hatte den Winter lang auf das Kommen des Südlandgastes sich gefreut, und wenig Wonne hatte er den Harrenden gebracht. Bei sotaner Kühle war der Willkommengruss ohne Wärme, kein Fink noch Vogel sang in kalter Nacht. Mit dem Maien waren auch ungebetene Gäste zu Tausenden nach Holstein gekommen und wie die Heuschrecken über Süderdithmarschen hergefallen, nämlich 25000 Lands- und Kriegsknechte der Königlichen Majestät von Dänemark. Sie kamen als Freunde und hausten wie Feinde. Nur in der neuen Elbfeste, allwo der König sein Hauptquartier aufgeschlagen hatte, wurde strengere Mannszucht gehalten.
Die Stadt lag noch in den Windeln und hatte in diesem Maimonat ihr neuntes Lebensjahr vollendet. …
Klüver senior hatte den Talar angezogen, und hinter ihm trippelte seine Gattin, die in beiden Händen den handhohen und eine halbe Elle breiten Predigerkragen trug, den sie allein zu steifen und an seinem Hals zu befestigen verstand.
Sehr gravitätisch gingen die beiden Klüver über den Markt und an der Kirche vorbei, von

Stadtkirche zu Glückstadt, von 1618–1623 erbaut als erste evangelisch-lutherische Kirche in Holstein nach der Reformation

deren Turm nur das Fundament und das Holzgerüst zu sehen war. Zur Linken lag der weite, von den Wällen eingeschlossene, aber unbebaute Stadtplan.
Der Pastor geriet in Pathos, dieweil er zum König sollte. „Vor neun Jahren war hier noch ein Tohuwabohu von Wasser und Sumpfschlick … Christianus sah mit den klugen Augen die Trefflichkeit der Stätte – er winkte – und die Glückstadt wurde …"

Johannes Dose: Die Stadt des Glücks und andere Geschichten. Schwerin 1905. Bahn Verlag, Seite 7–17.

Glückstadt wurde sogar Verwaltungszentrum für Schleswig und Holstein, als 1649 die Regierungskanzlei von Flensburg hierher verlegt wurde. Zwar wurde diese Funktion 1713 nur noch auf die königlichen Teile Holsteins begrenzt, aber im Gesamtstaat 1773 wieder auf ganz Holstein erweitert. Da Glückstadt nun eine Art „Hauptstadt" war, war es folgerichtig, sie 1845 an die Eisenbahnl nie Kiel-Altona anzuschließen. Aber die Stadt blieb stärker von Militär und Verwaltung geprägt als von Handel und Gewerbe. Schon im 18. Jahrhundert zeigte es sich, dass Glückstadt der Konkurrenz Hamburgs nicht gewachsen war.

1621 | Die Stadt Friedrichs

Was sein Onkel, der dänische König, konnte, traute sich Herzog Friedrich III. von Schleswig-Gottorf schon lange zu. Christian IV. hatte 1617 seine Stadt Glücksburg an der Elbe gegründet. Aus ähnlichem Motiv und mit vergleichbaren Methoden verfolgte nun auch Friedrich III. seinen Plan, eine neue Stadt zu schaffen. Ehrgeizige Vorhaben hatte der Herzog; er wollte sein Land in einen internationalen Handel einbinden, der bis Ostindien führen sollte. Dafür sollte ein Handelshafen an der Nordsee entstehen, eine Stadt am Zusammenfluss von Treene und Eider, die er kurzerhand nach sich selbst benannte: „Friedrichstadt". Er tat es seinem Onkel gleich und warb niederländische Siedler mit dem Angebot der Religionsfreiheit an. Remonstranten, die wegen ihres Glaubens aus den Niederlan-

Mennonitisches Bethaus und Friedhof in Friedrichstadt

... als Anbau an die „Alte Münze"

den vertrieben wurden, gehörten zu den ersten Bewohnern der neuen Stadt. Nach und nach gelangten viele weitere Glaubensgemeinschaften in die Stadt: Mennoniten, Lutheraner, Katholiken, Quäker. Ab 1675 kamen deutsche Juden, die Aschkenasen, nach Friedrichstadt und bildeten zeitweise die zweitgrößte Glaubensgemeinschaft der Stadt.

Einen überaus angenehmen Eindruck macht das freundliche Friedrichstadt, die jüngste Stadt von Schleswig. Im Jahre 1621 mit Erlaubnis des Herzogs Friedrich III. von Arminianern oder Remonstranten aus Dortrecht gegründet und nach jenem Herzog benannt, hat sie bis auf den heutigen Tag ihren holländischen Charakter bewahrt. Man glaubt sich wirklich in eine kleine Landstadt Nordhollands versetzt, wenn man die breiten Straßen mit den roten Backsteinhäusern durchwandert. Namentlich hat sich auch die holländische Reinlichkeit hier fest eingebürgert, und sauberer gehaltene Fußböden, weißeres Leinenzeug, blanker geputztes Tischgeschirr als in den Friedrichstädter Familien findet man wohl kaum. Die schön gebaute Stadt, in dem Winkel gelegen, den die Treene bei ihrem Ausfluß in die Eider bildet, hat die Form eines regelmäßigen Vierecks, hat gerade, teilweise mit Alleen besetzte Straßen und ist von Kanälen durchschnitten. Der von Baumreihen eingefaßte Marktplatz liegt in der Mitte des Ortes. Unter den Kirchen der Stadt verdient die lutherische Beachtung ihres Altargemäldes von Ovens und schöner Bildschnitzereien von Brüggemann wegen, außerdem gibt es hier eine remonstrantisch-reformierte, eine mennonitische Kirche, ein römisch-katholisches Bethaus und eine Synagoge. Stadtrechte erhielt der durch mancherlei Freiheiten und Pri-

Häuserreihe und Kanal in Friedrichstadt

Kanal in Friedrichstadt

vilegien ausgestattete Ort im Jahre 1633. 1850 wurde die Stadt von den Dänen befestigt und am 4. Oktober desselben Jahres von den Schleswig-Holsteinern bombardiert, wodurch der größte Teil der Stadt eingeäschert und ein Schaden von ½ Million Mark angerichtet wurde. Die Haupterwerbsquelle der 2428 Einwohner ist Gewerbe; Handel und Schiffahrt sind nicht von Belang.

F. W. Otto Lehmann (Hg.): Bilder von den deutschen Nordseeküsten und aus dem westlichen Tiefland. Leipzig/Berlin 1885. Otto Spamer Verlag.

Wie in einem Reiseführer beschreibt Otto Lehmann die idyllisch gelegene Stadt und ihre Geschichte. Die ersten Häuser wurden ab 1621 errichtet. Der niederländische Einfluss war in der Architektur der Gebäude sowie in der Gesamtanlage der Stadt unverkennbar. Die schnurgeraden Straßen verlaufen rechtwinklig. Treppengiebel im Stil der holländischen Renaissance prägen das Stadtbild. Der Dreißigjährige Krieg hemmte das Wachstum der Stadt zwar etwas, aber unermüdlich warb Herzog Friedrich weiter um Neubürger. 1633 verlieh er Friedrichstadt sogar das Stadtrecht. Der erhoffte wirtschaftliche Aufschwung aber blieb aus. Auch in diesem Punkt glich Friedrichs Stadt der Stadtneugründung des Königs an der Elbe. Kriegsunruhen beeinträchtigten die Stadt immer wieder. Im Jahr 1700 wurde Friedrichstadt von Dänen erobert. 1850 versuchten die Schleswig-Holsteiner vergebens, die von Dänen besetzte Stadt einzunehmen. Sie hinterließen aber verheerende Schäden.

1625 | Europas Krieg erreicht Schleswig-Holstein

Schleswig-Holstein wurde 1625 in den Dreißigjährigen Krieg (1618–1648) hineingezogen, als sich der dänische König Christian IV. (1577–1648) entschloss, auf der Seite der Lutheraner gegen die kaiserliche Liga in das Kriegsgeschehen einzugreifen. Dadurch weitete sich der Konflikt endgültig zu einem europäischen Krieg aus, und die zunehmenden Spannungen zwischen dem König von Dänemark und dem Herzog von Gottorf brachten dem Land erhebliche Unruhe und Kriegswirren. Der unüberbrückbare Konflikt zwischen Dänemark und Schweden war darüber hinaus bestimmend für den Verlauf des Dreißigjährigen Krieges auf schleswig-holsteinischem Boden.

Christian IV., Büste vor der Kirche in Glückstadt

Christian IV, der bereits seit 1588 auf dem dänischen Thron saß, als er als Elfjähriger seinem Vater Frederik II. folgte, war während des gesamten Dreißigjährigen Krieges König von Dänemark. Sein Bestreben war es, während seiner Herrschaft Dänemark zu der entscheidenden Großmacht im Norden zu machen. Sein Reich erstreckte sich vom Nordkap bis nach Altona und von Island bis zur Insel Ösel vor Estland. Die südschwedischen Besitzungen sicherten dem König die Kontrolle über den Ostseezugang und hohe Zolleinnahmen.
Obwohl er sich als Verteidiger des protestantischen Glaubens darstellte, lagen Christians Motive wohl eher in dem Plan, seine Machtposition in Norddeutschland zu festigen. Es war ihm bereits gelungen, die dänische Einflusszone auf Kosten Schwedens im Ostseeraum auszuweiten. Christian IV. versprach sich von seinem Kriegseintritt außerdem den Gewinn mehrerer deutscher Städte. Er stellte mit Hilfe weiterer norddeutscher Staaten ein starkes Söldnerheer zusammen. Sein Cousin, der Gottorfer Herzog, dagegen wollte sich eigentlich lieber aus dem Konflikt heraushalten, wurde aber durch die Umstände gezwungen, sich mit dem dänischen Erbfeind Schweden zu verbünden.
Christian IV. hatte sich übernommen: In der Schlacht bei Lutter am Barenberge im Harzvorland im August 1626 unterlag er kläglich der kaiserlichen Armee unter General Tilly. Albrecht von Wallenstein hatte dem Kaiser das Angebot unterbreitet, ein großes Heer von 50.000 Mann gegen den Dänenkönig aufzustellen und Quartier an der Elbe zu beziehen.

Da die norddeutschen Verbündeten des dänischen Königs sich mehr und mehr zurückzogen, stand nun dem Siegeszug der Heere Tillys und Wallensteins nichts mehr im Wege, und bis Oktober 1627 eroberten sie die Herzogtümer und ganz Jütland. Burgen wie Schloss Trittau, Schloss Pinneberg und die Festung Rendsburg wurden ausgehungert, bis sie kapitulierten; die Festung Breitenburg wurde im Sturm eingenommen. Auch das Herrschaftsgebiet des Gottorfer Herzogs Friedrich III. wurde überrannt. Seine Neutralitätspolitik hatte ihm nichts genutzt. Auch die Stadt Kiel wurde 1627 von den kaiserlichen Truppen erstürmt. Die Generäle Tilly und Wallenstein verteidigten Kiel auch 1628 gegen die Belagerung einer dänischen Flotte von 47 Kriegsschiffen.

Gustav Friedrich Meyer lässt in seiner Sage die Grausamkeit Wallensteins bei der Eroberung des Schlosses Breitenburg deutlich werden.

Vierzehn Tage lang hatte Wallenstein mit seinem ganzen Heere vor dem festen Schlosse Breitenburg gelegen, das hauptsächlich von Bauern der Umgegend verteidigt ward. Endlich ward es im Sturm genommen. Der tapfere Oberst in der Burg stellte Kanonen gegen den Eingang und streckte die über die Brücke eindringenden Feinde haufenweise nieder. Als dennoch die Übermacht siegte, ließ er eine volle Pulvertonne in das Tor stellen, setzte sich mit einer brennenden Lunte in der Hand darauf, und sobald die Feinde wieder anzudringen wagten, sprengte er sich und alle, die ihm genaht waren, in die Luft. Darüber erbittert,

Schloss Breitenburg

überließ Wallenstein die ganze Besatzung der Rache seiner Soldaten. Er selber saß im Vorhofe und schlug ein lautes Gelächter auf, als die Bauern alle in einem Saal zusammengetrieben und niedergemacht wurden. Darauf ward den Frauen der Getöteten befohlen, das Haus vom Blute zu reinigen und die Leichen zu entfernen. Allein sie waren bereit, lieber den Tod zu erleiden, als solch widernatürliche Arbeit zu tun. Bis vor wenigen Jahren zeigte man in einer Tannenkoppel beim Schlosse noch ein schmales Stück Land, das den Namen Aasstück hatte. Dort sollten die Soldaten begraben liegen, die bei der Erstürmung des Schlosses gefallen waren.

Gustav Friedrich Meyer (Hg.): Wallenstein vor Breitenburg. In: Schleswig-Holsteiner Sagen. Jena 1929. Eugen Diederichs Verlag, Seite 169.

1629 schloss Wallenstein mit dem Dänenkönig in Lübeck einen Friedensvertrag, der Christian IV. zwang, sich künftig aus dem Kriegsgeschehen herauszuhalten, ihm aber ohne jedweden Gebietsverlust wieder seine alten Rechte sicherte. Da sich die kaiserlichen Heere nun dem neuen Hauptgegner Schweden unter deren König Gustav II. Adolf, dessen Ziel ein evangelisch-schwedisches Ostsee-Reich war, zuwandten und sich der Krieg woanders abspielte, konnten sich die Herzogtümer ab 1630 von den Kriegswirren erholen. Der schwedische König fiel 1632 in der Schlacht von Lützen.

Diese Ruhephase sollte aber nur gut zehn Jahre dauern. Christian IV. begann, erneut Kriegspläne zu schmieden. Die Schweden entschlossen sich im Winter 1643/44 zu einem massiven Angriff auf Dänemark. Im Dezember 1643 eroberten die Schweden unter ihrem General Torstensson ganz Schleswig-Holstein und machten Kiel zu ihrem Hauptquartier, wurden aber 1644 von den Kaiserlichen unter General Gallas wieder vertrieben. Die Schweden mussten in der Seeschlacht auf der Kolberger Heide vor Kiel eine erhebliche Niederlage im schwedisch-dänischen Kampf um die Vorherrschaft im westlichen Ostseeraum hinnehmen, bei der der dänische König allerdings ein Auge verlor.

Das Schlachtfeld waren wieder einmal die Herzogtümer. Da abwechselnd die Schweden oder die Dänen die Oberhand gewannen, waren die Auswirkungen auf die Bevölkerung Schleswigs und Holsteins verheerender als jemals zuvor in diesem Krieg. Johann Rist schildert in seinem Klag- und Jammerlied eindringlich das Leiden der Zivilbevölkerung, die Plünderungszüge der Soldaten, das Niederbrennen ganzer Dörfer, die Ermordung unzähliger Menschen.

Holsteins Klag- und Jammerlied

Schaff auf
Gib her, du loser Bauer, nimm eiligst Geld und kauf
In nächst gelegner Stadt. Ich will, du sollst mir bringen
Wein, Bier, Fisch, Fleisch Gewürz und tausend andere Dingen,
Und wirst Du denn nicht bald zugegen sein,
So schicke dich nur wohl zu leiden Plag und Pein.
So geht's in diesem Haus. Im andern tut man fragen,
Wo doch der Wirt sein Geld und Kleider hingetragen?

Der arme Bauer erschrickt und schweigt für Ängsten still,
Er weiß nicht, dass man ihn so grausam martern will.
Da langt man Schrauben her, da lest man Stricke binden
Den Bauer um sein Haupt und spannt ihn an die Winden.
Man röstet ihn am Feuer, reißt ihm den Rachen auf.
Und gibt ihm Wasser, Kot, Schmalz, Harn und Milch zu hauf.
O unerhörte Pein! Dann reibet man die Knochen,
dem wird zuletzt der Hals, dem Arm und Bein zerbrochen.
Das vormals volle Land ist gänzlich ausgezehret,
Das Vieh hinweggebracht, die Dörfer sind verheeret,
Die Flecken ohn Gebäu, die Acker voller Dorn,
Die Wiesen sonder Heu, die Scheunen ohne Korn.
Die Städte sind verbrannt, die Mannschaft ist erschlagen.
Nur arme Weislein sind noch übrig, die da klagen
Mit Tränen für und für der liebsten Eltern Tod.

Johann Rist: Holsteins Klag- und Jammerlied. 1644

Johann-Rist-Denkmal in Wedel

Schweden ging als Sieger aus dieser Auseinandersetzung mit Dänemark hervor und wurde nun Schutzmacht des Herzogtums Schleswig-Holstein-Gottorf. 1644 unterzeichnete Herzog Friedrich ein Neutralitätsabkommen mit Schweden. Christian IV. hatte sich zwei Ziele für seine Herrschaft gesetzt, nämlich, die dänische Vorherrschaft im Ostseeraum vor allem gegen Schweden zu festigen und zugleich auch südlich der Elbe Einfluss im Deutschen Reich zu erlangen. Erbittert darüber, dass beides misslang, starb der König 1648 kurz vor dem Westfälischen Frieden. Er hinterließ ein vom Krieg gebeuteltes und noch dazu hochverschuldetes Land, das unter anderem durch die Verluste von Bremen und Hamburg von einer Großmacht zu einem Mittelstaat geworden war.

Darüber dass die dänischen Soldaten Christians IV. oftmals weit schlimmer im Land und unter der Bevölkerung wüteten als die Schweden, lässt Theodor Storm in der Novelle „Aquis Submersus" seinen Ich-Erzähler reflektieren.

Meine Gedanken aber eilten mir voraus; immer sah ich Herrn Gerhardus, meinen edlen großgünstigen Protector, wie er von der Schwelle seines Zimmers mir die Hände würd' entgegenstrecken, mit seinem milden Gruße: „So segne Gott deinen Eingang, mein Johannes!" …

Meinte ich doch zu wissen, daß der verehrte Mann unversehrt auf seinem Herrenhofe sitze, wofür dem Allmächtigen nicht genug zu danken; denn, derweilen ich in der Fremde mich der Kunst beflissen, war daheim die Kriegsgreuel über das Land gekommen; so zwar, daß die Truppen, die gegen den kriegswüthigen Schweden dem Könige zum Beistand hergezogen, fast ärger als die Feinde selbst gehauset, ja selbst der Diener Gottes mehrere in jämmerlichen Tod gebracht. Durch den plötzlichen Hintritt des Schwedischen Carolus war nun zwar Friede; aber die grausamen Stapfen des Krieges lagen überall; manch Bauern- oder Käthnerhaus, wo man mich als Knaben mit einem Trunke süßer Milch bewirthet, hatte ich auf meiner Morgenwanderung niedergesenget am Wege liegen sehen und manches Feld in ödem Unkraut, darauf sonst um diese Zeit der Roggen seine grünen Spitzen trieb.

Theodor Storm: Aquis Submersus. Berlin 1877. Verlag von Gebrüder Paetel, Seite 18–20.

Die St. Marien-Kirche zu Hattstedt ist die Kirche, die Theodor Storm aus seiner Kindheit kannte und die er in seiner Novelle „Aquis Submersus" beschrieb.

Auch nach dem Ende des Dreißigjährigen Krieges bedrängte der schwedische König Karl X. die Dänen immer wieder und zwang den dänischen König Frederik III. 1658 zum so genannten Panikfrieden von Roskilde, in dem Dänemark alle Besitzungen jenseits des Öresunds an Schweden und dem Gottorfer Herzog die Souveränität im Schleswiger Anteil des Herzogtums abtreten musste.

1700 | Der Große Nordische Krieg

Kong Christian stod ved højen mast …

König Christian stand am hohen Mast,
in Rauch und Dampf.
Sein Schwert hämmerte so fest,
dass Helm und Hirn des Goten barst.
Da versanken alle feindlichen Achterdecks
und Masten
in Rauch und Dampf.
„Fliehe", schrien sie, „fliehe, wer fliehen
kann!
Wer besteht gegen Dänemarks Christian,
wer besteht gegen Dänemarks Christian
im Kampf?"

Niels Juel gab Acht auf das Getöse des Sturms.
Jetzt ist es Zeit.
Er hisste die rote Fahne
und schlug Schlag um Schlag auf den Feind
ein.
Da schrien sie laut im Getöse des Sturms:
Jetzt ist es Zeit!
„Fliehe", schrien sie, „jeder, der ein Versteck
weiß!
wer kann gegen Dänemarks Juel bestehen,
wer kann gegen Dänemarks Juel bestehen
im Kampf?"

O, Nordmeer! Der Blick von Wessel brach
deinen dunklen Himmel.
Da suchten die Kämpfer Zuflucht in deinem
Schoß,
denn mit ihm blitzte Schrecken und Tod.
Vom Wall wurde ein Aufschrei vernommen,
als brach
der wuchtige Himmel.
Aus Dänemark blitzt Tordenskjold;
jeder erliegt der Gewalt des Himmels,
jeder erliegt der Gewalt des Himmels
und flüchte! …

Johannes Ewald: Kong Christian stod ved højen mast. Königliche Nationalhymne Dänemarks 1779. Melodie: Friedrich Kuhlau.

In der königlichen Nationalhymne Dänemarks wird dreier Personen gedacht, die in den dänisch-schwedischen Auseinandersetzungen eine entscheidende Rolle spielten: König Christian IV. wagte den Kampf gegen das mächtige Schweden im Dreißigjährigen Krieg, Niels Juel war ein erfolgreicher Admiral in den weiteren dänisch-schwedischen Kriegen des 17. Jahrhunderts, Peter Wessel Tordenskjold kämpfte als berühmter Seeheld gegen die Schweden im Großen Nordischen Krieg.
Die diversen Landesteilungen des 16. Jahrhunderts hatten aus Schleswig-Holstein einen Flickenteppich aus königlich und herzoglich verwalteten Gebieten gemacht, neben denen es auch noch gemeinsam regierte Teile gab. Im Dreißigjährigen Krieg entwickelte sich durch die militärischen Aktionen des dänischen Königs Christian IV. eine Gegnerschaft zwischen Schweden und Dänemark. Die Gottorfer Herzöge versuchten mit mäßigem Erfolg, ihre Neutralität zu wahren. Schweden wurde trotzdem zu einer Schutzmacht für die Gottorfer.
Christian V. von Dänemark (1646–1699) nutzte die Schwäche der schwedischen Schutz-

macht nach einer militärischen Niederlage und zwang Herzog Christian Albrecht, die eigene Souveränität aufzugeben, die dänische Oberhoheit anzuerkennen, das Gottorfer Heer aufzulösen und die Festung seines Vaters in Tönning zu schleifen. 1676 besetzte der König sogar Gottorfer Territorium. Christian Albrecht ging für drei Jahre ins Hamburger Exil. Vergeblich versuchte König Christian, sei-

Das Schifferhaus wurde 1625 von der Tönninger Schiffergesellschaft als Gasthaus für Fahrensleute errichtet, weil der Verkehr auf der Eider kontinuierlich zugenommen hatte. Das Grundstück stiftete Friedrich III. von Gottorf. Im Nordischen Krieg diente das Haus als Hauptquartier der schwedischen Generalität.

König Frederik IV. von Dänemark, Porträt von Johann Salomon (du) Wahl im Schloss Gottorf

nen Einfluss auf Hamburg auszudehnen. Eine antidänische Allianz zwang ihn 1689 zur Aufgabe seiner Pläne und zur Wiederherstellung der alten Rechte der Gottorfer.

Christians Nachfolger Frederik IV. (1699–1730) nutzte das Engagement der Großmächte im Spanischen Erbfolgekrieg und den Konflikt zwischen dem schwedischen König Karl XII. und Russland im Großen Nordischen Krieg (1700–1721), um seine eigenen Interessen zu verfolgen und die „Gottorfer Frage" zu lösen und die zersplitterten königlichen, herzoglichen und gemeinsam verwalteten Teile Schleswig-Holsteins zu vereinen. Die Schleswig-Holstein-Frage verband sich auf diese

Das „Hohe Arsenal" am Paradeplatz in Rendsburg, als Zeughaus 1695 von dem Festungsbaumeister Domenico Pelli errichtet

Weise immer wieder mit der nordeuropäischen Politik. Die Schleswig-Holstein-Gottorfer Herzöge hatten sich in der Vergangenheit immer wieder mit Schweden verbündet. Weil während der militärischen Auseinandersetzungen zwischen Schweden und Dänemark der Gottorfer Herzog auch diesmal wieder auf der schwedischen Seite kämpfte, sah der dänische König Frederik IV. darin den Bruch der Neutralität und besetzte sämtliche Gottorfer Territorien. Von der Festung Rendsburg aus setzten sich die dänischen Truppen im Jahr 1700 in Bewegung und marschierten in die Besitzungen des Gottorfer Herzogs ein. Der feindselige Vorstoß gegen die Gottorfer endete zunächst mit einer vergeblichen Belagerung Tönnings. Im Laufe des langen Krieges musste die Festung Tönning, die noch von den Gottorfern gehalten worden war, 1714 dennoch kapitulieren.

Rendsburg als Garnisonsstadt, Schlossplatz: Anstelle des Schlosses entstand hier 1758 eine Kaserne, heute „Hospital zum Heiligen Geist". Die Festung Rendsburg war als wichtigste Festungsanlage in Schleswig-Holstein von großer Bedeutung im dänischen Gesamtstaat.

Christkirche in Rendsburg, als Garnisonskirche 1700 eingeweiht

Nach dem Tod des schwedischen Königs Karl XII. 1718 kam es zum Friedensschluss. Mit dem Ende des Großen Nordischen Krieges verschoben sich die Machtverhältnisse im Ostseeraum zugunsten Russlands, während Schweden seine Vormachtstellung verlor. Russlands Aufstieg zur Großmacht begann. Mit dem Fall Schwedens war auch das Schicksal des verbündeten Gottorfer Staates besiegelt. Im Frieden von Frederiksborg 1720 verzichtete Schweden auf jede zukünftige Einmischung zugunsten der Gottorfer, und Dänemark erhielt zunächst den Besitz der herzoglichen Anteile in Schleswig und Holstein garantiert. Der Deutsche Kaiser sorgte aber als Lehnsherr über Holstein dafür, dass die Gottorfer ihre holsteinischen Anteile behielten. Aber der dänische König war alleiniger Herr über Schleswig, eine Tatsache, die die Zeit des Dänischen Gesamtstaates einleitete, der aber erst 1773 mit dem Verzicht der Gottorfer auf ihre holsteinischen Besitzungen endgültig geschaffen wurde. Holstein-Gottorf wurde 1720 zwar nicht dänisch, war aber Teil des Dänischen Gesamtstaates. König Frederik IV. ließ sich 1721 in den ehemals gottorfischen Anteilen Schleswigs huldigen. Aus dem Herzogtum Schleswig-Holstein-Gottorf war nun Holstein-Gottorf geworden, dessen neue Residenz Kiel wurde.

Damit markierte der Große Nordische Krieg auch für Schleswig-Holstein einen historischen Wendepunkt. Aber auch danach sollte die Gottorfer Frage noch für ein halbes Jahrhundert nicht endgültig gelöst sein.

1762 | Ein Holsteiner wird Zar von Russland

Im Februar 1742 machte ein junger Kieler eine beachtliche Karriere, von deren Anfängen Friedrich von Bülau in seinem Essay erzählt. Das Schicksal dieses Menschen und das, was nach seinem Tod geschah, sollte sich nachhaltig auf die Geschicke des Herzogtums Holstein auswirken.

Zudem war die Großfürstin schwanger und gebar am 21. Februar 1728 einen Sohn: Karl Peter Ulrich, dem es, neben dem holsteinischen Herzogshute, bestimmt war, dereinst unter der russischen Kaiserkrone zu erliegen, nachdem er vorher die schwedische Königskrone ausgeschlagen. Ueble Vorzeichen knüpften sich schon an seine Wiege. Bei den Festen zur Feier seiner Taufe (29. Februar) flog ein Pulverkasten in die Luft. Schlimmer, daß sich seine Mutter bei denselben Festlichkeiten erkältete und 10 Tage darauf starb. Sie war eine ungemein schöne, sanfte, gebildete, etwas zur Schwermuth geneigte Frau. Ihre Leiche wurde nach Petersburg geschickt und in der Festungskirche beigesetzt.

Der junge Prinz Peter blieb bis 1735 in den Händen der Frauen, die ihm etwas Französisch beibrachten. Dann wurde er den Herren von Adlerfeld, von Wolf und von Brömsen übergeben, und der Rector Fuhl in Kiel gab ihm in sehr pedantischer Weise lateinischen Unterricht. Da man aber eine leise Hoffnung auf Rußland nicht aufgegeben hatte, so behielt man in Kiel die griechische Kapelle bei und ließ den Prinzen etwas Russisch lernen, machte ihn auch frühzeitig mit der griechischen Religion bekannt. Daneben sog er von seinem Vater eine Neigung, nicht zur Kriegskunst, sondern zur Soldatenspielerei ein. Der Herzog Karl Friedrich starb 1739 und sein Sohn kam unter die Vormundschaft eines Vetters, des Bischofs von Lübeck, Adolph Friedrich, welcher später König von Schweden wurde. …

Elisabeth war Kaiserin. Entschlossen, sich nicht zu vermählen, bestimmte sie den Sohn ihrer Schwester, den jungen Herzog Peter von Holstein, zu ihrem dereinstigen Nachfolger und schickte, kurz nach ihrer Thronbesteigung, den Major Nikolaus Friedrich von Korf und dessen Bruder, den Gesandten in Dänemark, nach Kiel, um ihren Entschluß zu erklären, den Prinzen zu sich zu nehmen und bei sich erziehen zu lassen. Er reiste in der That im größten Geheimniß, unter dem Namen eines Grafen von Dücker ab, von dem Hofmarschall von Brömmer, dem Kammerherrn von Bergholz und dem Kammerintendanten Cramer begleitet. Im Januar 1742 kamen sie in Petersburg an, wo sie äußerst festlich empfangen wurden.

Friedrich von Bülau: Die russische Thronrevolution von 1762. In: Geheime Geschichten und Räthselhafte Menschen. Sammlung verborgener oder vergessener Merkwürdigkeiten. Erster Band. Leipzig 1850. F.A. Brockhaus Verlag, Seite 4–6, 7–9.

Der 13-jährige Carl Peter Ulrich wurde auf die weite Reise von Kiel nach St. Petersburg geschickt, eine Schlittenfahrt, die angesichts der Entfernung, des eiskalten Winters und der

Porträt des jungen Carl Peter Ulrich von 1746, Porträtgalerie im Rathaus Kiel

hohen Schneemassen eine einzige Strapaze war. Der junge Prinz war am 21. Februar 1728 als Sohn der Zarentochter Anna Petrowna und des Herzogs Karl Friedrich von Holstein-Gottorf, der Kiel zu seiner Residenz erhoben hatte, in Kiel geboren worden und war im Kieler Schloss aufgewachsen. Als Sohn des Landesherrn waren seine Zukunftsaussichten sehr rosig: Er würde als Herzog von Holstein seinem Vater nachfolgen und konnte auch Ansprüche auf den schwedischen Thron erheben. 1742 aber trat eine entscheidende Wende in seinem Leben ein: Zarin Elisabeth von Russland, seine kinderlose Tante, Schwester seiner früh verstorbenen Mutter und wie diese eine Tochter Peters des Großen, bestimmte ihn zu ihrem Nachfolger. Bei seiner Ankunft in St. Petersburg wurde der Thronfolger jubelnd von den Menschen empfangen. Der Prunk im Winterpalast der russischen Herrscher ließ ihn schnell sein wesentlich einfacheres Leben in Kiel vergessen.

Das angenehme Leben aber hatte auch eine Kehrseite. Aufstände bedrohten die Zarenherrschaft und auch den Zarewitsch. Schnell wurde der junge Mann der Vergnügungen des Hofes überdrüssig und entzog sich ihnen, wo er nur konnte. Seine Freude galt nun dem Lesen und der Wissenschaft. Er war durchaus ein gebildeter Mann, der neben seiner deutschen Muttersprache auch fließend Französisch, Schwedisch und Latein sprach. Nur das Russische vernachlässigte er.

1745 wurde Pjotr Fjodorowitsch, wie er nun hieß, durch Vermittlung Friedrichs des Großen

Rantzaubau des Kieler Schlosses

mit der deutschen Prinzessin Sophie Auguste Frederike von Anhalt-Zerbst verheiratet. Der preußische König versprach sich dadurch politische Vorteile. Aber die Ehe war von Beginn an unglücklich und endete in einer wahren Katastrophe. Die ehrgeizige Katharina, wie die junge Frau nun genannt wurde, entwickelte sich zur Konkurrentin, als Peter Ulrich nach dem Tod seiner Tante Elisabeth am 5. Januar 1762 den Thron als Zar Peter III. bestieg. Katharina lebte weitgehend ihr eigenes Leben und bemühte sich von nun an nach Kräften, ihren Gatten als infantilen Trunkenbold und Dummkopf darzustellen. Sicher war dieser Zar ein zwiespältiger Charakter. Ob er aber ein Scheusal und Taugenichts war oder nicht doch ein weitsichtiger aufgeklärter Herrscher, bleibt ungeklärt. Mit Preußen führte er einen Friedensschluss herbei, dagegen riskierte er gegen Dänemark eine deutliche Konfrontation, sicher auch aufgrund seiner Bindung an sein Stammherzogtum Holstein. Er rüstete zum Krieg gegen Dänemark, um seinen Rechtsanspruch durchzusetzen und den ehemaligen Gottorfer Staat in alter Größe wiederherzustellen. Sein plötzlicher Tod verhinderte die Ausführung dieses Plans und den Ausbruch eines Krieges. Unstrittig ist, dass er mehrere tiefgreifende Reformen in die Wege leitete: Religionsfreiheit, Bauernbefreiung, Abschaffung der Todesstrafe und Bildungspflicht für alle Kinder, insgesamt wohl über zweihundert Reformen. Dieser Reformeifer rief aber auch viele Feinde im russischen Adel auf den Plan, mit denen sich Katharina verbündete. Der Zar wurde zur Abdankung gezwungen, schließlich gefangen genommen und kurze Zeit später im Juli 1762 ermordet. Ungeklärt ist, inwieweit Katharina an der Ermordung ihres Mannes beteiligt war. Wie dem auch sei: Aus ihr wurde Katharina die Große.

Bronzenes Denkmal für Peter III. des russischen Bildhauers Alexander Taratynow vor dem Kieler Schloss

Zarin Katharina (1729–1796) trat das Erbe Peters III. an und wurde damit zugleich Herzogin von Holstein. Dieses Herzogtum übertrug sie auf ihren minderjährigen Sohn Paul. 1767 wurde ein provisorischer Vertrag zwischen dem jungen russischen Großfürsten und dem König von Dänemark geschlossen, in dem Paul seinen Anteil am Herzogtum Holstein an Dänemark abtrat. Die Gottorfer Linie erhielt als Ausgleich die Grafschaften Oldenburg und Delmenhorst. Damit waren die langjährige Auseinandersetzung der Gottorfer mit dem dänischen König und die „Gottorfer Frage" gelöst. Der endgültige Vertrag wurde 1773 nach der Mündigkeit des Großfürsten im russischen Zarskoje Zelo geschlossen. Mit diesem Vertrag war der Dänische Gesamtstaat entstanden.

1766 | Der dänische König – ein absoluter Herrscher?

Nach der Katastrophe des Dänisch-Schwedischen Krieges von 1658–60 nutzte der dänische König Frederik III. (1609–1670) die Schwäche des Adels, um eine weitreichende Verfassungsänderung herbeizuführen. Reichsrat und Adel hatten sich politisch und militärisch als völlig überfordert erwiesen. Dänemark war finanziell am Ende. Die dänischen Stände kamen in Kopenhagen zusammen, um über die Krise zu beraten. Dem dänischen Adel wurden die Steuerfreiheit und sein Königswahlrecht, Privilegien aus dem Ripener Vertrag von 1460, entzogen. De facto entsprach das der Einführung der erblichen Monarchie in Dänemark. Der Reichsrat musste 1660 der „Erb- und Alleinherrschaftsakte" zustimmen. Damit vollzog das Königreich Dänemark als erste europäische Monarchie den Übergang zum Absolutismus. 1665 wurde die „Lex Regia", das dänische Königsgesetz (Kongeloven), erlassen, das den Alleinherrschaftsanspruch und die Erblichkeit der dänischen Monarchie für immer regeln sollte. Es war die einzige Einführung des Absolutismus in Europa durch ein schriftlich niedergelegtes Gesetz.

König Frederik III., Porträtgalerie im Rathaus Kiel

Das souveräne
Königs-Gesetz (Lex Regia)
gesetzt und gegeben
von dem
Großmächtigsten Hochgebornen
Fürsten und Herrn
Herrn Friderich dem Dritten
Von Gottes Gnaden, König zu Dänemark und Norwegen, der Wenden und Gothen, Herzog in Schleswig, Holstein, Stormarn und Dithmarschen, Graf in Oldenburg und Delmenhorst;

und von Seiner Majestät unterschrieben

den 14. November 1665

Wir Friderich III., von Gottes Gnaden König zu Dänemark, Norwegen, der Wenden und Gothen, Herzog in Schleswig, Holstein, Stormarn und Dithmarschen, Graf in Oldenburg und Delmenhorst..
Thun Allen kund, daß nachdem Wir nicht allein aus andrer Exempel, sondern auch aus ei-

gener Erfahrung vernommen und in der That befunden haben, wie wunderbar der große und allmächtige Gotte über alle Könige und Herrschaften so wie deren untergebenen Reiche und Lande nach seiner unerforschlichen Weisheit Rathe herrscht und Alles darin lenkt und beschickt, vornämlich, indem seine göttliche Allmacht wie über Uns, Unser Königliches Haus und diese Unsre Königreiche und Lande in vergangenen Jahren schwebende Gefahr, ja fast augenscheinlich bevorstehendes äußerstes Verderben und Untergang dergestalt väterlich abgewendet und zu einem solchen Ende hinausgeführt hat, daß Wir nicht allein errettet und in erwünschte Ruh und Frieden versetzt worden, sondern auch Unser damaliger Reichsrath und sämmtliche Stände, Adel und Nicht-Adel, Geistlich und Weltlich dazu bewogen, von ihrem vorigen Kühr- und Wahlrecht abzustehen und sich dessen zu begeben, die zuvor von Uns unterschriebene Handfeste mit allen ihren Abschriften, Punkten und Klauseln todt, kraftlos und nichtig zu machen …

I. Der beste Anfang in allen Dingen ist mit Gott anzufangen. Das erste daher, was Wir vor allen Dingen in diesem Königsgesetze ernstlich befohlen haben, ist: daß Unsre Nachkommen, Kinder und Kindeskinder bis ins tausendste Glied, von Vater und Mutterseite, Alleingewalt-Erb-Könige über Dänemark und Norwegen, den einen rechten und wahren Gott auf die Art und Weise verehren, dienen und anbeten, wie er sich in seinem heiligen und wahren Wort offenbaret hat, und unser Christlicher Glaube und Bekenntniß klärlich davon meldet, nach der Form und Weise, wie es rein und unverfälscht in der Augs-

Königswappen am Grabmal für Frederik I. im Schleswiger Dom: Das Wappenschild zeigt im Hauptschild die drei blauen königlich dänischen Löwen mit goldenen Kronen und mit den neun roten Herzen (oben links), den norwegischen goldenen Löwen mit Krone und Streitaxt (oben rechts), den goldenen Drachen der Könige der Wenden auf rotem Grund (unten links) und nochmals die drei blauen königlich dänischen Löwen mit den neun roten Herzen (unten rechts). Im kleineren Mittelschild werden die zwei Löwen des Herzogtums Schleswig (oben links und unten rechts) dargestellt sowie das silberne Nesselblatt auf rotem Grund des Herzogtums Holstein (oben rechts) und der silberne Schwan Stormarns in Kampfstellung und mit einer Krone um den Hals auf rotem Grund (unten links). Das Herzschild präsentiert das Stammwappen des Hauses Oldenburg in Gold mit zwei roten Balken.

burgischen Konfession im Jahre Eintausend fünf hundert und dreißig verfaßt und dargestellt worden, und an diesem reinen und unverfälschlichen Christlichen Glauben die Einwohner des Landes zu halten und denselben mächtig handhaben und beschirmen in diesen Landen und Reichen wider alle Ketzer, Schwärmer und Gotteslästerer.

II. Dänemarks und Norwegens Alleingewalt-Erb-König soll hiernach sein und von allen Unterthanen gehalten und geachtet werden für das oberste und höchste Haupt hier auf Erden über alle menschlichen Gesetze, und der kein anderes Haupt und keine andre Richter über sich erkennt weder in geistlichen noch in weltlichen Sachen als Gott allein.

Das souveräne Königs-Gesetz (Lex Regia). In: Wienborg, Das dänische Königsgesetz oder das in Dänemark geltende Grundgesetz. Hamburg 1847.

König Frederik V. von Dänemark, Porträt von Carl Gustav Pilo im Schloss Gottorf

Für die Herzogtümer Schleswig und Holstein, das zum deutschen Reichsgebiet gehörte, galt das Gesetz nicht. Mit der Zeit bildete sich ein Kreis von Adeligen um den König, die die Regierungsgeschäfte in Wirklichkeit wahrnahmen; dazu gehörten immer wieder die mächtigen Familien Bernstorff, Reventlow und Schimmelmann.

Während der Zeit der Aufklärung war Christian VII. (1749–1808) von 1766 bis 1808 dänischer König. Christian VII. galt als geistesgestört. Das zeigte sich bereits in seiner Kindheit. Dem Vater Frederik V. und seiner Stiefmutter war er völlig gleichgültig. Von seinem Hauslehrer wurde er sehr streng erzogen. Einzig sein Französischlehrer fand Zugang zu dem jungen Prinzen und brachte ihm die Gedanken der Aufklärung nahe.

Schon als Sechzehnjähriger wurde Christian nach dem Tod seines Vaters 1766 zum König gekrönt. Allerdings bestand seine einzige Aufgabe darin, Beschlüsse des Geheimen Conseils zu unterschreiben. Traditionell lag das Regierungsgeschäft allein in den Händen dieses Kabinetts, das von dem Vorsitzenden der Deutschen Kanzlei Graf Johann Hartwig Ernst von Bernstorff geleitet wurde. Mit siebzehn Jahren heiratete Christian seine Cousine Caroline Mathilde, die Schwester des englischen Königs Georg III. Der unglücklichen Ehe entzog er sich durch zahlreiche Eskapaden. Das Kabinett beschloss daher, den König auf die bereits vor seiner Krönung geplante Reise durch Europa zu schicken. So brach Christian VII. am 6. Mai 1768 mit großem Gefolge zu der für junge Adelige allgemein üblichen Grand Tour auf. Graf Bernstorff begleitete ihn, um ihn zu überwachen, ebenso der zum königlichen Schatzmeister ernannte Heinrich Carl von Schimmelmann. Als Reisearzt wurde ihm Johann Friedrich Struensee zur Seite gestellt, ein Arzt aus Altona, der dort ein Krankenhaus für Arme aufgebaut, die Pockenimpfung eingeführt und gegen Seuchenkrankheiten gekämpft hatte. Vielleicht hoffte man, dass der berühmte Mediziner den 20-jährigen König heilen könnte, der neben seinen epileptischen Anfällen schon Anzeichen einer beginnenden Geisteskrankheit zeigte.

Die achtmonatige Reise führte den jungen Monarchen und sein Gefolge durch verschiedene deutsche Fürstentümer, in die Niederlande und nach England und Frankreich. Schon auf der Reise verschlechterte sich der Gesundheitszustand des Königs, was eine intensive Betreuung durch den Reisearzt erforderte. Dadurch erlangte Struensee mehr und mehr das Vertrauen des Monarchen, den er mit den Ideen der Aufklärung nachhaltig beeinflusste. Nach der Rückkehr wurde er zum königlichen Leibarzt ernannt. Aufgrund seines wachsenden Einflusses gelang es Struensee, den König zu veranlassen, Bernstorff zu entlassen und ihm selbst eine Generalvollmacht einzuräumen. Von da an konnte Struensee anstelle des Königs unterschreiben und war letztlich einflussreichster Mann im Königreich Dänemark. Das ermöglichte ihm, seine aufklärerischen Ideen in liberale Reformen umzuwandeln.

Der neue starke Mann setzte mit der Abschaffung der Zensur per Gesetz die Presse- und Meinungsfreiheit durch, schaffte die Folter ab, reformierte das Justizwesen und formte damit Dänemark zu einem der modernsten Staaten Europas um. Allerdings brachten ihm seine Verwaltungsreformen auch die Feindschaft des ehemals mächtigen, nunmehr geschwächten dänischen Adels ein, dem durch Struensees Maßnahmen wesentliche Privilegien entzogen wurden.

(Der König Schach spielend mit Guldberg. Ranzau. Struensee.)
STRUENSEE (fortwährend alles halblaut.)
Wenn›s Euch also genehm ist, Herr Graf, beurlauben wir uns bei Seiner Majestät.

König Christian VII. von Dänemark, Porträtgalerie im Rathaus Kiel

RANZAU. Ich habe den König noch nicht gesprochen, und was ich Euch zu sagen habe, kann hier erledigt werden. (Er geht in den Vordergrund rechts.)
STRUENSEE (ihm folgend.) Ich bin ganz Ohr.
RANZAU. Ihr steht am Abgrunde, Struensee.
STRUENSEE. Neben Euch, Herr Graf?
RANZAU. Wohl, ich will diese leichtsinnige Wendung ernsthaft nehmen, ich will neben Euch stehen, wenn Ihr auf mich hören wollt.
STRUENSEE. Ich höre.
RANZAU. Struensee! Als ich Kopenhagen verließ, war das Reich in hoffnungsvoller Einigkeit, und es war ein Streben fortschreitender Verbesserung im Gange, dem jedermann mit Vertrauen entgegenkam –
STRUENSEE. Weil jedermann einen Fortschritt, eine Beförderung für seine Person dabei erwartete!
RANZAU. Man segnete mich, daß ich dem Leibarzte des Königs, einem ungewöhnlich begabten Manne, die Hand geboten, daß ich Struensee zum ersten Minister empfohlen hatte – seit gestern abend bin ich zurück, und aus allen Ständen bereits haben mich die Unzufriedenen bestürmt mit Klagen und Vorwürfen.
STRUENSEE. Gibt es eine Regierung, die nicht von Unzufriedenen und Klagenden bestürmt würde?
RANZAU. Nein, es allen recht zu machen, ist über menschliches Vermögen.
STRUENSEE. Gelingt es doch dem Schöpfer der Welt nicht, es allen recht zu machen: der eine will Sonnenschein, wenn der andre Regen will, und der Tag bringt weder Sonnenschein noch Regen, und der eine wie der andre ist unzufrieden.
RANZAU. Ihr habt aber das Unglaubliche bewerkstelligt, Struensee, Ihr habt es k e i n e m recht gemacht, und j e d e r m a n n ist mit Eurer Regierung unzufrieden, Ihr habt gar keine Partei, Ihr steht allein.

Heinrich Laube: Struensee. Trauerspiel in fünf Acten. Leipzig 1880. Verlagsbuchhandlung J.J. Weber, Erster Act, Fünfte Scene, Seite 21–26.

Struensee hatte ein besonders intensives Verhältnis zur Königin, der er in ihrer Niedergeschlagenheit aufgrund ihrer unglücklichen Ehe Beistand leistete. Schnell war das Gerücht über ein intimes Verhältnis im Umlauf. Als die Königin 1771 eine Tochter zur Welt brachte, verbreiteten Struensees Gegner, der Leibarzt sei der Vater des Kindes. Schließlich gelang es ihnen 1772, Struensee zu stürzen und ihm den Prozess zu machen, in dem ihm unter anderem vorgeworfen wurde, der Geliebte der Königin Caroline Mathilde zu sein. Die Königin wurde nach Celle verbannt. Struensee wurde am 28. April 1772 vor den Toren Kopenhagens auf besonders grausame Weise hingerichtet. Nachdem der Henker ihm die rechte Hand abgeschlagen hatte, wurde er geköpft und gevierteilt, anschließend noch auf das Rad geflochten.

1773 | Goldenes Zeitalter: der Dänische Gesamtstaat

Nach Struensees Tod wurde Ove Høegh-Guldberg mächtigster Minister in Dänemark. Er hob die meisten Reformen seines Vorgängers wieder auf, wandte sich aber anderen innovativen Projekten zu. In die Jahre von Høegh-Guldbergs Regentschaft fiel zum Beispiel der Bau des Eiderkanals. Høegh-Guldberg wurde 1784 vom Kronprinzen Frederik entlassen, der nun die Regentschaft anstelle seines Vaters übernahm.

Frederik war vom Geist der Aufklärung geprägt und führte etliche Reformen wieder ein. Eine seiner maßgeblichsten Reformen war die Abschaffung der Leibeigenschaft. Dänemark und die Herzogtümer Schleswig und Holstein erlebten eine Blütezeit. Auch wenn die Zeit Christians VII., der 1808 in Rendsburg starb, von seiner Krankheit überschattet war, wurde dem Monarchen doch eine tiefe Verehrung nicht verwehrt, so wie in dem „Lied für den dänischen Unterthan" von Heinrich Harries.

Lied für den dänischen Unterthan, an seines Königs Geburtstag zu singen, 1790.

In der Melodie des englischen Volksliedes: God save the King.

Heil Dir, dem liebenden
Herrscher des Vaterlands!
Heil, Christian, Dir!
Fühl' in des Thrones Glanz
die hohe Wonne ganz,
Vater des Volks zu seyn!
Heil, Christian, Dir!

Packhaus am Eiderkanal mit Obelisk, Kiel-Holtenau

Nicht Roß' und Reisige
sichern die steile Höh,
wo Fürsten stehn.
Liebe des Unterthans,
Liebe des freyen Manns,
gründet den Herrscherthron
wie Fels im Meer.

Heilige Flamme glüh,
glüh' und erlösche nie,
fürs Vaterland!
Wir alle stehen dann
muthig für einen Mann,
kämpfen und bluten gern
fürs Vaterland!

Sey noch, o Christian,
hier lange des Thrones Zier,
des Landes Stolz!
Eifer und Männerthat
finde sein Lorbeerblatt
treu aufgehoben dort
an Deinem Thron! …

Heinrich Harries: Lied für den dänischen Unterthan, an seines Königs Geburtstag zu singen. In: Gerhard Holst (Hg.): Gedichte von Heinrich Harries, Zweyter Theil. Altona 1804. Verlag Hammerich, Seite 158–161.

Der Name „Gesamtstaat" meint einen Staat, der durch Personalunion sowie durch ein Herrschaftsgebiet charakterisiert ist, das eine kulturell und sprachlich unterschiedliche Bevölkerung unter einer gemeinsamen Regierung zusammenfasst.

Die Zugehörigkeit der Herzogtümer zu dem Königreich Dänemark bedeutete, dass sie Teil eines mehrsprachigen und multikulturellen Gesamtstaates waren, der von der Elbe bis zum Nordkap reichte und Dänemark, Norwegen, Teile Südschwedens, die Herzogtümer Schleswig und Holstein, Grönland und die atlantischen Kolonien umfasste. Die Herzogtümer Schleswig und Holstein wurden in einer Personalunion vom dänischen König jeweils als Herzog regiert. Staatsrechtlich gehörte das Herzogtum Holstein als deutsches Lehen nach wie vor zum Heiligen Römischen Reich Deutscher Nation, das Herzogtum Schleswig dagegen als dänisches Reichs- und Königslehen zu Dänemark.

Dänen lebten in den Herzogtümer, lehrten an der Kieler Universität oder taten ihren Dienst als Soldaten in den dänischen Festungen Schleswig-Holsteins. Deutsche lebten und arbeiteten in der dänischen Hauptstadt als Handwerker, Kaufmann oder auch in der Deutschen Kanzlei. Die Kommandosprache beim Militär war bis 1773 Deutsch. Die Könige, selbst deutscher Herkunft, bevorzugten häufig deutsche Experten bei ihren Wirtschafts- und Bauprojekten.

Dieser Dänische Gesamtstaat hatte Bestand von 1773 bis 1864. Im Frieden nach dem Großen Nordischen Krieg 1720 wurde dem dänischen König der gesamte gottorfsche Besitz zugesprochen. Nach Intervention des deutschen Kaisers, der Lehnsherr des Herzogtums Holstein war, behielten die Gottorfer aber zumindest ihre holsteinischen Gebiete. Trotzdem wird 1720 als der Anfang des Dänischen Gesamtstaats gesehen. Im Vertrag von Zarskoje Zelo verzichtete der russische Thronfolger 1773 auf seine holsteinischen Besitzungen. Damit war der Dänische Gesamtstaat endgültig geschaffen.

Im gleichen Jahr wurde Andreas Peter Bernstorff (1735–1797), Neffe des einflussreichen Staatsmannes Johann Hartwig Ernst von Bernstorff, zum Chef der einflussreichen Deutschen Kanzlei und Außenminister berufen. Deutsch war die Sprache des Hofes und der dänischen Oberschicht. Deshalb gab es auch kaum einen deutsch-dänischen Gegensatz. Aber der deutsche Einfluss auf die dänische Politik war beträchtlich, auch durch die Regelung, dass alle Beamten zwei Jahre an der Kieler Universität studiert haben mussten. In dieser Zeit des aufgeklärten Absolutismus und im Geiste des Merkantilismus trachtete die Politik des Gesamtstaats danach, den Wohlstand seiner Untertanen zu vergrößern. Im Rahmen des berüchtigten transatlantischen Dreieckshandels kamen viele Kaufmänner aus Kopenhagen, Flensburg und Altona zu großem Vermögen. Heinrich Carl Schimmelmann, Finanzberater des dänischen Königs, zum Beispiel exportierte Baumwollprodukte nach Afrika, war am Sklaventransport in die dänischen Kolonien beteiligt und importierte Zucker von den 1666 in dänischen Besitz genommenen karibischen Jungfern-Inseln St. Thomas, St. Jan und St. Croix. Er war

Packhaus am Eiderkanal in Tönning

Schloss Schimmelmanns in Ahrensburg

nach heutigen Gesichtspunkten ein Global Player, vor allem aber war er auch ein Sklavenhändler.
In dieser Zeit wurden große Projekte in Angriff genommen, wie der von 1777 bis 1784 gebaute Schleswig-Holsteinische Canal (Eiderkanal), der die Untereider bei Rendsburg mit der Kieler Förde verband; eine technische Meisterleistung. Die Zeit des Gesamtstaats wurde auch als Goldenes Zeitalter bezeichnet, in dem eine umfangreiche Agrarreform bereits 1788 zur Abschaffung der Leibeigenschaft in Dänemark führte. Am Ende des Prozesses entschloss sich sogar der schleswig-holsteinische Adel, die Leibeigenschaft auf seinen Gütern aufzuheben, was 1805 endgültig geschah. Die Aufhebung der Feldgemeinschaften und der Leibeigenschaft leiteten den Beginn eines sozialen und wirtschaftlichen Aufstiegs im 19. Jahrhundert ein. Auch in den Wissenschaften und der bildenen Kunst wurde die Zeit des

Mausoleum Schimmelmanns in Hamburg-Wandsbek

Gesamtstaats zu einem „goldenen" Zeitalter, dessen prägender kultureller Mittelpunkt Kopenhagen war, vor allem mit seiner 1784 gegründeten Königlich Dänischen Akademie der Schönen Künste, an der auch viele schleswig-holsteinische Künstler studierten.
Die Verwaltung der Reichsteile des Dänischen Gesamtstaats wurde zentral in Kopenhagen geleitet, durch die Dänische Kanzlei für das Königreich Dänemark und Norwegen und durch die Deutsche Kanzlei für die Herzogtümer.
Die große Phase des Dänischen Gesamtstaats endete schon 1814 nach den Napoleonischen Kriegen, nachdem Dänemark auf der Seite des Verlierers gestanden hatte, mit dem Kieler Frieden, mit dem Verlust Norwegens und dem Staatsbankrott.
Nach dem Großen Nordischen Krieg, dessen Ergebnis dem dänischen König die gottorfschen Anteile des Herzogtums Schleswig einbrachte, sah sich die absolutistische Königsmacht gestärkt. Die Monarchen trachteten danach, diese Machtposition sehr deutlich nach außen zu zeigen. Dieser Zuschaustellung der königlichen Stärke dienten Familienfeste wie Hochzeiten, Geburtstage oder Trauerzeremonien oder besondere Feiern wie 1748 das 300-jährige Jubiläum des oldenburgischen Königshauses. An diesen Festtagen wurden Gottesdienste, Bürgerfeste, Schulfeste oder königliche Besuche veranstaltet. Paraden wurden abgehalten, festliche Bankette veranstaltet, Lobgedichte vorgetragen. Georg Friedrich Schumacher schildert in seinen Lebenserinnerungen den Besuch des dänischen Kronprinzen, des späteren Königs Frederik VI., in seinem Altonaer Gymnasium. Die vorbe-

haltlose Verehrung des Königshauses und der Monarchie kommt überdeutlich zum Ausdruck.

1787 kam der Kronprinz Friedrich. Er wollte auch das Gymnasium besuchen, und nach alter Weise sollte ihm ein Fackelzug gebracht werden, den die Schüler aus Selecta und Prima bildeten. Natürlich wollte ich nicht zurückbleiben, aber ich hatte dazu keine Garderobe. Ich lieh Alles dazu. S. war von meinem Wuchs, und er mußte aushelfen, und so schwamm ich denn in Wonne den festlichen Tag hindurch.

Morgens um 11 Uhr war alles im großen Auditorio versammelt; der Prinz kam, ward auf einen Sammetstuhl gesetzt, umgeben von seinem Gefolge und den ersten Behörden der Stadt; neben dem weißangemalten und schön vergoldeten Katheder saßen die Lehrer auf Stühlen, hinter dem Ganzen standen die Mitglieder aller Classen dem Range nach. Dusch hielt eine Rede voll Lob der Zeit und des Prinzen (beides damals begründet; es war die schöne Bernstorffsche Periode unseres Vaterlandes), dann besah der Prinz flüchtig das Local der Classen, aber von Prüfung war nicht die Rede. …

Wir zogen von zahllosen Menschen begleitet durch die Königsstraße, bogen dann zur Palmaille ein, und so bis an die Gränze der Stadt bis Ottensen, wo der Präsident wohnte, in dessen Hause der Prinz logirt war. Halt! Hieß es hier. Wir bildeten einen Kreis, der Anführer trat hervor, und brachte sein Vivat aus. Alles donnerte das dreimalige Hoch ihm nach, schlug die Degenspitzen aneinander, die Pauken und Trompeten wirbelten dazu, es war ein seliger Augenblick. Dann kam der Kronprinz heraus und dankte für unsere freundliche Aufmerksamkeit.

In unsern Tagen, wo die Jugend König und Königthum verachtet, würde es ein leeres Gauckelspiel sein, bei dem Jeder nur den persönlichen Jubel im Auge hätte. Wir aber waren als Royalisten erzogen, um den Namen König und Kronprinz schwebte uns ein Heiligenschein, und es schien uns etwas wahrhaft

Alter Eiderkanal bei Kluvensiek

Schleuse am Eiderkanal bei Kluvensiek, eine der sechs baugleichen Kanalschleusen in Holtenau, Knoop, Landwehr, Klein Königsförde und Rendsburg

Reste des Marientempels auf der Krusenkoppel in Kiel

Großes und Herrliches, dem künftigen Herrscher so nahe zu treten, auch persönlich von ihm beachtet zu werden.

Georg Friedrich Schumacher: Genrebilder aus dem Leben eines siebenzigjährigen Schulmannes – ernsten und humoristischen Inhalts. Schleswig 1841, Seite 99–101.

Der dänische Kronprinz Frederik (1768–1839) und seine Frau Marie Sophie Friederike von Hessen-Kassel wählten 1805 das Kieler Schloss zu ihrer Residenz. 1808 wurde im Düsternbrooker Gehölz, dem beliebten Ausflugsziel der Kieler Bürger, ein Park im englischen Landschaftsstil geschaffen, für den der renommierte dänische Architekt Axel Bundsen mit dem Bau eines Teepavillons im ionischen Stil eines griechischen Tempels beauftragt wurde, der in Verehrung der allseits beliebten Kronprinzessin und späteren Königin im Volksmund „Marientempel" getauft wurde.

Aber die absolutistische Königsmacht traf auch auf Kritik und Opposition. Vor allem ab dem Ende des 18. Jahrhunderts mehrten sich unter Einfluss der Französischen Revolution kritische Stimmen, die die Missstände anprangerten, wie Heinrich Christian Boie in seinem Gedicht.

In des Königs Namen

Man warb ihn mit Gewalt und riß ihn von
Dem jungen Weib und lieben Sohn
Zum blut- und thränenvollen Frohn.
Man zwang ihn zur Kapitulation
Auf sieben Jahr. Die hat er treu gedient
Und nicht zu muksen sich erkühnt.
Die Zeit war um. – Nun wollt er von

Dom von Meldorf, dem Geburtsort Heinrich Christian Boies

Dem blut- und thränenvollen Frohn
Zum jungen Weib und lieben Sohn.
Allein umsonst war sein Verlangen.
Er bat, er weint und Prügel war sein Lohn.
Was that er da? Er lief davon,
Ward wieder gefangen
Und in des Königs Namen aufgehangen.

Heinrich Christian Boie: In des Königs Namen. In: Karl Weinhold: Beitrag zur Geschichte der deutschen Literatur im 18. Jahrhundert. Halle 1868. Seite 324–325.

Nicht nur direkte Kritik an den Fürsten wurde geübt; auch Ironie kam zum Einsatz, wie hier in dem Gedicht von Matthias Claudius, dem „Wandsbeker Boten".

Schreiben eines parforcegejagten Hirschen an den Fürsten der ihn parforcegejagt hatte, d. h. jenseit des Flusses.

Durchlauchtiger Fürst,
Gnädigster Fürst und Herr!

Ich habe heute die Gnade gehabt, von Ew. Hochfürstlichen Durchlaucht parforcegejagt zu werden, bitte aber untertänigst, daß Sie gnädigst geruhen, mich künftig damit zu verschonen. Ew. Hochfürstl. Durchl. sollten nur einmal

Grabstätte von Matthias Claudius und seiner Frau Rebekka auf dem Alten Friedhof bei der Christkirche in Hamburg-Wandsbek

Wohnhaus Stolbergs in der Eutiner Stolbergstraße

parforcegejagt sein, so würden Sie meine Bitte nicht unbillig finden. Ich liege hier und mag meinen Kopf nicht aufheben, und das Blut läuft mir aus Maul und Nüstern. Wie können Ihre Durchlaucht es doch über's Herz bringen, ein armes unschuldiges Tier, das sich von Gras und Kräutern nährt, zu Tode zu jagen? Lassen Sie mich lieber totschießen, so bin ich kurz und gut davon. Noch einmal, es kann sein, daß Ew. Durchlaucht ein Vergnügen an dem Parforcejagen haben; wenn Sie aber wüßten, wie mir noch das Herz schlägt, Sie tätens gewiß nicht wieder, der ich die Ehre habe zu sein mit Gut und Blut bis in den Tod etc. etc.

Matthias Claudius: Schreiben eines parforcegejagten Hirschen an den Fürsten der ihn parforcegejagt hatte, d. h. jenseit des Flusses. In: ASMUS omnia sua SECUM portans oder sämmtliche Werke des Wandsbecker Bothen. Dritter Teil: Vorlesung an die Herren Subskribenten. Wandsbeck 1777. Verlag beim Verfasser.

Diese kritischen Stimmen entstammten dem aufstrebenden und teilweise unzufriedenen Bürgertum, das, wirtschaftlich stark und kulturell führend, nun auch politischen Einfluss forderte. Dem verleiht zum Beispiel Friedrich Leopold Graf zu Stolberg Ausdruck in seinem Gedicht „Die Freiheit".

Die Freiheit.
An Hahn.
Umarbeitung der Fassung vom Sommer 1770 in Dänemark.

Eutiner Schloss, in dessen unmittelbarer Nähe Stolberg lebte

Freiheit! Der Höfling kennt den Gedanken
nicht!
Der Sklave! Ketten rasseln ihm Silberton!
Gebeugt das Knie, gebeugt die Seele,
Reicht er dem Joch den erschlafften Nacken!

Uns, uns ein hoher seelenverklärender
Gedanke! Freiheit! Freiheit! wir fühlen dich!
Du Wort, du Kraft, du Lohn von Gott uns!
O! wo noch voller ins Herz der Helden

Dein Nektar strömte, jener, an deren Grab
Nachwelten staunen; ström'! o entflamm'
uns ganz!
Denn sieh', in deutscher Sklaven Händen
Rostet der Stahl, ist entnervt die Harfe!

Nur Freiheitsharf' ist Harfe des Vaterlands!
Wer Freiheitsharfe schlägt, ist wie Nachtorkan
Vor Donnerwettern! Donnre! Schlachtruf!
Schwerter, fliegt auf, dem Gesandten Gottes!

Nur Freiheitsschwert ist Schwert für das
Vaterland!
Wer Freiheitsschwert hebt, flammt durch das
Schlachtgewühl,
Wie Blitz des Nachtsturms! Stürzt, Paläste!
Stürze, Tyrann, dem Verderber Gottes!

O Namen! Namen! festlich, wie Siegsgesang!
Tell! Hermann! Klopstock! Brutus! Timoleon!
O ihr, wem freie Seele Gott gab,
Flammend ins eherne Herz gegraben!

Friedrich Leopold Graf zu Stolberg: Die Freiheit. In: Deutsche Nationalliteratur, Band 50,2. Stuttgart ohne Jahr. Seite 34.

1814 | In Kiel wird Nordeuropa neugeordnet

Napoleon war wild entschlossen gewesen, ganz Europa zu unterwerfen. Dabei hatte er es geschafft, den Kontinent und die europäische Landkarte völlig durcheinanderzubringen. Nach seinem Sturz und dem verlorenen Krieg war es das Ziel der Siegermächte, diese Napoleonische „Unordnung" wieder umzukehren. Das bedeutete vor allem, die alte Ordnung wiederherzustellen, also die Zustände vor der französischen Revolution und vor Napoleon. Allerdings doch nicht so ganz die alte Ordnung, denn die Landkarte sollte durchaus auch zugunsten der Großmächte verändert werden. Die Hauptverhandlungen darüber fanden beim Wiener Kongress vom 18. September 1814 bis zum 9. Juni 1815 unter der Leitung des führenden österreichischen Staatskanzlers Fürst Klemens von Metternich statt. Neue Grenzen wurden festgelegt, neue Staaten geschaffen. Für Nordeuropa aber wurde die Neuordnung bereits am 14. Januar 1814 beschlossen, und zwar in Kiel.

Das Debakel des gescheiterten russischen Feldzugs Napoleons führte 1813 zum Zusammenbruch des napoleonischen Imperiums. Mitgerissen in diesen Untergang wurde der dänische König Frederik VI., der sich nach dem englischen Überfall auf Kopenhagen mit Napoleon, dem größten Gegner Englands, verbündet hatte und nun zu den großen Verlierern gehörte. „Mitgehangen, mitgefangen" hieß es da ebenfalls für die unter der Krone Dänemarks stehenden Herzogtümer Schleswig und Holstein. Nach der vernichtenden Niederlage in der Völkerschlacht bei Leipzig im Oktober 1813 flohen die dänisch-schleswig-holsteinischen Truppen vor der nachrückenden vereinigten schwedisch-russisch-preußischen Armee in Richtung Norden. Die dänische Festung Rendsburg sollte Schutz bieten. Bei Sehestedt trafen am 10. Dezember 1813 die beiden Armeen aufeinander. In dieser verlustreichen Schlacht fielen mehr als 1.700 Soldaten. Drei Tage später wurde Kiel vom schwedischen Kronprinzen Jean Baptiste Bernadotte, dem Oberbefehlshaber der Nordarmee, besetzt. Weil auch russische Soldaten in der schwedischen Truppe dienten, nannten die Kieler die Besatzungszeit „Kosakenwinter" oder auch „Schwedenwinter".

König Frederik VI. von Dänemark, Porträt von Friedrich Carl Gröger im Schloss Gottorf

Gedenkobelisk in Sehestedt, eingraviert sind die Namen der beteiligten Truppenkontingente und Offiziere; als Eingrenzung dienen Kanonenrohre.

Bernadotte bestimmte Kiel zum Ort der Friedensverhandlungen zwischen Dänemark, Schweden und England und wählte den 1621 erbauten Adelshof „Buchwaldscher Hof", in unmittelbarer Nachbarschaft des heute noch bestehenden Warleberger Hofes, zu seinem Hauptquartier. In dem Backsteindoppelhaus mit dem charakteristischen Zwillingstreppengiebel, dem größten Kieler Adelshof, fanden die harten Verhandlungen statt. Der Friedensvertrag von Kiel sah vor, dass Dänemark fortan die Allianz gegen Napoleon unterstützen sowie Gebiete an die Sieger abtreten sollte. So verlor Dänemark Helgoland an England und, was schwerwiegender war, Norwegen an Schweden, was letztlich das Ende des Dänischen Gesamtstaates bedeutete. In Norwegen führte dieser Herrschaftswechsel zur Erarbeitung einer eigenen modernen Verfassung, ein erster Schritt in die spätere Unabhängigkeit des Landes. Dänemark erhielt als Ausgleich Schwedisch-Vorpommern, das es aber ein Jahr später gegen das bis dahin preußische Herzogtum Lauenburg eintauschte. Holstein wurde Teil des neu begründeten Deutschen Bundes, dessen Nordgrenze die Eider war, wie so oft in der Geschichte dieses Flusses.

Diese territoriale Neuordnung brachte eine totale Verschiebung der Machtverhältnisse in Nordeuropa mit sich. Dänemark, einstmals im Laufe seiner Geschichte sogar Großmacht, war von einem immerhin noch stattlichen Mittelstaat zu einem unbedeutenden Kleinstaat geschrumpft.

In der Besatzungszeit während der Friedensverhandlungen bis zum 23. Januar 1814 blieben die Allianztruppen in Kiel ständig präsent. Zeitweise gab es mehr Soldaten in der Stadt als die 7.000 Einwohner, die unter den Einquartierungen, vor allem unter den Plünderungen in dem extrem kalten, schneereichen Winter sehr zu leiden hatten. Lazarette wurden eingerichtet, unter anderem im Kieler Schloss. Die Zwangsabgaben für die Ernährung der Soldaten führten in der Kieler Bevölkerung zu einem erheblichen Mangel an Lebensmitteln. Den Kielern war es ziemlich egal, dass in diesen bitteren Tagen in Kiel Weltgeschichte geschrieben wurde.

Friedrich Dahlmann lehrte bis 1829 als Professor Geschichte an der Christian-Albrechts-Universität Kiel und gehörte zu den Vorkämpfern der schleswig-holsteinischen Bewegung. Die Niederlage Napoleons nutzte er für eine denkwürdige, in akademischen Kreisen aber auch umstrittene Rede in der Kieler Universität, in der er sich für eine gemeinsame liberale Verfassung für die Herzogtümer Schleswig und Holstein als Teil der deutschen Nation aussprach. Damit stellte er die schleswig-holsteinische Bewegung in den größeren Zusammenhang der nationalen Bestrebungen in Deutschland.

Und wie uns alle Zeichen günstig werden, seit wir einig sind! wie alle Gestirne, die sich früher feindselig gegen uns verschworen, nun besänftigt sind! Keine glückliche Zufälle, wie ehedem, als wir noch im Hader gegen einander standen, begünstigen unsre Feinde mehr. Auch das Glück huldigt der gerechten Sache. Dieses hat sich in manchen einzelnen Vorfällen jener großen Tage offenbart; nirgend aber müssen wir es mit gerührterm Herzen anerkennen, als in der wunderbaren Errettung des Mannes, ohne dessen Erhaltung uns der Sieg, wenn er anders errungen werden konnte, kei-

Gedenkstele zur Erinnerung an den Kieler Frieden 1814 an der Stelle, an der sich der 1944 zerbombte Buchwaldsche Hof befand

ne Siegesfreude gewährt hätte. An dem unglücklichen Schlachttage des 16ten stellt sich der alte Held an die Spitze seiner Reuterei zum Angriff. Er mislingt. Blüchers Pferd, von einer feindlichen Kugel durchbohrt, stürzt im raschen Zurücksprengen und deckt den siebenzigjährigen Greis mit seinem Körper. Er verschwindet seinen braven Waffengefährten im Getümmel – nur ein einziger bleibt ihm getreu zur Seite. Schaaren verfolgender Franzosen sprengen verblendet vorbei, sprengen verblendet zurück und entdecken den köstlichen Edelstein der Deutschen nicht. Eine höhere Hand hat über ihn gewaltet. Sie hat uns ihn erhalten, hat uns den Sieg geschenkt; sie führt uns einer glücklichern Zukunft entgegen. Darum dürfen wir uns freuen.

Allgemein sey diese Freude. Wie sie durch alle Gauen des übrigen Deutschlands sich verbreitet und ein neues Eintrachtsband schlingt, möge sie so auch hier im Lande, möge sie in unsern beiden Herzogthümern so empfunden werden. Ihnen beiden gehört dieser Sitz der Wissenschaften im gleichen Maaße an und in diesem Sinne, des Mitgefühles beider versichert, hat unsre Universität diese Feier angeordnet, zugleich aber auch um einmahl auszusprechen, wie sehr sie es empfinde, daß alles Wissen nichts sey ohne das Leben, und daß die Bewahrung des heiligen Feuers der Vaterlandsliebe niemanden so nahe stehe als den Pflegern der Wissenschaft. Wenn auch der Schleswiger nie im deutschen Bunde gewesen ist, er gehörte ihm und gehört ihm noch durch den verbrüderten Holsteiner an, dem er seit Jahrhunderten die treue Hand gereicht hat, mit dem er in Verfassung, Freiheiten und Gerechtsamen innigst verschmolzen ist. Mögen sich diese Hände nun noch so fester fassen. Möge der Anblick des auch in seiner gegenwärtigen politischen Zersplitterung sieghaften deutschen Volks die Ueberzeugung immer mehr in uns befestigen, daß ein innerer Geistesverein, eine treue liebevolle Verbrüderung über alle feindseligen Verhältnisse endlich siegen müsse. Wir dürfen an einer Zeit, wie diese, nicht träge verzweifeln; es ist Pflicht von dieser Zeit zu hoffen, Pflicht an ihr zu arbeiten.

Friedrich Christoph Dahlmann: Waterloo-Rede. 7. Juli 1815. In: Friedrich Christoph Dahlmann: Rede zur Feier des Siegs vom 18ten Junius 1815. Kiel 1815. In der academischen Buchhandlung, Seite 12–14

1830 | Kämpfer ohne Schwert: Uwe Jens Lornsen

Du Kämpfer ohne Schwert Du Feldherr ohne Heer
Du Feind ohne Haß im Herzen
die Fackel, die du angezündet und kühn
am höchsten gestellt hast
leuchtet fort
ob du auch geschieden.
Dein Namen kann nimmer verlöschen
in Schleswig-Holstein
Dein Wort nimmer verhallen.

Franz Herrmann Hegewisch: Lornsen-Ode

1830 – Julirevolution in Paris: König Karl X. von Frankreich wurde abgesetzt; Louis Philippe bestieg als Bürgerkönig den Thron. Die revolutionäre Bewegung erfasste auch den Rest Europas, auch mehrere Staaten des Deutschen Bundes. Die liberalen und demokratischen Bestrebungen in ganz Europa fühlten sich überall gestärkt.

Auch Uwe Jens Lornsen (1793–1838) wurde von diesen Ideen erfasst. Der gebürtige Sylter aus einer alteingesessenen Seefahrerfamilie studierte in Kiel und Jena Jura und wurde Mitglied der Kieler Burschenschaft Teutonia. Nach seinem Staatsexamen 1820 arbeitete er acht Jahre lang in der Deutschen Kanzlei in Kopenhagen. 1830 wurde er zum Landvogt auf Sylt ernannt. Im selben Jahr veröffentlichte er seine elfseitige Schrift „Ueber das Verfassungswerk in Schleswigholstein", mit der er zum Vorkämpfer eines vereinten und von Dänemark unabhängigeren Schleswig-Holsteins wurde. Darin forderte er umfassende Veränderungen der politischen Struktur. Das

Lornsen-Denkmal am Paradeplatz in Rendsburg aus dem Jahr 1878

Weglassen des Bindestrichs im Landesnamen sollte dem Ziel der Vereinigung der Herzogtümer Ausdruck verleihen.

Als eine unmittelbare Folge dieser neuen Ordnung der Dinge, würde sich die gänzliche Trennung der Herzogthümer von dem Königreiche Dänemark in administrativer Hinsicht ergeben. Zwar haben die Dänen seit Jahren ein Bestreben an den Tag gelegt, uns mit sich zu einem Volke zu verschmelzen, und selbst in den neuesten Zeiten, in welchen bei den Deutschen das Volksgefühl kräftiger wie je sich kund gethan, hat man sich nicht entsehen, uns auf unser Sträuben zuzurufen, wir mögten uns doch freuen, lieber etwas, nemlich Dänen, als nichts, nemlich Deutsche, zu seyn. Spott und Hohn hat zwar die mächtigste und edelste Nation Europas wegen ihrer heillosen Zerstückelung von jeher und von allen Seiten und Völkchen auf sich laden müssen. Aber die Zeit hat gezeigt, und sie wird fernerhin zeigen, daß auch der Deutsche fortan jedes unwürdige Ansinnen mit Nachdruck zurückzuweisen wissen wird. Jeder Gedanke an eine Verschmelzung beider unter dem Szepter Sr. Majestät vereinigten Völker werde daher aufgegeben. Aber auch selbst die bisherige administrative Verbindung muß, als beiden Theilen gleich verderblich, aufhören. Es ist die kraftlose und unbehüfliche Verbindung eines zusammengewachsenen Zwillingspaars. Laßt uns Hand in Hand als Brüder, jeder in freier, selbstständiger Entwicklung, den König an unserer Spitze, der Zukunft entgegen gehen. Nur der König und der Feind sey uns gemeinschaftlich. So zu einander gestellt, ist unsere staatsbürgerliche Vereinigung den Herzogthümern in gleichem und vielleicht noch höherm Maaße vortheilhaft als dem Königreiche. Laßt uns es selbst in Erwägung nehmen und zur Entscheidung unsers Königs stellen, ob nicht die Verlegung der Residenz für die Winterhälfte des Jahres nach der Stadt Schleswig durch das wahre Interesse beider Theile geboten ist. So lange Schweden und Norwegen mit dem Reiche

Die zwei Mädchen am Fuß der Lornsen-Statue in Rendsburg sollen die Schwestern Schleswig und Holstein darstellen, die sich nicht trennen lassen, sich an den Händen halten und ihre Fesseln abgeworfen haben

vereinigt waren, bildete Kopenhagen den Mittelpunkt des Staats. Jetzt ist es anders, und die Residenz liegt am äußersten Saume des Reiches. In unserm langen Winter ist der König oft Wochen lang von vier Fünftel seines Reiches geschieden. Für den Sommer würde dagegen Kopenhagen, vermöge der Dampfschifffahrtverbindung, den geeignetesten Mittel- und Vereinigungspunkt für die Herzogthümer und Jütland nebst den Inseln abgeben. Wir stehen am Vorabende großer Ereignisse, und die möglichst innige Verbindung beider Theile mit dem verehrten Fürstenhause thut Noth.

Uwe Jens Lornsen: Ueber das Verfassungswerk in Schleswigholstein. Kiel 1830. C.F.Mohr. Nachdruck Schleswig 1980, Seite 10–11.

In fast jeder Stadt Schleswig-Holsteins gibt es eine Lornsenstraße, hier in Kiel.

Wegen aufrührerischer politischer Agitation wurde Lornsen bereits im Mai 1831 seines Amtes als Landvogt wieder enthoben und zu einer Festungshaft von einem Jahr verurteilt, die er in Kiel und Rendsburg verbüßte. 1833 entzog er sich weiterer Verfolgung durch eine Reise nach Südamerika, auch um sich von einer rätselhaften schweren Erkrankung zu erholen, von der er sich ergriffen glaubte. 1837 kehrte er nach Europa zurück, nicht jedoch nach Sylt. Er hielt seine Krankheit für unheilbar und verfiel in eine schwere Depression. Am Genfer See beging Lornsen am 12. Februar 1838 Selbstmord.

Durch seine Schriften, das Exil und seinen tragischen Tod wurde Lornsen schnell zu einer legendären Symbolfigur der schleswig-holsteinischen Bewegung. Das veranlasste Franz Herrmann Hegewisch zu seiner Lornsen-Ode.

1840 | Nationale Identität durch Sprache

Viele Sprachen versteh' ich; und red' erträglich geläufig Dänisch, Französisch, und Deutsch, Welsch auch, und Englisch zur Not; Doch, die sind es noch nicht, woraus ich schöpfe den Ausdruck – Etwa das Römische? Nein! Selber die Griechische nicht! Zwei ganz andere sind's, worin ich fleißig den Dichter Übt', und üben noch will, bis zur Vollendung der Kunst – Wollt ihr sie wissen? Die Sprache des Blicks, und die Sprache des Kusses: Andre wohl bilden den Kopf; diese nur bilden das Herz.

Jens Baggesen: Meine Sprachkunde. Aus: Carl und August Baggesen (Hg.): Jens Baggesen's poetische Werke in deutscher Sprache. Leipzig 1836. Brockhaus Verlag.

Grabstein Jens Baggesens auf dem Eichhof in Kiel

So gelassen, wie der dänische Dichter Jens Immanuel Baggesen die Nutzung der Sprachen verstehen wollte, sahen das die meisten Politiker seiner Zeit wohl nicht. Vielmehr kam es im 19. Jahrhundert zu einem regelrechten Sprachkonflikt in Schleswig-Holstein.
Baggesen war ein leidenschaftlicher Verfechter aufklärerischen Gedankenguts. Den Vornamen „Immanuel" hatte er aus tiefer Verehrung für den Philosophen Immanuel Kant angenommen. Der Dichter hatte in Kopenhagen und in Deutschland studiert und veröffentlichte seine Werke, Gedichte, Verserzählungen und Erzählungen, teils auf Dänisch, teils auf Deutsch. Von 1811 bis 1813 hatte Baggesen den ersten Lehrstuhl für dänische Sprache und Literatur an der Christian-Albrechts-Universität in Kiel inne, der nach Kopenhagen zweitgrößten Universität im Dänischen Gesamtstaat. Er lebte zeitweilig auf den Gütern seiner adeligen Gönner in Süddänemark und Holstein. Seine Verbindung zu deutschfreundlichen Kreisen wurde ihm in seiner Heimat sehr verübelt. Mit seinem zweisprachigen Werk trat Baggesen ein

für das friedvolle Miteinander und den kulturellen Austausch zwischen Deutschland und Dänemark. Weil seine erste Frau Sophie von Haller 1797 in Kiel gestorben war und dort begraben wurde, liegt auch Baggesens Grab auf dem Kieler Eichhof.

Die politischen Verhältnisse in Schleswig-Holstein waren vielgestaltig. Der König von Dänemark war zugleich auch Herzog von Schleswig und von Holstein. Holstein aber gehörte auch zum Heiligen Römischen Reich Deutscher Nation. Entsprechend bunt war auch Schleswig-Holsteins Sprachenkarte. Die Menschen im Herzogtum Schleswig sprachen dänisch und deutsch, daneben auch niederdeutsch, friesisch oder sønderjysk, einen regionalen dänischen Dialekt. Im Herzogtum Holstein sprach man ausschließlich deutsch, hochdeutsch war die Schriftsprache, niederdeutsch die meist verbreitete gesprochene Sprache, die einstige „Weltsprache" der Hanse. In Dänemark selbst sprach die Bevölkerung natürlich dänisch, wogegen im Königshaus und beim Militär meist deutsch gesprochen wurde.

Zweisprachig war im Grunde auch der dänische Märchendichter Hans Christian Andersen, der so oft nach Deutschland reiste. Schleswig-Holstein war für ihn eine Art zweite Heimat. Für ihn war es dänisch. In seinem Tagebuch notierte er am 1. Juli 1834: „Also heute in einem Monat bin ich wieder in Dänemark, wahrscheinlich schon in Kiel."

„Jetzt muß man Deutsch sprechen," sagte ich, als ich in Lübeck das eine Bein auf die Schiffsbrücke setzte und bemerkte, daß mir die Deutsche Luft ins Gesicht blies. Rings im Gebüsch sangen die Vögel uns einen großen Bewillkommnungsgesang, und der war ganz Dänisch, ganz so wie bei uns; sie mochten glauben, wir seien der Deutschen Sprache nicht kundig. Es befand sich deshalb unter den Passagieren auch nicht eine Seele, welche ihnen dankte. Was mir ganz besonders auffiel war, daß auch die kleinsten Lübeck'schen Kinder Deutsch sprachen und das zwar weit besser als ich, der ich doch im Examen darin so gut bestanden hatte. Das müssen kluge Kin-

Die kleine Meerjungfrau aus einem der bekanntesten Märchen des Dichters, an der Hans-Christian-Andersen-Schule in Kiel

der sein, dachte ich, so klein, und doch schon so weit im Deutschen! Ich mußte sogleich an das bekannte, kluge Lübeck'sche Kind denken, das 1722 Friedrich IV. vorgestellt ward und von welchem geschrieben stehet, daß es gesagt habe: Allerdurchlauchtigster König, Allergnädigster König und Herr, glückselig ist der Tag, an welchem mir schwachem Säuglinge die allerunterthänigste Devotion vergönnt ist, Ihrer Königlichen Majestät zu huldigen, und dann: Permettez moi, Sire, que je baise la main de votre Majesté et le bord de votre habit royal; hierauf ward er durstig und man mußte ihn säugen lassen. Dieß ist bekanntlich eine sehr wahrhafte Geschichte.
Gott weiß, ob auch die andern Lübeck'schen Kinder so gut im Französischen beschlagen waren, als jener „schwache Säugling"; sie sahen mir mindestens nach Allerhand aus.

Hans Christian Andersen: Umrisse einer Reise von Kopenhagen nach dem Harze, der Sächsischen Schweiz, und über Berlin zurück. Breslau 1836, Seite 9–12.

Gedenktafel an dem Haus in Wyk auf Föhr, in dem 1844 Hans Christian Andersen abstieg, als er den dänischen König Christian XIII. besuchte, der den Sommer wie so oft auf der Insel verbrachte.

Den nationalen Bestrebungen in den Herzogtümern Schleswig und Holstein im beginnenden 19. Jahrhundert stand eine entsprechende dänische Bewegung gegenüber. In den nationalen Kreisen wurde ein enger Zusammenhang gesehen zwischen nationalpolitischen Fragen und der Sprache. Man war überzeugt davon, dass Sprache einen maßgeblichen Einfluss auf die Entwicklung nationaler Identität habe. Schleswig-Holstein war mehrsprachig. Nebeneinander wurde seit jeher hochdeutsch, niederdeutsch, dänisch und friesisch gesprochen. Aus dieser sprachlichen Koexistenz wurde im frühen 19. Jahrhundert ein Sprachkonflikt. Sprache wurde zu einem politischen Instrument missbraucht. Es wurde eine kontroverse Sprachpolitik betrieben. Die Schlei entwickelte sich mehr und mehr zu einer Sprach- und Kulturscheide. Der Sprachkonflikt wurde zu einem entscheidenden Schauplatz der nationalen Auseinandersetzung. Theodor Mügge schildert in seinem Roman „Der Voigt von Silt" die Begegnung Jens Uwe Lornsens mit diesem Phänomen.

Eine Woche später war Lornsen in Kopenhagen. – …

„Es ist eine anerkennenswerte Aufmerksamkeit, die man uns erweist," sagte ein junger Mann, der mit einem anderen neben Lornsen stand. „Wir werden mit Musik empfangen, möge Ihr Aufenthalt in Kopenhagen immer reich an Harmonie sein, mein Herr."

„Ich denke alles Unharmonische möglichst von mir abzuwehren," erwiderte dieser in derselben scherzenden Weise.

„Sie sind noch nie in Kopenhagen gewesen?" fragte der Dritte.

„Ich sehe es zum erstenmal," war die Antwort.

„Und wie gefällt es Ihnen?"

„Was ich bis jetzt gesehen habe," sagte Lornsen lachend, »erregt den Wunsch, daß alles so sein möchte.«

„Sie werden zufrieden sein," erwiderte der junge Däne zuversichtlich. „Ich glaube, daß sich nicht leicht eine Stadt mit Kopenhagen vergleichen kann und bedaure nur, daß Sie uns nicht schon früher besucht haben, – Sie verstehen doch Dänisch?"

„Nein," sagte Jens.

„Sie verstehen kein Dänisch!" rief der junge Herr erstaunt. „Aber, mein Gott, ich denke, es besteht ein Befehl der Regierung, daß in allen Schulen der deutschen Provinzen Dänisch gelehrt werden soll."

„Kennen Sie die deutschen Provinzen?" fragte Lornsen.

„Nein," lächelte der junge Herr, „ich habe mich noch nie dahin verirrt, als etwa bei einer flüchtigen Durchreise; allein einer meiner Verwandten ist neulich noch dort gewesen. Er erzählt grausenhafte Geschichten von den barbarischen Zuständen."

„Es würde gewiß recht gut sein," antwortete Jens, „wenn wir öfter aus Kopenhagen Besuch erhielten, der es sich angelegen sein ließe, mit unseren Zuständen bekannter zu werden."

„Was verlangen Sie da," rief der Däne, „was könnten Sie uns denn bieten?! Im ganzen Lande ist keine erträgliche Stadt. Schleswig ist eine einzige lange und langweilige Gasse, Flensburg ein altes Nest, das nach Stockfischen, Walfischthran und schmieriger Butter stinkt, Kiel aber mit seinen langhaarigen Studenten und langbeinigen Krämern ebenso unerträglich wie Altona. Das übrige Land ist voll Bauern aller Art; nirgends ein Mittelpunkt für ein gesittetes Dasein, nirgends ein Centralplatz für Bildung! Kein Hof, der dem Adel zum Anhalt diente, der Kunst und Wissenschaft förderte, Genüsse und Reize böte. – "

…

„Aber ich höre, daß Sie wenigstens gut deutsch sprechen," rief Lornsen, stärker lachend, „und wie ich weiß, sprechen die meisten Dänen deutsch, die auf einige Bildung Anspruch machen. Ihre Könige sind deutschen Stammes, alles Wissen und alle Kunst ist aus Deutschland gekommen, alles Leben und Streben leitet zu der großen deutschen Nation hin und selbst die Sprache ist ein Zweig des germanischen Stammes so gut wie die holländische, die vlämische und andere Zweige."

Der junge Herr sah den Fremdling mit einem bösen Blicke an. „Nun, wahrhaftig," gab er dann zurück, „das ist neu und wunderbar. Es mag ein Scherz sein und als solchen sehe ich ihn an; aber da Sie fremd hier sind, mein Herr, so hüten Sie sich davor, dänischen Ohren dergleichen Ergötzlichkeiten aufzutischen. Sie könnten mißverstanden werden."

Theodor Mügge: Der Voigt von Silt. Erster Teil, zweite Auflage. Berlin 1858. Verlag Otto Janke, Siebentes Kapitel, Seite 156–161.

Zunächst bestand das Ziel der dänischen Politik nur darin, den Rückgang des dänischen Sprachgebrauches im Herzogtum Schleswig zu beenden. In Nordschleswig wurden vermehrt dänische Zeitungen und Büchereien gegründet. 1810 bestimmte der dänische König deshalb, dass in denjenigen Gegenden des Herzogtums Schleswig, in denen die Mehrheit dänisch sprach, diese Sprache auch in Gerichten, Schulen und Kirchen verwendet werden solle. Diese Anordnung stieß auf ganz erheblichen Widerstand und wurde kaum befolgt. Aber heftige Auseinandersetzungen und eine erfolgreiche Einflussnahme nationaler dänischer Politiker führten schließlich zum so genannten Sprachreskript von 1840, mit dem der König in Nordschleswig das Dänische als Gerichts- und Verwaltungssprache festlegte. 1842 erfuhr der Konflikt eine Zuspitzung, als der Abgeordnete Peter Hjort Lorenzen die Ständeversammlung in Schleswig dadurch provozierte, dass er seine Ansprache auf Dänisch hielt. Der Versuch, in der Schleswiger Ständeversammlung die Zweisprachigkeit durchzusetzen, d.h. das Dänische dem Deutschen gleichzustellen, scheiterte. Der Widerstand gegen diese Sprachpolitik führte neben anderem zu einer Verschärfung des nationalen Konfliktes zwischen Schleswig-Holstein und Dänemark. Nach dem Dreijahreskrieg von 1848–51 setzte die siegreiche dänische Regierung die Danisierungspolitik im Herzogtum Schleswig fort.
Nach dem preußisch-österreichischen Krieg gegen Dänemark 1864 verfuhr die Siegermacht ebenso einseitig. Indem man Gleiches mit Gleichem vergelten wollte, erfolgte nun eine Germanisierung in der seit 1867 preußischen Provinz Schleswig-Holstein. Ob all diese sprachpolitischen Entscheidungen sich allerdings auf das tatsächliche Sprachverhalten der betroffenen Menschen ausgewirkt haben, bleibt zu bezweifeln.

1840 | Es beginnt zu brodeln: nationaler Konflikt

Im frühen 19. Jahrhundert fingen die europäischen Völker an, sich als Nationen zu verstehen. Die Idee gründete auf der Vorstellung, dass die Völker ihre individuellen, durch Geschichte, Kultur und Sprache geprägten Eigenheiten nur in einem nationalen Staat entfalten könnten. In den meisten Ländern stützte sich dieser Gedanke auf ein bestehendes Staatsgebilde, nicht so in Deutschland, in dem es keinen vereinten Staat gab. Der Nationalgedanke bezog sich hier daher eher auf die gemeinsame Kultur.
Nach der dänischen Katastrophe in den Napoleonischen Kriegen wurde die Bevölkerung der Herzogtümer besonders kräftig zur Finanzierung des Staatsbankrotts herangezogen. Darin war sicher eine der Ursachen für die zunehmenden Gegensätze zwischen Deutschen und Dänen zu sehen. Die Bildung der allerdings nur ratgebenden Ständeversammlungen in Schleswig und Holstein markierte die wachsende Politisierung in den Herzogtümern. Nationalliberale strebten die politische Eigenständigkeit der Herzogtümer Schleswig und Holstein an und Schleswigs Aufnahme in den Deutschen Bund. Dänische Nationalliberale forderten, Schleswig enger an das Königreich zu binden.

Das Lied von der Schlei

Timeo Danaos, et dona ferentes
Melodie: Sie sollen ihn nicht haben.

Sie sollen es nicht haben
Das heil'ge Land der Schlei!
Wir tragen vor den Gaben,
Die sie uns bringen, Scheu.

Die Schlei bei Arnis

Nicht soll man uns umstricken
Mit glattem Zungenspiel:
Klar steht vor unsern Blicken
Ihr ränkevolles Spiel.

Sie sollen es nicht haben
Das heil'ge Land der Schlei!
Auch uns in's Herz gegraben
Ist alte Holstentreu.
Und ob sie zornig dräuen,
Wir achten wenig d'rauf;
Uns soll man nicht entzweien,
Fest stehen wir zu Hauf!

Sie sollen es nicht haben
Das heil'ge Land der Schlei!
Nicht tückisch d'rin vergraben
Ihr Basilisken-Ei.
Wir wissen, was sie brüten:
Sie brüten auf Verrath.
Nicht sind wir Sönderjüten,
Sind Deutsch in Wort und That!

Sie sollen es nicht haben
Das heil'ge Land der Schlei!
Sie sollen es nicht haben
Das Land so stolz und frei.
Der Herzog hat's geschrieben,
Den sich das Volk erwählt:
„Se schölln tosammen blieben
Op ewig ungedeelt!"

August Wilhelm Neuber: Das Lied von der Schlei. Haderslebener Zeitung 1841.

Das antidänische Schleilied August Wilhelm Neubers entstand 1841 zeitgleich mit dem Lied der Deutschen, das August Heinrich Hoffmann von Fallersleben auf Helgoland dichtete. Worauf Neuber mit den Schlussversen Bezug nahm, war der Vertrag von Ripen 1460, in dem die Formulierung „Up ewig ungedeelt" erstmalig verwendet wurde. Motivisch lehnte er sich an das entsprechende Rhein-Lied von Nikolaus Becker an, der 1840 dichtete: „Sie sollen ihn nicht haben,/ Den freien deutschen Rhein..." Neuber reagierte mit seinem Text auf die eiderdänische Politik des nationalliberalen Dänen Orla Lehmann: „Danmark til Ejderen!"
Selbstständig sollte Schleswig-Holstein werden. So wollten es die nationalliberalen Deutschen. Nicht dänisch wollte man werden, allerdings auch nicht preußisch. In Theodor Fontanes Roman „Unwiederbringlich", der in den Jahren 1859–1861 in einem Herrenhaus auf der Halbinsel Holnis an der Flensburger Förde spielt, sieht Christine, die Frau des Kammerherrn Graf Helmuth Holk, den Kopenhagener Hof, an dem ihr Mann Dienst tut, äußerst kritisch, bekennt sich zu Schleswig-Holstein, das zu Deutschland, aber nicht zum militaristischen Preußen gehören möge.

„In Kopenhagen ist alles von dieser Welt, alles Genuß und Sinnendienst und Rausch, und das gibt keine Kraft. Die Kraft ist bei denen, die nüchtern sind und sich bezwingen. Sage selbst, ist das noch ein Hof, ein Königtum da drüben? Das Königtum, solange es das bleibt, was es sein soll, hat etwas Zwingendes, dem das Herz freudig Folge leistet und dem zuliebe man Gut und Blut und Leib und Leben daran gibt. Aber ein König, der nur groß ist in Ehescheidungen und sich um Vorstadtpossen und Danziger Goldwasser mehr kümmert als um Land und Recht, der hat keine Kraft und gibt keine Kraft und wird denen unterliegen, die diese Kraft haben."

„Und wir werden preußisch werden, und eine Pickelhaube wird auf eine Stange gesteckt werden wie Geßlers Hut, und wir werden davor niederknien und anbeten."

„Was Gott verhüte. Deutsch, aber nicht preußisch, so soll es sein. Ich bin gut schleswig-holsteinisch allewege, worauf ich die Herren bitte, mit mir anzustoßen. Auch du, Helmuth, wenn dich dein Kopenhagener Kammerherrnschlüssel nicht daran hindert. Und sehen Sie nur, Schwarzkoppen, wie da der Mond heraufsteigt, als wollt er alles in Frieden besiegeln. Ja, in Frieden; das ist das Beste. Dieser Glauben hat mich von Kindheit an begleitet. Schon mein Vater pflegte zu sagen: man ist nicht bloß unter einem bestimmten Stern geboren, sondern in dem Himmelsbuche, darin unsere Namen eingezeichnet stehen, steht auch immer noch ein besonderes Zeichen neben unserem Namen, Efeu, Lorbeer, Palme … Neben dem meinigen, hoff' ich, steht die Palme."

Der alte Petersen nahm ihre Hand und küßte sie: „Ja, Christine. Selig sind die Friedfertigen."

Theodor Fontane: Unwiederbringlich – Viertes Kapitel. Stuttgart und Berlin 1916. J.G.Cotta'sche Buchhandlung und Nachfolger, Seite 41–42.

Als aufgrund des Vertrages von Zarskoje Selo 1773 das Herzogtum Holstein-Gottorf von Russland abgetreten wurde und Kiel sowohl zu Deutschland als auch zu Dänemark gehörte, wurde die Christiana Albertina, die 1665 von Herzog Christian Albrecht von Schleswig-

Flensburger Förde

Das Herrenhaus Holkenäs in seinem Roman ‚Unwiederbringlich' verlegte Fontane in die Nähe des Schlosses Glücksburg.

Holstein-Gottorf gegründete Christian-Albrechts-Universität in Kiel, nicht nur die nördlichste Universität des Heiligen Römischen Reiches, sondern auch die südlichste des Dänischen Gesamtstaates, und sie entwickelte sich zugleich zu einem kulturellen Zentrum für die Herzogtümer und die Königreiche Dänemark und Norwegen. Dänische Professoren der Christian-Albrechts-Universität wie Christian Paulsen und Christian Flor unterstützten die nationaldänische Bewegung. Über seine Zeit als Professor für Dänische Sprache und Literatur an der Kieler Universität schreibt Christian Flor folgende Einschätzung.

Es gelang mir, in Haderslev eine dänische Zeitung ins Leben zu rufen, Dannevirke, herausgegeben von einem Bürger namens Peter Christian Koch, geboren im Sprengel Gram, später eine ähnliche Zeitung in Aabenraa, Freia, herausgegeben vom dort geborenen Uhrmacher Fr. Fischer, und eine dänisch gesinnte Zeitung in Flensburg: Flensburger Zeitung, deren wichtigster Mitarbeiter und später selbständiger Redakteur Dr. C. Manicus aus Angeln war. Darüber hinaus begründete ich die Volks-Hochschule Rødding im Jahr 1844.

Ich muss hinzufügen, dass ich in meiner Stellung als Lehrer an der Universität Kiel immer ein ausgesprochen gutes Verhältnis zu den Studenten hatte, und viele Jahre lang hatte ich nicht weniger Hörer meiner Vorlesungen über die dänische Sprache und die wichtigsten dänischen Schriftsteller, Oehlenschläger und Holberg, ja sogar über das Schwedische und das Isländische. Zuletzt aber erreichte die schleswig-holsteinische Doktrin eine solche Verbreitung und die antidänische Stimmung in Kiel eine solche Stärke, dass kein Student mehr meine Vorlesungen hören wollte oder zu hören wagte. Im privaten Leben stand ich die ganze Zeit auf sehr schönem und freundschaftlichem Fuße sowohl mit den Professoren als auch mit den anderen Bürgern der Stadt, bis schließlich der gesellschaftliche Umgang von selbst nach und nach zum Erliegen kam. So erbat und erhielt ich 1845 meinen Abschied und habe seit jener Zeit als Privatmann gelebt, teils in Schleswig, teils im Königreich, teils für zweieinhalb Jahre im Ausland.

Christian Flor: Als Däne in Kiel. Aus: Jens Peter Ægidius (Hg.): Professor Christian Flors selvbiografi. Übersetzung von Heinrich Detering. In: Sønderjyske Årbøger (Historisk Samfund for Sønderjylland 1992), Seite 128–132.

Wappen der Christian-Albrechts-Universität Kiel im Audimax mit dem Logo: „pax optima rerum"

Wie Christian Flor wohl ganz richtig empfand und darstellte, begannen die Kieler Universität als geistiges und zugleich politisches Zentrum der Herzogtümer und ihre mehrheitlich deutsch gesinnten Professoren und Studenten zwischen 1815 und 1848 zunehmend eine bedeutsame Rolle zu spielen in den nationalstaatlichen Auseinandersetzungen zwischen Deutschen und Dänen. Dazu zählten so bekannte Gelehrte wie Friedrich Christoph Dahlmann, Niels Nikolaus Falck, Georg Waitz und Gustav Droysen. In Kopenhagen betrachtete man voller Argwohn die politische Stimmung an der zweitgrößten dänischen Universität in Kiel. In patriotischen dänischen Kreisen kursierte der Witz: „Lüge ist auch eine Wissenschaft, sprach der Teufel. Er studierte in Kiel."

1844 | Sängerfeste bereiten den Boden

Politische Versammlungen waren seit den 1830er Jahren vielfach verboten bzw. wurden erheblich zensiert. Eine Umgehung des Verbots war im Rahmen der in ganz Deutschland verbreiteten Sängerfeste möglich. Sie boten die Bühne auch für politische Kundgebungen. In diesen Zusammenhang war auch das Sängerfest in Schleswig am 23. und 24. Juli 1844 einzuordnen, zu dem etwa 14.000 Menschen in die Stadt strömten. Vergleichbare dänische Veranstaltungen fanden zum Beispiel ebenfalls im Juli 1844 auf Skamlingsbanken im nördlichen Schleswig statt.

Denkmal für das Sängerfest 1844 an der Schützenkoppel in Schleswig

Wanke nicht, mein Vaterland.

1.
Schleswig-Holstein, meerumschlungen,
deutscher Sitte hohe Wacht!
Wahre treu, was schwer errungen,
bis ein schön're Morgen tagt!
Schleswig-Holstein, stammverwandt,
wanke nicht, mein Vaterland!
Schleswig-Holstein, stammverwandt,
wanke nicht, mein Vaterland!

2.
Ob auch wild die Brandung tose,
Flut auf Flut von Bai zu Bai:
O, lass blühn in deinem Schoße
deutsche Tugend, deutsche Treu'.
Schleswig-Holstein, stammverwandt,
bleibe treu, mein Vaterland!
Schleswig-Holstein, stammverwandt,
bleibe treu, mein Vaterland!

3.
Doch wenn inn're Stürme wüten,
drohend sich der Nord erhebt,

schütze Gott die holden Blüten,
die ein milder Süd belebt.
Schleswig-Holstein, stammverwandt,
stehe fest, mein Vaterland!
Schleswig-Holstein, stammverwandt,
stehe fest, mein Vaterland!

4.
Gott ist stark auch in den Schwachen,
wenn sie gläubig ihm vertrau'n;
zage nimmer, und dein Nachen
wird trotz Sturm den Hafen schau'n.
Schleswig-Holstein, stammverwandt,
harre aus, mein Vaterland!
Schleswig-Holstein, stammverwandt,
harre aus, mein Vaterland!

5.
Von der Woge, die sich bäumet
längs dem Belt am Ostseestrand,
bis zur Flut, die ruhlos schäumet
an der Düne flücht'gem Sand. –
Schleswig-Holstein, stammverwandt,
stehe fest, mein Vaterland!
Schleswig-Holstein, stammverwandt,
stehe fest, mein Vaterland!

6.
Und wo an des Landes Marken
sinnend blinkt die Königsau,
und wo rauschend stolze Barken
elbwärts ziehn zum Holstengau. –
Schleswig-Holstein, stammverwandt,
bleibe treu, mein Vaterland!
Schleswig-Holstein, stammverwandt,
bleibe treu, mein Vaterland!

7.
Teures Land, du Doppeleiche,
unter einer Krone Dach,

Bellmann-Chemnitz-Denkmal an der Schützenkoppel in Schleswig

stehe fest und nimmer weiche,
wie der Feind auch dräuen mag!
Schleswig-Holstein, stammverwandt,
wanke nicht, mein Vaterland!
Schleswig-Holstein, stammverwandt,
wanke nicht, mein Vaterland!

Matthäus Friedrich Chemnitz: Wanke nicht, mein Vaterland. Schleswig 1844. In: Ruhe, Hans und Christian Tränckner, Schleswig-Holsteinisches Liederbuch. Bordesholm 1924. Nordischer Heimatverlag H. H. Nölke.

Doppeleiche in Kiel-Ellerbek

Beim Schleswiger Sängerfest ertönte 1844 zum ersten Mal das Schleswig-Holstein-Lied, in dem der Wunsch nach einem vereinten und unabhängigen deutschen Schleswig-Holstein zum Ausdruck kam. Die Melodie hatte der Kantor des Schleswiger St. Johannis-Klosters Carl Gottlieb Bellmann komponiert. Den Text hatte der Schleswiger Advokat Matthäus Friedrich Chemnitz verfasst. Einen ursprünglich geschriebenen Text des Berliner Rechtsanwalts Karl Friedrich Straß hatte er dabei völlig überarbeitet.

An Schleswig-Holstein

Schleswig, Holstein, schöne Lande,
wo mein Fuß die Welt betrat,
o, daß stets an eurem Strande
keime wahren Glückes Saat!
Schleswig, Holstein, stammverwandt,
haltet fest der Eintracht Band!
Schleswig, Holstein, stammverwandt,
haltet fest der Eintracht Band!

Karl Friedrich Straß: An Schleswig-Holstein

Das Lied von Straß kam Chemnitz viel zu friedlich und harmlos daher. Es musste viel entschlossener und kämpferischer klingen. Die Aufzählung „Schleswig, Holstein" wurde nun mit Bindestrich geschrieben: „Schleswig-Holstein", was die politische Forderung nach Einheit hervorhob. Betont wird die enge Verbundenheit mit Deutschland („deutsche Tugend, deutsche Treu'") trotz aller Ansprüche Dänemarks auf Schleswig („… drohend sich der Nord erhebt"). Mit der Doppeleiche zeichnet Chemnitz das Bild der beiden Herzogtümer, die „stammverwandt" seien und „unter einer Krone Dach" vereint sein sollten. Die geographischen Angaben „Belt am Ostseestrand" (Ostsee im Osten), „Flut an der Düne" (Nordsee im Westen), „Königsau" (Nordgrenze Schleswigs im Norden) und „Holstengau elbwärts" (Holstein im Süden) nennen die Grenzen Schleswig-Holsteins, ähnlich wie im „Lied der Deutschen", in dem August Heinrich Hoffmann von Fallersleben in der ersten Strophe zwar nicht die tatsächlichen Grenzen Deutschlands benennt, aber die, die nationalistische Bewegungen für Deutschland anstrebten.

Deutschland, Deutschland über alles,
Über alles in der Welt,
Wenn es stets zu Schutz und Trutze
Brüderlich zusammenhält,
Von der Maas bis an die Memel,
Von der Etsch bis an den Belt –
Deutschland, Deutschland über alles,
Über alles in der Welt!

August Heinrich Hoffmann von Fallersleben: Das Lied der Deutschen. Am 26. August 1841 auf Helgoland gedichtet. In: Allgemeines Deutsches Kommersbuch 1841, Seite 12.

Im Vertrag zu Ripen war 1460 zugesichert worden, dass Schleswig und Holstein „bliven ewich tosamende ungedelt" (ewig zusammen ungeteilt bleiben). Obwohl der Teil der Urkunde wohl nicht wörtlich die territoriale Unteilbarkeit meinte, wurde diese Formulierung nun zur politischen Losung der schleswig-holsteinischen Bewegung. Das Schleswig-Holstein-Lied wurde nach seiner Präsentation auf dem Sängerfest schnell populär

Denkmal in Form einer Doppeleiche für Georg Lück, einen Wortführer der Holsteinischen Ständeversammlung, vor dem ehemaligen Ständesaal in Itzehoe. Die Inschrift lautet: „Für's Vaterland in schwerer Zeit,/ Mit Mut und Hand zum Kampf bereit,/ Ging er voran,/ Ein Mann."

und avancierte zum Kampflied für Freiheit und Unabhängigkeit. Zum ersten Mal wurde auch die Flagge mit den schleswig-holsteinischen Farben blau-weiß-rot geschwenkt.
Eine Antwort aus Dänemark auf diese Provokation ließ nicht lange auf sich warten. Christian VIII. nahm in einem königlichen Reskript am 28. Juli 1845 Stellung zu den Ereignissen auf dem Sängerfest:

Es ist zu Unserer Kunde gekommen, daß die sogenannten Liedertafeln und Singvereine in den Herzogtümern Schleswig und Holstein eine dreifarbige Fahne benutzen und daß bei öffentlichen Gelegenheiten [...] ähnliche Fahnen mit oder ohne die vereinigten Wappenschilde der Herzogtümer Schleswig und Holstein angewandt werden. Indem solche Fahnen und Embleme als Kennzeichen einer politischen Partei anzusehen sind und zu Unordnung Anlaß geben können, verbieten wir den Gebrauch dergleichen Fahnen.

Königliches Reskript vom 28. Juli 1845

Theodor Storms Haus in der Wasserreihe in Husum

Theodor Storm reizte dieses Verbot wiederum zu einer deutlichen Reaktion in Form eines Gedichts:

Aus Schleswig-Holstein

Die Banner hoch! die weiße Nessel!
Und hoch das blaue Löwenpaar!
Sie sind des Hauses heilig Zeichen
Und unverletzlich immerdar. ...

Vereinigt noch durch manch' Jahrhundert
Soll das Geschwisterwappen wehn -
Das Banner hoch! damit wir fühlen,
Daß wir auf eigner Erde stehn.

Theodor Storm: Aus Schleswig-Holstein (vom 30. Juli)

Storm bezieht klar Stellung zu der nationalen Frage: Er beschreibt die blau-weiß-rote Fahne der schleswig-holsteinischen Unabhängigkeitsbewegung, die in der Vereinigung der Wappen für das Herzogtum Holstein (weißes Nesselblatt) und das Herzogtum Schleswig (zwei blaue Löwen auf goldenem Grund) die Forderung nach einem eigenständigen und vereinten Schleswig-Holstein innerhalb des Deutschen Bundes verkörpert.

1846 | Offener Brief – offener Konflikt

Nach dem katastrophalen Ausgang der Napoleonischen Kriege mit dem Staatsbankrott Dänemarks und dem wirtschaftlichen Niedergang erholten sich sowohl die Staatsfinanzen als auch die Wirtschaft. Es stellte sich wieder ein Aufschwung ein, der sich unter anderem in aufwendigen Verkehrsprojekten niederschlug. Eine wahre Verkehrsrevolution setzte ein. Das frühe 19. Jahrhundert war die Zeit der Dampfschiffe in Europa. Bald verbanden Dampfschiffe auch Kiel regelmäßig mit der dänischen Hauptstadt. Die „Caledonia", das erste Dampfschiff auf der Ostsee, verkehrte seit 1819 als Post- und Passagierschiff zwischen Kiel und Kopenhagen. Durch die 91 km lange Chaussee, eine Kunststraße, die in den Jahren 1830 bis 1832 im Auftrag des dänischen Königs Frederik VI., zugleich Herzog von Schleswig-Holstein, gebaut und am 1. Januar 1832 eröffnet wurde, brauchte man nur noch neun Stunden von Kiel über Neumünster, Bad Bramstedt und Quickborn bis in das damals dänische Altona. Die 1844 eröffnete König-Christian-VIII.-Ostseebahn, die die größten Städten im Herzogtum Holstein, Kiel und Altona, miteinander verband, war die fünfte Eisenbahnstrecke in Deutschland und die erste in Schleswig-Holstein. Die hervorragende Verbindung Kiels mit Hilfe der Chaussee und der Eisenbahnlinie nach Altona und der Dampfschifffahrt nach Kopenhagen gab einen außerordentlichen Impuls für den wirtschaftlichen Aufschwung der Fördestadt. Doch auch diese positiven Entwicklungen konnten den sich immer deutlicher abzeichnenden politischen Konflikt in den Herzogtümern nicht aufhalten.

In den 1834 geschaffenen Ständeversammlungen in der Herzogtümern Holstein und Schleswig traten nach und nach zunehmende nationale Gegensätze zutage. Nach deutschen Vorstellungen sollten Schleswig und

Meilenstein an der Hamburger Chaussee in Kiel

Ehemaliger Bahnhof in Altona

Holstein selbstständige, fest miteinander verbundene Staaten mit eigener liberaler Verfassung bilden, die allerdings mit Dänemark verbunden bleiben sollten. Die dänischen Interessen richteten sich dagegen auf eine engere Anbindung Schleswigs an das Königreich mit der Eider als südliche dänische Grenze. Darüber hinaus lauteten Forderungen, für das Königreich Dänemark und das Herzogtum Schleswig sollte es eine gemeinsame Verfassung geben. Dänisch sollte als Rechts- und Verwaltungssprache im nördlichen Schleswig durchgesetzt werden, da die Bevölkerung Nordschleswigs überwiegend Dänisch sprach. Diese Position wurde zum Beispiel durch die Professoren Christian Paulsen und Christan Flor erhoben, die an der Kieler Universität lehrten. In den Vierziger Jahren des 19. Jahrhunderts entwickelten sich die beiden nationalen Bewegungen immer stärker auseinander.

Eine entscheidende Zuspitzung erfuhr die nationale schleswig-holsteinische Bewegung durch den so genannten Offenen Brief des dänischen Königs Christian VIII. vom 8. Juli 1846, in dem er seiner Auffassung öffentlich Ausdruck verlieh, dass das Herzogtum Schleswig und das Königreich Dänemark zusammengehörten. Dazu gehöre, dass in Schleswig die gleiche Erbfolge gelte wie im Königreich. Christian VIII. wollte damit verhindern, dass das dänische Königreich auseinanderbrach. Hintergrund dieser Mitteilung war, dass voraussichtlich die männliche Linie des Hauses Oldenburg mit dem kinderlosen Sohn des Königs aussterben würde. Dann aber würde nach der Lex regia in ganz Dänemark die weibliche Erbfolge gelten, also auch im

Herzogtum Schleswig und im größten Teil Holsteins. Das war einerseits ein direkter Angriff auf den Adressaten des Briefes, den Herzog Christian August von Schleswig-Holstein-Augustenburg, der seinerseits den Anspruch erhob, die Herzogtümer zu regieren, andererseits eine Ablehnung der Forderung der schleswig-holsteinischen Bewegung, dass die Herzogtümer „up ewig ungedelt" bleiben sollten. Dieser offene Brief rief heftige Kritik auf der deutschen Seite hervor, vor allem unter den Professoren der Kieler Universität, die darin einen Verstoß gegen die herrschende Rechtsüberzeugung sahen. Die Empörung verbreitete sich überall in den Herzogtümern. Die Ständeversammlungen Schleswigs und Holsteins lösten sich aus Protest gegen den Offenen Brief des Königs selbst auf.

Christian VIII. verfolgte das politische Ziel, den bestehenden Gesamtstaat zu erhalten und zu festigen. Dabei sah sich der König den stärker werdenden liberalen Forderungen seiner Zeit und den wachsenden nationalen Spannungen innerhalb seines Reiches ausgesetzt. Zudem musste er die Frage der Erbfolge lösen. Seine auf Ausgleich gerichtete Politik stieß zunehmend auf Kritik im dänischen Lager, das eine härtere Position forderte. Mit einer Gesamtstaatsverfassung versuchte Christian VIII. den unterschiedlichen Forderungen entgegenzukommen und doch noch die Einheit retten zu können. Aber er konnte den nationalen Kampf nicht mehr aufhalten. Emanuel Geibel formuliert in seinem Gedicht den Protest vieler Zeitgenossen gegen den Offenen Brief und bekräftigt im Refrain „Wir wollen keine Dänen sein,/ Wir wollen Deutsche bleiben!" den nationalistischen Standpunkt.

Protestlied für Schleswig-Holstein 1845/46

Es hat der Fürst vom Inselreich
Uns einen Brief gesendet;
Der hat uns jach auf einen Streich
Die Herzen umgewendet.
Wir rufen: Nein! und aber: Nein!
Zu solchem Einverleiben;
Wir wollen keine Dänen sein,
Wir wollen Deutsche bleiben!

Emanuel Geibel, Denkmal von Hermann Volz neben dem Lübecker Heiligen-Geist-Spital

Wir alle sind hier, alt und jung,
Aus deutschem Ton geknetet,
Wir haben deutsch gescherzt beim Trunk
Und deutsch zu Gott gebetet.
Man soll uns schenken deutschen Wein
Und deutsche Satzung schreiben;
Wir wollen keine Dänen sein,
Wir wollen Deutsche bleiben!

Dem Herzog haben sie gesagt,
Er soll die Zügel schärfen,
Wir würden stumm uns und verzagt
Der Willkür unterwerfen.
Drum singt's in seine Burg hinein,
Daß zittern alle Scheiben:
Wir wollen keine Dänen sein,
Wir wollen Deutsche bleiben! …

Emanuel Geibel: Protestlied für Schleswig-Holstein. In: Emanuel Geibel: Werke, Band 1. Leipzig und Wien 1918. Bibliographisches Institut, Seite 292–294.

1848 | Erhebung oder Oprør

Der mächtige Dänische Gesamtstaat, der von 1773 bis 1864 bestand, umfasste neben Dänemark, Norwegen (bis 1814) und Grönland auch die Herzogtümer Schleswig und Holstein, der dänische König regierte diese beiden Landesteile in Personalunion. Im Zuge des zunehmenden Nationalismus im frühen 19. Jahrhundert traten auch die nationalen Gegensätze in den Herzogtümern immer stärker zum Vorschein.

Der König von Dänemark war 1815 für das Herzogtum Holstein, später auch für das Herzogtum Lauenburg dem Deutschen Bund beigetreten. In der Zeit danach wurden die Bestrebungen aus Kopenhagen, das Herzogtum Schleswig ganz ins Königreich Dänemark einzugliedern, immer deutlicher. Das eigentlich gute Verhältnis zwischen Deutschen und Dänen wurde immer stärkeren Belastungen ausgesetzt, die 1848 in der Schleswig-Holsteinischen Erhebung endeten.

Mehrere Ereignisse leisteten dieser Auseinanderentwicklung Vorschub. Im Kopenhagener Sprachreskript ordnete der dänische König in Gebieten mit dänischer Kirchen- und Schulsprache (d. h. im ländlichen Nordschleswig) Dänisch auch als Gerichts- und Verwaltungssprache an. Als Gegenbewegung erklang auf dem Sängerfest in Schleswig 1844 zum ersten Mal das Schleswig-Holstein-Lied als Ausdruck des Protests, und die blau-weiß-rote Fahne

Altes Pastorat Sehestedt von 1820, in dem Harrings Bruder Pastor war und Harring selbst immer wieder Zuflucht suchte, sich auch 1848 hier aufhielt.

mit den Farben Schleswig-Holsteins wurde geschwungen.
Nicht denkbar wäre die Erhebung der Schleswig-Holsteiner 1848 ohne die revolutionären Ereignisse dieses Jahres in ganz Deutschland. Der Nordfriese Harro Harring tauchte ab 1821 an den unterschiedlichsten revolutionären Schauplätzen in Europa auf. Neben seinem aktiven Engagement am revolutionären Geschehen betätigte er sich als Journalist und Schriftsteller. Im Revolutionsjahr 1848 kam der „Berufsrevolutionär" wieder nach Schleswig-Holstein zurück.

Gruss an die Gränze

Ihr Scandinaven! Ihr Teutonen!
Ihr Brüder dort am Eiderstrand,
Ich komme – nicht in Ruh zu wohnen
Bei Euch im blüh'nden Vaterland:
Ich komme – wie seither ich lebte,
Ein Kämpfer für der Menschheit Gut;
Was ich erkannt, wonach ich strebte,
Zu siegeln dort mit meinem Blut.
New York, 16. April 1848

Harro Harring: Gruss an die Gränze. 1848

Ständesaal in Itzehoe

Den Höhepunkt der Auseinandersetzung bildete der „Offene Brief" des Königs Christian VIII. von Dänemark: Die für Dänemark festgelegte weibliche Erbfolge sollte nun auch für die Herzogtümer Holstein und Schleswig gelten. Prinz Friedrich von Schleswig-Holstein-Sonderburg-Augustenburg (Prinz Friedrich von Noer), dessen Erbschaftsansprüche dadurch gegenstandslos wurden, trat aus Protest als Statthalter und Kommandierender General in den Herzogtümern zurück. Die Abgeordneten der holsteinischen Ständeversammlung verließen aus Protest gegen den „Offenen Brief" den Ständesaal in Itzehoe; die deutschen Abgeordneten der schleswigschen Ständeversammlung verließen den Ständesaal in Schleswig.

Nach dem Tod König Christians VIII. legte sein Nachfolger König Frederik VII. den Entwurf einer Gesamtverfassung für Dänemark und die Herzogtümer als künftiges Verfassungswerk vor. Im Gegenzug wurde in der ersten gemeinsamen Sitzung der Stände von Holstein und Schleswig in Rendsburg eine gemeinsame eigene Verfassung für Holstein und Schleswig gefordert.

Durch eine Revolution in Kopenhagen kam die nationalliberale, eiderdänische Partei mit ihrem Wortführer Orla Lehmann an die Macht, die schon lange die Eingliederung Schleswigs in Dänemark forderte. Als die eiderdänische Regierung in Kopenhagen sich auf die jahrhundertelange Lehnsbindung Schleswigs mit Dänemark und auf die historische Eidergrenze berief und verkündete, dass sie das Herzogtum Schleswig endgültig in das dänische Königreich zu integrieren beabsichtige, erwuchs in den Herzogtümern heftigster Widerstand, es kam zum Aufstand der Bevölkerung gegen die dänische Obrigkeit. In Bezug auf die ganze Auseinandersetzung sprach man in Schleswig-Holstein von der „Erhebung", in Dänemark aber von „oprør" (Aufruhr).

Mitbürger!

Unser Herzog ist durch eine Volksbewegung
in Kopenhagen gezwungen worden, seine
bisherigen Rathgeber zu entlassen, und eine
feindliche Stellung gegen die Herzogthümer
einzunehmen.
Der Wille des Landesherrn ist nicht mehr frei,
und das Land ohne Regierung.
Wir werden es nicht dulden wollen, daß

König Frederik VII. von Dänemark, Porträt von Johann Vilhelm Gertner im Schloss Gottorf

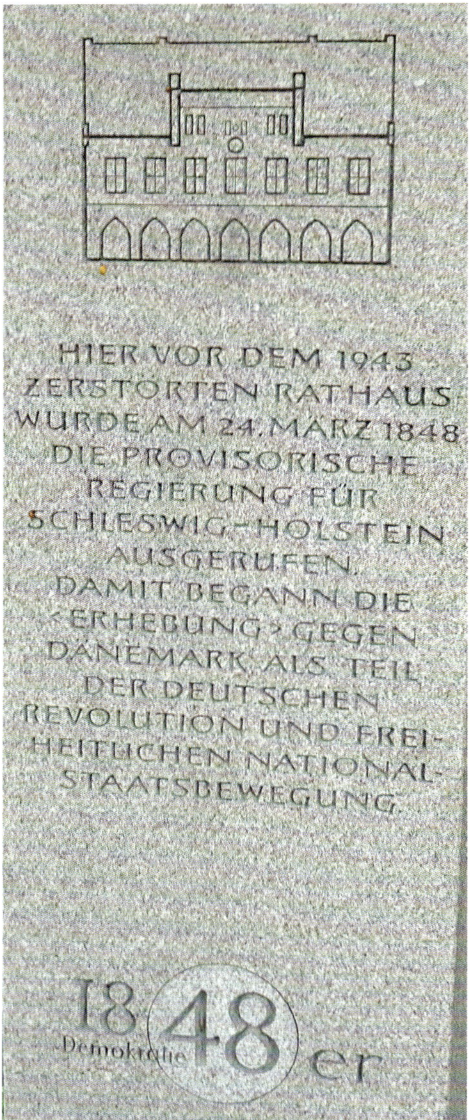

Stele auf dem Alten Markt in Kiel zur Erinnerung an die Ereignisse von 1848

deutsches Land dem Raube der Dänen Preis gegeben werde. …
Wir werden uns mit aller Kraft den Einheits- und Freiheitsbestrebungen Deutschlands anschließen.
Wir fordern alle wohlgesinnten Einwohner des Landes auf, sich mit uns zu vereinigen.
Laßt uns durch Festigkeit und Ordnung dem deutschen Vaterlande ein würdiges Zeugniß des patriotischen Geistes geben, der die Einwohner Schleswigholsteins erfüllt.
Der abwesende Advocat Bremer wird aufgefordert werden, der provisorischen Regierung beizutreten.
Kiel, den 24. März 1848.
Die provisorische Regierung:
Beseler. Friedrich, Prinz zu Schleswigholstein.
F. Reventlou. M.T. Schmidt.

Proklamation der provisorischen Regierung am 24. März 1848

Mit der am 24. März 1848 im Kieler Rathaus ausgerufenen Provisorischen Regierung, zu der unter anderen Graf Friedrich von Reventlow, Friedrich Prinz von Noer, Wilhelm Hartwig Beseler und Theodor Olshausen gehörten, nahmen die Schleswig-Holsteiner die Geschicke der Herzogtümer nun selbst in die Hand; sie forderten den Anschluss Schleswigs nach dem Vorbild Holsteins an den Deutschen Bund. Schnell war eine schleswig-holsteinische Armee formiert, die im Handstreich die Festung Rendsburg einnahm. Dorthin wurde auch der Sitz der Provisorischen Regierung verlegt. Diese richtete einen Aufruf an das dänische Volk mit dem Angebot einer Abstimmung im nördlichen Schleswig über die Staatszugehörigkeit.

Unter dieser Fahne, die die Löwen des Herzogtums Schleswig mit dem Nesselblatt des Herzogtums Holstein verband, zogen die Schleswig-Holsteiner 1848 in den Krieg gegen Dänemark, Schloss Gottorf.

Diese Bestrebungen der Schleswig-Holsteiner, sich von Dänemark zu lösen, mündeten in einen dreijährigen Krieg. Dieser Krieg wurde als für den Freiheitskampf unerlässlich und notwendig akzeptiert. Die Männer, die in diesen Krieg zogen, glaubten zumindest zu wissen, wofür sie das taten, für ihre Heimat. Theodor Storm lässt in seiner Erzählung „Ein grünes Blatt" den jungen Protagonisten sagen: „für dich, für diesen Wald – – – – damit hier nichts Fremdes wandle, kein Laut dir hier begegne, den du nicht verstehst, damit es hier so bleibe wie es ist, wie es sein muß, wenn wir leben sollen, – unverfälschte, süße, wunderbare Luft der Heimath!"

Sie selber standen noch im Schatten; aber bei der Fülle des Lichtes, die draußen webte, konnte er ihre ganze Gestalt erkennen und jedes Regen ihrer Gliedmaßen. Sie hatte im Laufen ihre Flechten aufgebunden, die nun wie ein Kranz auf ihrem Scheitel lagen. Sie erschien ihm auf einmal so stolz und jungfräulich; er konnte die Augen nicht von ihr lassen, als sie in den Mondschein hinauswies und ihm die Wege zeigte, die er gehen sollte.

„So leb denn wohl, Regine!" sagte er, und reichte ihr die Hand.

Aber sie trat vor ihm zurück und sagte zögernd: „Sag mir noch Eines . . .; weshalb mußt du in den Krieg?"

„Weißt du es nicht, Regine?"

Sie schüttelte den Kopf. „Großvater spricht nicht davon", sagte sie, und sah wie ein Kind an ihm herauf.

Er verlor sich stumm in ihren Augen; eine Nachtigall schlug plötzlich neben ihnen aus den Büschen, die Blätter säuselten. Sie stand ihm gegenüber, ohne Regung, kaum belebt von lindem Athmen; nur in ihren Augen, im tiefsten Grunde rührte sich die Seele; er wußte nicht, was so ihn anschaute.

„Sprich nur!" sagte sie endlich.

Er ergriff einen Zweig, der ihr zu Häupten hing, und brach ein Blatt herab. „Es ist für diese Erde", sagte er, „für dich, für diesen Wald – – – – damit hier nichts Fremdes wandle, kein Laut dir hier begegne, den du nicht verstehst, damit es hier so bleibe wie es ist, wie es sein muß, wenn wir leben sollen, – unverfälschte, süße, wunderbare Luft der Heimath!"

Sie strich mit der Hand über ihre Haare, als wenn ein Schauer sie berühre. „Geh!" sagte sie leise. „Gute Nacht!"

„Gute Nacht; – – – wo find ich dich denn wieder?"

Sie legte ihre Hände um seinen Nacken und sagte: „Ich bleibe hier zu Haus!"

Er küßte sie. „Gute Nacht, Regine!"

Sie löste ihre Hände von seinem Halse. Dann schritt er in die Mondnacht hinaus; und als er nach einer Weile am Ende der Wiese zurückblickte, da war es ihm, als stehe die schöne kindliche Gestalt noch immer an der Stelle, wo er von ihr gegangen, unbeweglich im schwärzesten Thore des Waldes.

Theodor Storm: Ein grünes Blatt. In: Zwei Novellen. Berlin 1861. Verlag Heinrich Schindler, Seite 25–27

1848 | Treårskrigen zwischen Schleswig-Holstein und Dänemark

Prominente Vertreter der schleswig-holsteinischen Bewegung ergriffen am 24. März 1848 die Chance und bildeten in Kiel eine provisorische Regierung, die die Vereinigung Schleswigs und Holsteins forderte, ohne allerdings die Personalunion mit dem Königreich Dänemark in Frage zu stellen. Man erwartete natürlich, dass die dänische Regierung mit Härte darauf reagieren würde. Da die Festung Rendsburg von strategisch entscheidender Bedeutung war, war das erste Ziel, diese Festung einzunehmen. Unter Führung des provisorischen Kriegsministers Prinz Friedrich von Noer gelang es den Soldaten der Kieler Garnison und den Freiwilligen aus den Studentencorps, die Festung durch ein Täuschungsmanöver im Handstreich zu erobern. Durch das Läuten der Feuerglocke wurden die dänischen Soldaten aus der Festung gelockt.

Die schleswig-holsteinische Armee errang zwar erste Erfolge, aber die euphorische Stimmung vom 24. März 1848 legte sich rasch nach der Schlacht bei Bov am 9. April, in der sich die schleswig-holsteinische Armee mit etwa 6.000 Männern der dänischen Übermacht von 11.000 Soldaten geschlagen geben musste. Die schleswig-holsteinischen Truppen hatten unter dem Oberbefehl von Generalmajor Krohn einen Vorstoß über Flensburg hinaus unternommen und das Kirchdorf Bov sowie die Pässe bei Krusau und Niehus besetzt. Aber es war aussichtslos, diese Stellungen gegen die stärkere und entschlossen angreifende dänische Armee zu halten. Das Kieler Turner- und Studentencorps unter Befehl von Major Michelsen sollte mit etwa 400 Männern und nur zwei Kanonen den rechten Flügel der Stellung bei Krusau verteidigen. Aber gegen die dänische Übermacht hatten die in nur wenigen Wochen ausgebildeten schleswig-holsteinischen Soldaten keine Chance und mussten den Rückzug antreten. Beim fluchtartigen Rückzug der Schleswig-Holsteiner in die Flensburger Neu-

Fahne von 1848, Ehrenhalle der Kirche Heiligenhafen

stadt drangen dänische Soldaten von Norden her in die Stadt und dazu Matrosen von dänischen Kriegsschiffen, die in der Flensburger Förde lagen, umzingelten die Deutschen und nahmen etwa 900 schleswig-holsteinische Soldaten gefangen. Am nächsten Tag schon zog König Frederik VII. in die festlich illuminierte Stadt ein, in der überall die Danebrogflagge gehisst war.
Diesen herben Rückschlag für die schleswig-holsteinische Bewegung schildert Christoph von Tiedemann in seinen Lebenserinnerungen.

Am Abend des 9. April, dem Tage des Gefechts von Bau, saßen wir auf Johannisberg zur Feier des Geburtstags irgend eines Hausgenossen in fröhlichster Stimmung beisammen. Quentin, der am Vormittag nach Schleswig geritten war, um über den Stand der Dinge Erkundigungen einzuziehen, war soeben zurückgekehrt und hatte erzählt, daß man in Schleswig in der Richtung auf Flensburg heftiges Schießen gehört habe. Es schien also ein größeres Gefecht stattgefunden zu haben, bei dem selbstverständlich die Unsrigen Sieger geblieben waren. Die Folgen dieses Sieges wurden lebhaft diskutiert und man stieß auf das Wohl der braven schleswig-holsteinischen Krieger an.
Während wir etwa um Mitternacht uns zur Ruhe begeben wollten und auf dem Hausflur einander gute Nacht sagten, erfolgten gegen die Haustür einige dröhnende Schläge und wir hörten draußen eine Stimme: „Lat mi in" (laßt mich ein). Als die Haustür mit allen Vorsichtsmaßregeln geöffnet wurde, wankte und schwankte ein Dragonerunteroffizier herein, schwarz wie ein Mohr durch den Staub, der Gesicht und Uniform bedeckte. Er schien sich vor Müdigkeit kaum auf den Beinen halten zu können und fiel, als er in die Verwalterstube geführt wurde, wie ein Mehlsack in einen dort stehenden Lehnstuhl. Auch sein Gaul draußen legte sich, sobald er sich des Reiters

Kanone am Danewerk

entledigt fühlte, platt auf den Erdboden nieder und war nicht wieder zum Aufstehen zu bewegen.
Nur mit Mühe gelang es nach Einflößung einiger Gläser Kognak aus dem schlaftrunkenen Unteroffizier herauszubringen, wie er hierher gekommen. Eine blutige Schlacht hatte stattgefunden, Tausende von Leichen bedeckten das Feld, die Schleswig-Holsteiner waren bis fast auf den letzten Mann vernichtet worden. So ungefähr lauteten seine verworrenen Mitteilungen, die sich ja später als sehr übertrieben erwiesen.

Christoph von Tiedemann. 1848. Aus: Aus sieben Jahrzehnten, Erster Band, Schleswig-Holsteinische Erinnerungen. Leipzig 1905. S. Hirzel Verlag, Seite 190–192.

Weil der schleswig-holsteinisch-dänische Konflikt in Frankfurt und Berlin als eine Auseinandersetzung, die ganz Deutschland betraf, angesehen wurde, erhielten die Schleswig-Holsteiner bald militärische Hilfe aus ganz Deutschland, auch von Preußen, dabei viel Unterstützung durch Freiwillige.
Am 23. April 1848 marschierten preußische Truppen in Schleswig ein, um eine Annexion durch Dänemark zu verhindern. Die preußischen Truppen wurden von allen deutsch Gesinnten bejubelt, zu denen auch Theodor Fontane gehörte.

Schleswigs Ostertag 1848

Ich denke deiner, Ostertag:
Ein Nebel über Schleswig lag,
Über Schleswig-Stadt, über Schleswig-Land –
Der Däne hielt uns wieder in Hand,
Er hielt Schloß Gottorp, er hielt die Schlei,
Unser kurzer Traum war wieder vorbei;
Ein Nebel über Schleswig lag,
Achtundvierzig, am Ostertag.

Und über die Stadt und über den Strom
Die Glocken riefen in den Dom,
Und ehe das erste Lied erscholl,
Von Betern war die Kirche voll,
Betende Männer, betende Fraun,
In schwarzem Festkleid alle zu schaun,
Dazwischen aber (bittre Not)
Leuchtende Punkte von Dänisch-Rot.

Und bis an die Kanzel traten wir hin,
Zwischen Hoffen und Bangen ging unser Sinn,

Brüggemann-Altar im St. Petri-Dom zu Schleswig

Von Auferstehung der Geistliche sprach,
Wir hingen seinen Worten nach,
Seinem Wort von dem abgewälzten Stein,
Wir mischten viel Weltliches mit ein,
Wenn's Sünde war, es war nicht gewollt –
Horch, es donnert! Wie dumpf es rollt.

Ein Ostergewitter? Es kann nicht sein,
Durch die hohen Fenster fällt Sonnenschein,
Er fällt, wie suchend, gedämpft und mild
Auf das eichengeschnitzte Altarbild,

St. Petri-Dom von Schleswig, Petri-Portal

Auf die zwanzigfeldrige breite Wand
Von Meister Brüggemanns eigener Hand,
Der Felder eines schwimmt wie in Gold –
Horch, zum zweiten, es donnert, es rollt.

Es rollt wie näher, die Fenster klirrn,
Aller Blicke hinüber, herüber irrn,
Es fragen die Augen bei Freund und Feind,
Ein Flüstern geht leise: „Was ist gemeint?"
Und ehe noch flüsternd die Antwort geht,
Vom Eingang her ein Zugwind weht,
Weit offen die Tür; was gibt's, was ist?
In das Mittelschiff tritt ein dän'scher Hornist.
Und in die Kirche hinein, vom Portal,
Bläst er Generalmarsch, Signal auf Signal.

Ein Rasseln, ein Lärmen. Still wieder das Haus,
Die roten Punkte loschen aus,
Was deutsch in Schleswig wollte sein,
War wieder in Schleswigs Dom allein.
Und wie Hilfe suchend und Trost und Ruh,
Den Stufen des Altars drängten wir zu,
Dicht zu; der Geistliche aber spricht:
„Herr, Du bist unsre Zuversicht!
Da ist kein Jäger, der uns schreckt,
Solange uns Dein Fittich deckt,
Ob tausend fallen an unsrer Seit',
Du bist unser Schirm in jedem Streit,

Du stellst Deinen Engel an unsre Tür,
Uns zu behüten für und für,
Wir rufen Deinen Namen an,
Hilf uns, wie Du so oft getan,
Zersplittre unsrer Feinde Spott,
Du bist unsre Burg, Du bist unser Gott,
Blende die Wächter, wälz' ab den Stein" –
Er schwieg. Wie Trommeln klang es herein,
Lustiger preußischer Trommelschlag,
Heller Mittag über Schleswig lag,

Heller Mittag über Schloß und Schlei, –
Ostern war, und das Land war frei.

Theodor Fontane: Schleswigs Ostertag 1848. In: Theodor Fontane: Gedichte. Stuttgart und Berlin 1905. J. G. Cotta'sche Buchhandlung Nachfolger, Seite 285–287.

Der schleswig-holsteinische Konflikt und die Frage der nationalen Zugehörigkeit Schleswigs beherrschten die Gemüter der Abgeordneten der deutschen Nationalversammlung und entwickelten sich zur Schicksalsfrage. Die preußischen Truppen drangen unter Feldmarschall Friedrich von Wrangel in Dänemark ein. Unter den deutsch Gesinnten in der Bevölkerung Nordschleswigs machte man natürlich keinen Hehl daraus, wie sehr man die preußische Okkupation begrüßte. Dem Pastor Hans Peter Prahl in dem Roman Uwe Pörksens wird seine Sympathie für die Preußen allerdings zum Verhängnis; er muss seine Pfarrstelle in Nordschleswig verlassen. Der Romanauszug macht deutlich, wie stark die Ablehnung der dänischen Bevölkerung gegenüber den preußischen Eroberern war.

Es war der Unglückstag für Prahl. Hans Peter Prahl erinnerte sich an die Morgenszene, weil er genau in diesem Augenblick die Predigt memorierte, in der er zwei Stunden später vor den in Øster Løgum einquartierten Preußen und der Dorfgemeinde zu Frieden und Versöhnung aufrufen wollte. Die Gemeinde war längst zurückhaltend geworden, Prahl hatte

Eckernförder Bucht

klar zu erkennen gegeben, daß er sich, wie man sich neuerdings ausdrückte, zur ‚Sache der Heimat' bekannte.
Im Dorf lagen, es war Ende Juni, 2 Kompagnien vom preußischen Garde-Grenadier-Regiment Kaiser Franz. Im Pastorat waren Regimentskommandeur Graf Blumenthal, Hauptmann von Lenz, Adjutant von Dannenberg, die Leutnants von Gliezszinski und von Witzleben nebst 15 Gemeinen untergebracht. Des Pastors gutes Einvernehmen mit den Siegern war unverkennbar, man hörte sie nachts feiern. Ist Prahl einer der Oprørere, der Aufrührer? Das ruhige Landvolk hielt sich bislang bedeckt, aber seine gewohnte, sieben Jahre alte natürliche Freundlichkeit war einer maskenhaften gewichen.
In seiner Predigt, vor einer neuerdings nur halb so großen Zahl von Dorfbewohnern und preußischen Offizieren und Soldaten auf den vorderen Bänken, die in ihren Uniformen blitzten, gab es eine Stelle, die er ins Deutsche übersetzte. Darin führte er aus: „Versöhnliche Menschenliebe ist das gemeinsame Band unserer Zukunft. Das ist nicht irgendeine menschliche Meinung, sondern die strenge Forderung des göttlichen Wortes!" – Als er jetzt aufsah und im Hintergrund die zu Boden schauenden Gesichter des Dorfes sah, in ihren verstockten Mienen den Widerstand zu lesen glaubte, die Mehrzahl der Männer fehlte überhaupt, entfuhr es ihm: „Im Amte erkenne ich nur einen Herrn an, – und ich bin nicht der Mann, der sich in seiner amtlichen Stellung zum Bauernknecht machen läßt – um es mit Luther zu sagen."
Tilla sagte ihm schon auf dem Kiesweg, dieses Wort hätte nicht fallen dürfen. Unser so genanntes „Bauernvolk" ist doch an dieser Stelle, gegenüber dem hochnäsigen buchstabenverliebten deutschen Süden, am empfindlichsten. Ich verstehe wirklich nicht, wie dir das passieren konnte. – Er widersprach ärgerlich, wiegelte ab, wurde geradezu bockig. …

Gallionsfigur des dänischen Linienschiffes „Christian VIII.", Schloss Gottorf

Drei Sonntage später, Mitte Juli, wurde in Øster Løgum wie andernorts ein Abendmahlsgottesdienst gefeiert. Die Kirche war vollbesetzt. Nach der Predigt und der Eingangsliturgie, als Prahl zum Tisch des Herrn eingeladen hatte, kam niemand. Kein Gemeindeglied erhob sich, um wie sonst an der halbrunden Altarbank zu knien – er wartete, wurde blaß. Ihm zitterten die Knie. Das Dorf weigerte sich, mit ihm das Heilige Abendmahl zu feiern.
Am Abend ging Tilla spät zu ihm hinaus ins Studierzimmer.
„Störe ich?"
Er nahm sie in den Arm.
„Wir werden nicht in Øster Løgum bleiben können", sagte er.

Uwe Pörksen: Riß durchs Festland. Heide 2011. Boyens Buchverlag, Seite 146–152.

Auf Druck von England, Frankreich und Russland kam es im August 1848 in Malmö zunächst zu einem Waffenstillstand. Nach der Kündigung dieses Waffenstillstands durch Dänemark flammte der Krieg im April 1849 wieder auf.
Eckernförde wurde am 5. April 1849 Ziel eines dänischen Angriffs von See aus. Die hochmodernen dänischen Kriegsschiffe, darunter das Linienschiff „Christian VIII." und die Segelfregatte „Gefion", durch ihre 147 Geschütze eigentlich in der Übermacht, ankerten vor Eckernförde. Zur Verteidigung der Stadt hatte die preußische Armee aber eine schlagkräftige Artillerie eingerichtet. Der Ostwind drückte die dänischen Schiffe so weit in die Eckernförder Bucht hinein, dass sie ohne Schlepphilfe manövrierunfähig waren. Durch massiven Beschuss seitens der deutschen Ge-

Gedenkstein an die Schlacht von Idstedt

schütze wurden die dänischen Schiffe so schwer beschädigt, dass sie zur Kapitulation gezwungen waren. Bei diesem Gefecht kamen 224 Dänen und fünf Schleswig-Holsteiner ums Leben.

Der Krieg zwischen den Schleswig-Holsteinern und Dänemark, in Dänemark „Treårskrigen" genannt, sollte drei Jahre dauern. Nach der anfänglichen Unterstützung der schleswig-holsteinischen Sache durch Preußen und den Deutschen Bund zogen sich diese aus dem Krieg zurück, die Herzogtümer standen am Ende allein da. Preußen schloss unter dem Druck Englands und Russlands am 10. Juli 1849 einen Waffenstillstand und im Namen des Deutschen Bundes am 2. Juli 1850 einen Sonderfrieden mit Dänemark.

Trotz eines Wechsels von Siegen und Niederlagen sollte dieser Krieg der Schleswig-Holsteiner gegen die seit Jahrhunderten bestehende Herrschaft des dänischen Königshauses in den Herzogtümern letztlich verloren gehen. Die schleswig-holsteinische Armee unterlag der militärischen Übermacht Dänemarks und den politischen Zwängen der europäischen Großmächte.

Theodor Fontane, der der schleswig-holsteinischen Sache stets so positiv gegenüberstand, bringt in seiner Autobiographie „Von Zwanzig bis Dreißig" seine Erschütterung über die Niederlage der Schleswig-Holsteiner bei Idstedt zum Ausdruck.

Idstedt-Löwe auf dem Alten Friedhof in Flensburg

> Es ging hier auch alles zu meiner leidlichen Zufriedenheit weiter, bis der unglückliche Ausgang der Schlacht bei Idstedt mich mit einemmal aus meinem stillen und relativ glücklichen Tun und Treiben herausriß. Ich erinnere mich keines anderen Außenereignisses, das mich so getroffen hätte; ich war wie aus dem Häuschen. In einem richtigen politischen Instinkt hatte ich die Herzogtümerfrage, solange sie »Frage« war, in ihrer ganz besonderen Wichtigkeit erkannt; all die Katzbalgereien in Deutschland, offen gestanden selbst die Schicksale des Frankfurter Parlaments, hatten mich vergleichsweise kalt gelassen, aber für Schleswig-Holstein war ich vom ersten Augenblick an Feuer und Flamme gewesen und hatte die preußische Politik, die dies alles in einer unglaublichen Verblendung auf den traurigen »Revolutionsleisten« bringen wollte, tief beklagt. Mein ganzes Herz

war mit den Freischaren, mit »von der Tann« und Bonin, und als dann später General Willisen an die Spitze der schleswig-holsteinschen Armee trat, übertrug ich mein Vertrauen auch auf diesen; die Deutschen mußten siegen. Und nun Idstedt! Ich war ganz niedergeschmettert, und etliche Tage danach befand ich mich auf dem Wege nach Kiel, um in eins der regelrechten Bataillone einzutreten.

Theodor Fontane: Von Zwanzig bis Dreißig, Autobiographisches. Berlin 1898. Verlag F. Fontane & Co., Seite 669–670.

In der entscheidenden Schlacht bei Idstedt am 25. Juli 1850 sicherte sich Dänemark den endgültigen Sieg. Allein auf diesem letzten Schlachtfeld verloren über 1.200 Soldaten ihr Leben. Die dänischen Truppen kontrollierten nun wieder ganz Schleswig. Im Oktober 1850 unternahmen die Schleswig-Holsteiner einen letzten erfolglosen Angriff auf Friedrichstadt, das dabei völlig zerstört wurde. Schleswig blieb endgültig unter dänischer Verwaltung, Holstein wurde durch preußische und österreichische Bundestruppen befriedet, die schleswig-holsteinische Armee wurde aufgelöst. Auch wenn der schleswig-holsteinische Befreiungskrieg von der Stadt Kiel ausging, blieb die Stadt selbst doch von direkten Kampfhandlungen verschont. Aber viele Söhne der Stadt verloren ihr Leben.

Im Londoner Vertrag zwischen den Großmächten und Dänemark wurden am 8. Mai 1852 die alten Zustände wiederhergestellt, die Herzogtümer blieben Teil des Dänischen Gesamtstaats, bekamen allerdings ihre Eigenständigkeit bestätigt. Beide Seiten, die Schleswig-Holsteiner und die Eiderdänen, hatten

Gedenkstein auf dem Kieler Nordfriedhof für die Gefallenen der Schleswig-Holstein-Armee. Die Inschrift auf dem Obelisken mit dem Eisernen Kreuz lautet: „Hier ruhen gefallene Krieger der Schleswig-Holstein-Armee 1848–1850".

Theodor-Storm-Büste im Husumer Schlosspark

ihre eigentlichen politischen Ziele nicht erreicht. Aber beide Seiten hielten auch weiterhin an ihren politischen Ideen fest. Theodor Storm beharrt in seinem Gedicht „1. Januar 1851" auf seiner Überzeugung, dass die schleswig-Holsteinische Sache doch noch nicht endgültig besiegt sei.

1. Januar 1851

Sie halten Siegesfest, sie ziehn die Stadt entlang;
Sie meinen, Schleswig-Holstein zu begraben.
Brich nicht, mein Herz! Noch sollst du Freude haben;
Wir haben Kinder noch, wir haben Knaben,
Und auch wir selber leben, Gott sei Dank!

Theodor Storm: 1. Januar 1851. In: Sämtliche Werke, Dritter Band. Berlin o.J. Verlag von A. Weichert, Seite 51.

Viele Vertreter der schleswig-holsteinischen Bewegung, Politiker, Universitätsprofessoren verließen das Land und wanderten aus. Nach dem Krieg von 1848–1851 erlebte die Kieler Universität durch die Ausweisung und den Weggang vieler Professoren und auch Studenten vorübergehend einen herben Bedeutungsverlust. Die Brüder Olshausen verließen Kiel, ebenfalls Johann Gustav Droysen und viele andere. Auch Theodor Storm musste die Heimat verlassen, nachdem seine Zulassung als Advokat wegen seiner nach wie vor unversöhnlichen Haltung gegenüber Dänemark von den dänischen Behörden nicht verlängert wurde. Er ging nach Potsdam, später ins thüringische Heiligenstadt, aber in dem Bewusstsein, dass er eines Tages zurückkehren würde.

Abschied 1853

Kein Wort, auch nicht das kleinste, kann ich sagen,
Wozu das Herz den vollen Schlag verwehrt;
Die Stunde drängt, gerüstet steht der Wagen,
Es ist die Fahrt der Heimat abgekehrt.

Geht immerhin – denn eure Tat ist euer –
Und widerruft, was einst das Herz gebot;
Und kauft, wenn dieser Preis euch nicht zu teuer,
Dafür euch in der Heimat euer Brot!

Ich aber kann des Landes nicht, des eignen,
In Schmerz verstummte Klagen mißverstehn;
Ich kann die stillen Gräber nicht verleugnen,
Wie tief sie jetzt in Unkraut auch vergehn. –

Du, deren zarte Augen mich befragen –
Der dich mir gab, gesegnet sei der Tag!
Laß nur dein Herz an meinem Herzen schlagen,
Und zage nicht! Es ist derselbe Schlag.

Es strömt die Luft – die Knaben stehn und lauschen,
Vom Strand herüber dringt ein Möwenschrei;
Das ist die Flut! Das ist des Meeres Rauschen!
Ihr kennt es wohl; wir waren oft dabei.

Von meinem Arm in dieser letzten Stunde
Blickt einmal noch ins weite Land hinaus,
Und merkt es wohl, es steht auf diesem Grunde,
Wo wir auch weilen, unser Vaterhaus.

Wir scheiden jetzt, bis dieser Zeit Beschwerde
Ein andrer Tag, ein besserer, gesühnt;
Denn Raum ist auf der heimatlichen Erde
Für Fremde nur und was den Fremden dient.

Doch ist's das flehendste von den Gebeten,
Ihr mögt dereinst, wenn mir es nicht vergönnt,
Mit festem Fuß auf diese Scholle treten,
Von der sich jetzt mein heißes Auge trennt! –

Und du, mein Kind, mein jüngstes, dessen Wiege
Auch noch auf diesem teuren Boden stand,
Hör mich! – denn alles andere ist Lüge –
Kein Mann gedeihet ohne Vaterland!

Kannst du den Sinn, den diese Worte führen,
Mit deiner Kinderseele nicht verstehn,
So soll es wie ein Schauer dich berühren
Und wie ein Pulsschlag in dein Leben gehn!

Theodor Storm: Abschied. In: Sämtliche Werke, Dritter Band. Berlin o.J. Verlag von A. Weichert, Seite 54–55.

1864 | Ein neuer Krieg scheint unvermeidlich

Ein neuer Krieg war offensichtlich unvermeidlich. Der Konflikt um die Zukunft der Herzogtümer war nach dem Krieg von 1848–1851 in keiner Weise beigelegt. Im Londoner Protokoll von 1852 war zwar der Status quo in der schleswig-holsteinischen Frage festgelegt worden, womit die Herzogtümer Teile des Dänischen Gesamtstaats, also in Personalunion mit der dänischen Krone verbunden blieben. Holstein gehörte weiterhin dem Deutschen Bund an, Schleswig dagegen war altes dänisches Reichslehen, aber garantiert wurde den Herzogtümern auch die Unteilbarkeit. Obwohl also eine stärkere Bindung Schleswigs an Dänemark untersagt war, verfolgte die eiderdänische Partei in Kopenhagen weiterhin das Ziel, das Herzogtum Schleswig mit Dänemark zu einem Nationalstaat zu vereinigen mit der Eider als Südgrenze des Reiches. Durch einschneidende Sprachreskripte sollte weiterhin die Anbindung Schleswigs an Dänemark vorbereitet werden: Dänisch wurde in ganz Nordschleswig alleinige Unterrichtssprache, privater Deutschunterricht wurde verboten. Die deutschgesinnten Schleswig-Holsteiner pochten weiterhin auf ihre Forderung nach Unteilbarkeit und beriefen sich dabei auf die Vertragsformel von Ripen: „dat se bliven ewich tosamende ungedelt".

So war es kein Wunder, dass die nächste Krise um Schleswig-Holstein mit dem Tod des dänischen Königs Frederik VII. (1808–1863) 1863 eintrat, als dessen Nachfolger Christian IX. (1818–1906) unter dem Einfluss seines eiderdänischen Kabinetts eine neue Verfassung unterzeichnete, die für Dänemark und für Schleswig gelten sollte und faktisch das Herzogtum Schleswig dem Königreich Dänemark zuschlug. Die politische Entwicklung spitzte sich zu. Im Deutschen Bund betrachtete man diesen Schritt als Verstoß gegen das Londoner Protokoll und damit gegen internationales Recht. Der preußische Kanzler Otto von Bismarck allerdings verfolgte ganz andere Pläne, die sich ausschließlich auf die Interessen Preußens richteten. Diese bekannte er in internen preußischen Kreisen auch ganz offen, wie er in seinen Lebenserinnerungen schreibt.

Die Abstufungen, welche in der dänischen Frage erreichbar erschienen und deren jede für die Herzogtümer einen Fortschritt zum Bessern im Vergleich mit dem vorhandnen Zustande bedeutete, gipfelten m. E. in der Erwerbung der Herzogthümer für Preußen, wie ich sofort nach dem Tode Friedrich's VII. in einem Conseil ausgesprochen habe. Ich erinnerte den König daran, daß jeder seiner nächsten Vorfahren – selbst seinen Bruder nicht ausgenommen – für den Staat einen Zuwachs gewonnen habe, Friedrich Wilhelm IV. Hohenzollern und das Jahdegebiet, Friedrich Wilhelm III. die Rheinprovinz, Friedrich Wilhelm II. Polen, Friedrich II. Schlesien, Friedrich Wilhelm I. Altvorpommern, der Große Kurfürst Hinterpommern und Magdeburg, Minden u. s. w., und ermunterte ihn, ein Gleiches zu thun. In dem Protokolle fehlte diese meine Aeußrung. Der Geh. Rath Costenoble, der die Protokolle zu führen hatte, sagte, von mir zur Rede gestellt, der König hätte gemeint, es würde mir lieber sein, wenn meine Auslassungen nicht protokollarisch festgelegt würden; Seine Majestät schien geglaubt zu haben, daß ich unter bacchischen Eindrücken eines Frühstücks gesprochen hätte und froh sein würde, nichts weiter davon zu hören. Ich bestand aber auf der Einschaltung, die auch erfolgte. Der Kronprinz hatte, während ich sprach, die Hände zum Himmel erhoben, als wenn er an meinen gesunden Sinnen zweifelte; meine Collegen verhielten sich schweigend.

Otto von Bismarck: Gedanken und Erinnerungen. Zweiter Band, Kapitel 2. J. G. Cotta'sche Buchhandlung Nachfolger 1905.

Preußen und Österreich als führende Mächte des Deutschen Bundes sahen auch eine Chance für eigene Interessen und stellten dem dänischen König ein Ultimatum von 48 Stunden bis zum 16. Januar 1864, die Verfassung zurückzunehmen. Mit der Rückendeckung durch Russland und Frankreich beschlossen der preußische König Wilhelm I. und der österreichische Kaiser Franz Joseph I. zugleich eine „Pfandbesetzung" Schleswigs, um ihre Forderungen zu unterstreichen. Dänemark ließ das Ultimatum verstreichen. Daraufhin besetzten preußische und österreichische Truppen mit mehr als 55.000 Soldaten am 21. Januar 1864 Holstein und überschritten am 1. Februar 1864 unter dem Oberbefehl von Feldmarschall von Wrangel die Eidergrenze.
Theodor Fontane schildert die Ereignisse rund um den Kriegsausbruch 1863 in seinem Bericht über den Schleswig-Holsteinischen Krieg.

Friedrich VII. hatte am 15. November das Zeitliche gesegnet; am 16. war Christian IX. gefolgt; am 18. unterzeichnete er die neue Verfassung, in der die Incorporation Schleswigs in Dänemark ausgesprochen war. Er unterzeichnete die neue Verfassung zögernd und widerwillig, aber er glaubte sie, dem Andringen der übermächtigen eiderdänischen Partei gegenüber, unterzeichnen zu müssen. Die

Christian IX., Büste bei den Düppeler Schanzen

Dinge in Kopenhagen ließen ihm kaum eine Wahl und er zog es vor, lieber in Folge eines Krieges eine halbe Krone einzubüßen, als in Folge eines Aufstands die ganze. …

„Zurücknahme der Verfassung vom 18. November", jener Verfassung, die die Incorporation Schleswigs in Dänemark aussprach, das war die Forderung, die Oestreich und Preußen wiederholentlich an die dänische Regierung stellten. Ein Ministerwechsel in Kopenhagen (25. Dezember), der die enragirtesten Eiderdänen, Hall und Orla Lehmann, vom Ruder entfernte, gab einen Augenblick der Möglichkeit Raum, daß die Novemberverfassung einer besseren Einsicht geopfert werden würde, aber diese Aussicht erwies sich alsbald als trügerisch. Bischof Monrad, der neue Premier, lenkte im Wesentlichen in die Bahnen seiner Vorgänger ein und am 1. Januar 1864, aller Abmahnungen Preußens zum Trotz, wurde die gemeinschaftliche Verfassung für Dänemark publicirt.

Der Handschuh war hingeworfen; die beiden deutschen Großmächte nahmen ihn auf. Am 16. Januar – an demselben Tage, an dem Oestreich und Preußen in Frankfurt den Antrag auf eventuelle Besetzung Schleswigs stellten – übergaben die Gesandten der beiden deutschen Großmächte (in Kopenhagen), die Herren v. Brenner und v. Balan, eine letzte Aufforderung zur Zurücknahme der Novemberverfassung. Nur 48 Stunden Bedenkzeit wurden bewilligt. Der Schlußpassus lautete: „die unterzeichneten bisherigen Gesandten der beiden Mächte, welche, wenngleich nicht förmlich accreditirt, in diesem Falle im speciellen Auftrage ihrer Regierungen handeln, sind angewiesen worden, die Aufhebung der Verfassung vom 18. November v. J. zu verlangen, und wenn die Erklärung, daß dieselbe erfolgt

Bastion auf dem Danewerk

sei, ihnen nicht im Laufe des 18. d.M. zugeht, Kopenhagen zu verlassen." Die Frist verstrich, ohne daß der Forderung nachgekommen wäre. Anderen Tages erging an die oestreichisch-preußischen Truppen der Befehl zum Vorrücken. Der oestreichische Gesandte Herr v. Brenner verließ Kopenhagen beinah unmittelbar nach diesen Vorgängen, Herr v. Balan folgte in der letzten Woche des Januar. Am 31. übersandte Feldmarschall Wrangel dem dänischen Oberbefehlshaber Generallieutnant de Meza die Aufforderung, Schleswig zu räumen; am 1. Februar früh, nachdem de Meza abgelehnt hatte, überschritten die oestreichisch-preußischen Kolonnen die Eider, – der Krieg war da.

Theodor Fontane: Der Schleswig-Holsteinische Krieg im Jahre 1864. Berlin 1866. Verlag der Königlichen Geheimen Ober-Hofbuchdruckerei, Seite 31–32.

Die dänischen Truppen erwarteten die preußisch-österreichische Armee am Danewerk. Der mittelalterliche Schutzwall versprach in den Augen der dänischen Öffentlichkeit die erfolgreiche Verteidigung. Das Danewerk hatte sich zum Symbol der nationaldänischen Bewegung entwickelt. Diese Bedeutung messen auch die Gesprächsteilnehmer in Herman Bangs Roman „Tine", der im Kriegsjahr 1864 spielt, dem Verteidigungswall bei, bevor sie erfahren müssen, dass das Danewerk aufgegeben wurde.

„Ja, wollen Eure Hochehrwürden vorlesen," baten alle, während sie sich um den Tisch setzten und der Probst die Zeitung vom Dritten auseinanderfaltete. Die Depeschen wären schon bekannt, aber da gäbe es eine Korrespondenz vom Danewerk im Blatt, die wollte er lesen.

„Ja, lesen Sie, lesen Sie!" riefen alle.

Sein Hochehrwürden hielt das mähnenumwallte graue Haupt gerade empor, und mit seiner vollen, mächtigen Stimme, die das ganze Zimmer beherrschte, las er die Korrespondenz breit und klar vor, als wenn er eine Proklamation vortrüge. Die andern hielten die Blicke fest auf ihn gerichtet und hörten in stummer Andacht zu; einige hatten die Hände gefaltet – und er las und las.

Sophie war in der Klavierecke stehen geblieben und weinte dort.

Der Korrespondent schrieb von den Wagen und gutem Proviantfleisch und der Menge Brot und den Säcken voll Grütze und von der „zuversichtlichen Stimmung" unter den Soldaten. Und dann ging er über zu der „Stellung", und der Probst las unwillkürlich mit lauterer Stimme, hier und da unterstreichend oder dehnend, wie ein Dichter, der liebkosend sein eigenes Werk vorträgt.

„Sie wissen ja in jedem Fall, wie die Stellung aussieht. Daß da ein langer Wall ist, das alte, liebe Danewerk, auf dem wir seit einem Jahrtausend kämpfen, und das uns niemand hat nehmen können. Sie wissen auch, daß längs dieses Walles Schanzen aufgeworfen sind, und daß die Stellung durch Überschwemmung noch gesicherter wird. Mehr brauchen Sie nicht zu wissen. Mehr ist wirklich nicht des Erzählens wert. Es ist eine Freude, auf diesen Schanzen zu stehen, deren jede eine steile Festung ist, aus deren Feuerschlünden Tod und Verderben in die Reihen der Feinde geschleudert wird – es ist eine Freude, auf das Terrain hinunterzublicken und sich zu vergegenwärtigen, wie unser Feuer die Wege bestreichen wird, auf denen der Feind vorrücken muß. Laßt sie nur kommen, der Empfang wird warm sein …"

Herman Bang: Tine. Berlin 1912.
S. Fischer Verlag, Seite 73–74.

In der Festung Danewerk mehr als zwanzig Kilometer nördlich der Eider sollten 44.000 dänische Soldaten das Königreich verteidigen. Allerdings waren die Sumpfgebiete, die einen zusätzlichen Schutz gewähren sollten, in diesem extrem kalten Winter zugefroren und leicht zu überwinden. Das nutzten die Preußen und Österreicher. Der dänische Oberbefehlshaber de Meza erkannte, dass das Danewerk nicht zu halten sein würde, und befahl entgegen der Order aus Kopenhagen den Rückzug. Unter ihrem fast achtzigjährigen Oberbefehlshaber Friedrich von Wrangel besetzten die deutschen Truppen das geräumte Danewerk.

Die dänischen Truppen zogen sich auf eine wesentlich besser zu verteidigende Festung zurück, die Düppeler Schanzen in der Nähe der Stadt Sønderborg und der Insel Als. Über die Ostsee ließ sich die Armee weitaus besser versorgen. Die preußisch-österreichische Führung entschloss sich zur Belagerung der Festung und beschoss sie mit ihren modernen Hinterlader-Geschützen, denen die Dänen nichts entgegenzusetzen hatten. Bald ging das Wort von der „Schlachtbank Düppel" um. Trotzdem befahl die dänische Regierung, die Festung um jeden Preis zu halten. Diese Entscheidung sollte unendlich vielen jungen Menschen das Leben kosten. Eindrucksvoll schildert Herman Bang in seinem Roman „Zusammenbruch" (später „Stuck"), mit welcher großen Angst die Soldaten damals in den Krieg ziehen mussten.

Sundt fuhr fort zu erzählen, in wunderlich gedämpftem, halb feierlichem Ton, beinahe so,

Reste der Düppeler Schanzen

wie Abergläubische Spukgeschichten vortragen – Erinnerung auf Erinnerung überwältigte ihn.
Er hatte einen Freund gehabt, der mußte „hinaus". Bentsen hieß er – als Sekondeleutnant gerade frisch aus dem Korps gekommen. – Er war neunzehn Jahre alt und mußte „hinaus". „Er kam zu mir herein, als er es erfahren hatte, leichenblaß, verstört, zitternd wie ein Tier: Ich kann nicht sterben, rief er, ich bin erst neunzehn Jahre … neunzehn Jahre, ich kann nicht sterben! – Und er warf sich auf die aufgeweichte Erde und klammerte sich an den schmutzigen Boden fest mit seinen verzweifelten Fingern und weinte und schluchzte und bettelte … und richtete sich wieder auf und lag auf seinen Knien und schrie: Lieber Gott – nein – lieber Gott! Wie ein Kind rief er: Du lieber Gott…
Und es gab nichts zu sagen oder zu trösten," sagte Sundt, „er mußte ja hinaus.
Eine Stunde später zog er fort … Ich sah ihn an der Spitze seiner Abteilung … Er rief Hurra und schwang den Säbel über seinem Kopf … Von draußen kam keiner wieder …" Sundt schwieg.

Herman Bang: Zusammenbruch. Berlin 1913/14. Fischers Bibliothek zeitgenössischer Romane, Fünfte Reihe, Band 6. S. Fischer Verlag, Seite 290–291.

Bereits im April 1864 war der Krieg beendet. Neue Technologien wie die Eisenbahn für den schnellen Truppentransport und die Telegrafenleitungen für rasche Entscheidungen in den Heeresleitungen beschleunigten die Auseinandersetzung. Die entscheidende Schlacht brachte mit der Erstürmung der Düppeler Schanzen am 18. April 1864 den Preußen und Österreichern den Sieg. Um vier Uhr morgens eröffnete die preußische Artillerie ein mörderisches Trommelfeuer. Schon um zehn Uhr schwiegen die Kanonen. In der blutigen Schlacht mussten 1.700 dänische und 1.000 preußische Soldaten ihr Leben lassen. Trotz dieser grausamen Bilanz wurde der Sieg auf der deutschen Seite ausschließlich über-

Düppeler Anhöhe mit der Mühle

Kanone an den Düppeler Schanzen

schwänglich begrüßt und entsprechend gefeiert, wie in den Gedichten von Theodor Fontane und Emanuel Geibel deutlich wird.

Der Tag von Düppel.

Still!
Vom achtzehnten April
Ein Lied ich singen will.
Vom achtzehnten – alle Wetter ja,
Das gab mal wieder ein Gloria!
Ein „achtzehnter" war es, voll und ganz,
Wie bei Fehrbellin und Belle-Alliance,
April oder Juni ist all einerlei,
Ein Sieg fällt immer in Monat Mai.

Um vier Uhr morgens der Donner begann!
In den Gräben standen sechstausend Mann,
Und über sie hin sechs Stunden lang
Nahmen die Kugeln ihren Gang.

Da war es zehn Uhr. Nun alles still,
Durch die Reihen ging es: „Wie Gott will!"
Und vorgebeugt zu Sturm und Stoß
Brach das preußische Wetter los. …

Von Schanze eins bis Schanze sechs
Ist alles deine, Wilhelmus Rex;
Von Schanze eins bis Schanze zehn,
König Wilhelm, deine Banner wehn.
Grüß euch, ihr Schanzen am Alsener Sund,
Ihr machtet das Herz uns wieder gesund! –
Und durch die Lande, drauß und daheim,
Fliegt wieder hin ein süßer Reim:
„Die Preußen sind die alten noch,
Du Tag von Düppel lebe hoch!"

Theodor Fontane: Der Tag von Düppel. In: Theodor Fontane: Gedichte. Stuttgart und Berlin 1905. J. G. Cotta'sche Buchhandlung Nachfolger, Seite 288–290.

Reste der Düppeler Schanzen

Das Lied von Düppel. April 1864

Was klingt aus den Städten wie helles Festgeläut?
Die Pauken und Drommeten, was jubeln sie heut?
Was brausen und jagen die Wasser der Schlei?
Der Feind ist geschlagen, und Schleswig ist frei?

Bei Düppel dort am Meere, vor Alsen am Sund,
Da rangen die Heere auf blutgetränktem Grund;
Da galt's, auf die Schanzen im Siegessturmgewog'
Den Adler zu pflanzen anstatt des Danebrog.
…

Ihr Meister der Staaten, und geht ihr nun und tagt,
So woll' euch Gott beraten, auf daß ihr nicht zagt!
Sprecht: Nichts von Vertragen! Nun bleibt es dabei,
Der Feind ist geschlagen, und Schleswig ist frei.

Emanuel Geibel: Das Lied von Düppel. In: Emanuel Geibel: Werke, Band 2. Leipzig und Wien 1918. Bibliographisches Institut, Seite 220–221.

Geibels Schlussappell an die Siegerstaaten sollte in Erfüllung gehen. Im Frieden von Wien verlor Dänemark am 30. Oktober 1864 ein Drittel seines Territoriums und musste die Herzogtümer Schleswig bis zur Königsau, Holstein und Lauenburg an die Siegermächte abtreten, die zunächst die Verwaltung gemeinsam übernahmen. In der Gasteiner Konvention vom 14. August 1865 einigte man sich darauf, Holstein unter österreichische Verwaltung, Schleswig und Lauenburg unter preußische Verwaltung zu stellen. Einen eigenständigen Bundesstaat Schleswig-Holstein zu gründen, wie es viele Schleswig-Holsteiner unter Führung des Augustenburger Prinzen anstrebten, lag weder in den Interessen der Preußen noch der Österreicher. Dem Erbprinzen Friedrich von Augustenburg war schon 1863 von einer Versammlung in Elmshorn gehuldigt worden, und er fühlte sich bereits als neuer Herzog von Schleswig-Holstein. Nun stand er als Düpierter da.

Preußischer Gouverneur für Schleswig wurde Generalleutnant Edwin von Manteuffel mit einem Amtssitz im Schloss Gottorf. Statthalter Österreichs für Holstein wurde Feldmarschall Freiherr Ludwig von Gablenz mit Sitz im Kieler Schloss. Die damals etwa 19.000 Einwohner zählende Stadt Kiel wurde dadurch zu einer zweigeteilten Stadt. Eine deutlich erkennbare Grenze innerhalb der Stadt gab es allerdings nicht. Österreich verwaltete den Westteil Kiels, Preußen den Ostteil von Laboe bis Gaarden sowie Düsternbrook und Wik. Damit war das gesamte Ufergebiet der Kieler Förde in der Hand der preußischen Truppen. Wohl schon in weiser Voraussicht hatte der preußische König im März 1865 die Marinestation der Ostsee von Danzig nach Kiel verlegen lassen.

1866 | Fluch oder Segen: Es kommt auf die Perspektive an – Schleswig-Holstein wird preußische Provinz

Verwaltungsstreitigkeiten über die Gebiete waren nur ein oberflächlicher Anlass für den heftigen Konflikt zwischen den Siegermächten von 1864. Den Antrag Österreichs bei der Deutschen Bundesversammlung auf Überweisung der Angelegenheiten der Herzogtümer an den Deutschen Bund betrachtete Preußen als Bruch der Gasteiner Konvention und besetzte daraufhin das österreichisch verwaltete Holstein. Der Kampf um die Vorherrschaft in Deutschland wurde im Deutschen Krieg zwischen Österreich und Preußen im Sommer 1866 zugunsten Preußens entschieden. Nach nur siebenwöchigen Kampfhandlungen kapitulierte die Donaumonarchie nach der Schlacht bei Königgrätz am 3. Juli 1866. Im Frieden von Prag verzichtete Österreich am 23. August 1866 auf Holstein. Der 1815 gegründete Deutsche Bund wurde aufgelöst. An seine Stelle trat der Norddeutsche Bund mit Preußen als führender Macht. Die Folge war die Bildung der preußischen Provinz Schleswig-Holstein am 12. Januar 1867, deren nördliche Grenze zu Dänemark an der Königsau lag. Diese Grenzziehung wurde von Dänemark aber erst 1907 anerkannt. Im Artikel 5 des Prager Friedensvertrages war eine Abstimmung über die Zugehörigkeit Nordschleswigs vorgesehen, falls die Nordschleswiger das forderten. Da die dänische Regierung keine Garantien für die deutschsprachige Minderheit geben wollte, verlief die Abstimmungsfrage im Sande. 1878 wurde der Artikel 5 einvernehmlich von Österreich und Preußen gestrichen. Gleichwohl blieb der Wunsch der dänisch gesinnten Bevölkerung Nordschleswigs nach einem Anschluss an Dänemark bestehen. 1890 kam aufgrund eines deutsch-britischen Vertrages auch Helgoland wieder zu Schleswig-Holstein.

Im 1871 gegründeten Deutschen Kaiserreich nach dem dritten der so genannten „Reichseinigungskriege" gegen Frankreich führte die Germanisierungspolitik in Nordschleswig zu einer Unterdrückung der dänischen Sprache im Bildungsbereich und im öffentlichen Leben. Nur noch im privaten Bereich und in der Kirche durfte Dänisch gesprochen werden. 1888 wurde Deutsch als einzige Unterrichtssprache in Nordschleswig festgelegt. Diese rigorose Germanisierungspolitik stellt Uwe Pörksen in seinem Roman dar.

Ich war jetzt vor kurzem in der Heimat. Du, ich konnte Vater nicht widersprechen. Kopenhagen hat in der Zeit unseres Exils eine Tyrannei aufgerichtet. Unvorstellbar. Daß auf dem Flensburger Kirchhof der Löwe aufgestellt wurde, der drohend nach Süden blickt, war völlig ernst gemeint. Sie haben die Herzogtümer nur als ihr Land betrachtet, das durch Rebellion gegen den Landesherrn seine Rechte verwirkt haben sollte. Es war nicht nur ein Gerücht: In ganz Sønderjylland, ganz Schleswig, also auch in Südschleswig ist dänisch gepredigt und konfirmiert und in den Schulen unterrichtet worden. Darum hat unser armer Onkel Friedrich, weil er dem in Boel nicht hundertprozentig gefolgt ist, sich als Widerständler gesehen und seine stockdänische Frau plötzlich ihr Deutschtum herausgekehrt. In Angeln standen die Kirchen leer. Die wenigsten sprachen oder verstanden doch dänisch. Und in Nordschleswig? Was glaubst du, was unsre Eltern da gehört haben! In Hadersleben wagten die Deutschen nicht, auf der Straße deutsch zu sprechen, lebten in Konventikeln, nicht nur die Lehrer, auch die Schulbücher, die Lehrmethode, alles war vollständig danisiert, die Lieder, die Schultracht. Die Bilder … Propst Stephensen, der sie damals getraut hat, hat in der dänischen Zeit ein Ekensunder Schulbuch, das deutsche Restbestände enthielt, vor den Schülern zerrissen, erzählten sie.

Das wird so sein, Hans. Aber was geschieht jetzt? Ich ahne, ich weiß es. Schrecklich!, sagte Peter.

Und ich verstehe es diesmal, antwortete Hans. Vater muß die national gesinnten, oft geradezu fanatischen dänischen Pastoren entlassen. Man muß reinen Tisch machen. Die Hauptträger der Danisierungspolitik sind zu ersetzen –.

Hans, wie redest du, bist du verrückt geworden. Soll nun das Ganze wiederum umgekehrt geschehen? Soll in Nordschleswig alles Dänische verfolgt werden – und das da oben, wo doch alles weit dänischer ist als man in Südschleswig jemals deutsch gewesen ist?

Peter, jetzt entziehst du Vater den Boden!

Ich? Unser Befreier, Preußen, entzieht ihm den Boden; Vater, wenn er sich als eiserner Preuße gebärdet, entzieht ihn sich selbst.

Uwe Pörksen: Riß durchs Festland. Heide 2011. Boyens Buchverlag, Seite 202–203.

Die preußische Regierung machte nach 1867 den gleichen Fehler wie die dänische nach 1852. Die Schaffung von Industriearbeitsplätzen und dafür notwendiger Infrastruktur und die dadurch zunehmende Einwanderung deutscher Arbeiter nach Nordschleswig führten zu einer Stärkung des deutschen Elements in der Region. Die dänisch gesinnte Bevölkerung fühlte sich wie unter einer Fremdherrschaft. In den nördlichen Kreisen Schleswigs entwickelte sich ein starkes nationalbewusstes Dänentum. Besonders der preußische Oberpräsident Ernst-Matthias von Köller betrieb mit Hilfe von Ausweisungen und anderen Zwangsmaßnahmen eine äußerst restrikti-

Bismarck-Statue des Bildhauers Adolf Brütt, die im Mai 1919 auf dem Knivsberg abmontiert und auf dem Aschberg errichtet wurde

ve Politik gegen die dänische Kultur und Sprache. Widerstand gegen diese Germanisierungspolitik kam von den dänischen Vereinen. Die Auswanderung von Dänen nach Übersee erreichte einen neuen Höhepunkt. Symbolisiert wurde die preußische Machtpolitik durch die Errichtung des überdimensionalen Bismarck-Denkmals auf dem Knivsberg in der Nähe von Aabenraa, über dessen Einweihung 1901 die Altonaer Nachrichten berichteten.

Aus allen Theilen der Provinz, von Hamburg bis hinaus zur Königsau, strömten heute die Verehrer unseres großen unvergeßlichen ersten Reichskanzlers, des Fürsten Bismarck, des Befreiers Schleswig-Holsteins von der Dänenherrschaft, zusammen, um das diesem vom deutschen Volke in der Nordmark errichtete Denkmal zu weihen. …

Museumseisenbahn in Schönberg

Der Blick gleitet nach dem Süden bis zu dem blutgetränkten Schlachtfelde von Düppel und den Alsenstrand, im Osten über die bewaldete Ostseeküste und die Gjemmer Bucht, im Norden über das durch den Kampf der v.d. Tann'schen Freischaaren bekannte Hügelgelände von Hoytrup bis Hadersleben und weiter bis zu dem jenseits der Grenze liegenden Hügel Skamlingsbanke, dem Versammlungsorte der Eiderdänenpartei, im Westen sieht man die Höhen des Landrückens. Ueber dem Thurmeingang erhebt sich in einer mit Granitmosaik ausgelegten Nische die fast sieben Meter hohe Kolossalstatue des Fürsten Bismarck. Das Standbild ist von dem Professor Brütt in Berlin modellirt und in Kupfer getrieben. Es stellt den Fürsten Bismarck dar in Kürassieruniform, angethan mit dem Mantel des hohen Ordens vom Schwarzen Adler, in der rechten Hand das Reichsschwert haltend, während die Linke die auf einem eratischen Block ruhende Kaiserkrone in schützende Obhut nimmt. Unter dem Standbilde sind das schleswig-holsteinische Wappen und der Reichsadler angebracht, die innige Verbindung Schleswig-Holsteins mit dem deutschen Reiche andeutend. In diesem Sinne ist auch die hier angebrachte Inschrift: „Up ewig ungedeelt" zu deuten. Von der Mittelterrasse führen weitere Stufen auf den Fuß des eigentlichen Thurmes. Durch drei große offene Thorbogen kommt man hier in eine mit einem Kuppelgewölbe überspannte Halle, die Gedächtnißhalle, in deren Wandungen die Doppeleiche gelegt ist. Ueber dem Bismarck-Standbilde zieht sich in altdeutschen goldig strahlenden Buchstaben eine weithin lesbare Inschrift um den Thurm herum mit den unvergänglichen Worten des Kanzlers: „Wir Deutsche fürchten Gott und sonst nichts auf der Welt."

Die Einweihung des Bismarck-National-Denkmals auf dem Knivsberg. Originalbericht der Altonaer Nachrichten. Knivsberg, 4. August 1901.

Das übersteigerte Selbstwertgefühl der Deutschen speiste sich vor allem auch aus den so genannten deutschen oder preußischen Tugenden wie Ehrlichkeit, Treue, Gottesfurcht usw. Man fühlte sich den anderen Völkern überlegen, auch den Franzosen und Engländern, vor allem aber den Slawen und außereuropäischen Völkern. Nach der Reichsgründung bekannten sich auch die eigentlich preußenfeindlichen Schleswig-Holsteiner zum deutschen Nationalstaat. Die dänische Bevölkerung im Norden der Provinz aber begegnete dem preußischen Staat weiterhin mit Ablehnung und Opposition. Der einsetzende

Leuchtturm aus dem Jahr 1895 bei den Holtenauer Schleusen in Kiel

Johann Meyers Grab auf dem Kieler Südfriedhof

wirtschaftliche Aufschwung brachte den Ausbau von Eisenbahnstrecken und Straßen mit sich und als krönenden Abschluss den Bau des Nord-Ostsee-Kanals, der 1895 eingeweiht wurde. Die zunehmende Industrialisierung fand überwiegend in holsteinischen Städten wie Altona, Neumünster und Kiel statt, weniger im Schleswigschen Landesteil.

Anfang August 1914 erreichte der deutsche Nationalismus seinen Höhepunkt. Der Kriegsausbruch wurde von weiten Kreisen der Bevölkerung mit großer und optimistischer Euphorie gefeiert. Auch die Schleswig-Holsteiner zogen mit Enthusiasmus in den Krieg, in dem sie ihr Vaterland verteidigen zu müssen glaubten, auch ihre geliebte schleswig-holsteinische Heimat, wie sie Johann Meyer 1906 in seinem Gedicht „Kennst du dat Land" preist, das er mit einem patriotischen „Hurah" auf sein Heimatland beendet.

Soldatengräber auf dem Nordfriedhof Kiel

Kennst du dat Land

Kennst du dat Land
An'n Holstenstrand,
Vun'n Elvstram bit de Eiderkant?
Wo wit de See, bald lud, bald sacht,
Sick vor di dehnt in all ehr Pracht?
Wo ruscht dat Neth und singt de Swan,
Wo Segel swevt op blaue Bahn?
Dat smucke Land
An'n Holstenstrand,
Dat is min Heimatland!

Kennst du dat Land
An'n Holstenstrand,
So lütt, – un doch so weltbekannt?
Versteken achter Dik un Damm?
Mit Hemmingstedt un mit de Hamm?
Wo Hunnert gegen Dusend sla'n?
Wo Graf un Fürsten ünnergahn?
Dat lüttje Land
An'n Holstenstrand,
Dat is min Heimatland!

Kennst du dat Land
An'n Holstenstrand,
Vun Segen rik ut Gottes Hand?
Wo lustig twischen Heck un Dorn
De Wischen grönt un brust dat Korn?
Wo Lurken singt? – wo blöht dat Saat?
Un wo in'n Wold de Ecken staht?
Dat schöne Land
An'n Holstenstrand,
Dat is min Heimatland!

Kennst du dat Land
An'n Holstenstrand?
Ick füll min Glas bit hoch an'n Rand!
Und för min best un leevstes Gut
Drink ick den letzten Drüppen ut!
Gott's Segen denn veel dusend mal
Daröwer hin! – darop hin! –
Hurah! min Land
An'n Holstenstrand!
Hurah! min Heimatland!

Johann Meyer: Kennst du dat Land. 1906.

Die meisten Deutschen waren in dem irrigen Glauben, der Krieg sei bis Weihnachten 1914 gewonnen. Mit Andauern des Krieges sank die Begeisterung aber schnell, vor allem auch wegen der katastrophalen Versorgungslage. Schon 1916 kam es in Flensburg und Kiel zu ersten Unruhen. In den letzten Kriegsjahren nahmen die Demonstrationen und Krawalle zu, bis im November 1918 der Matrosenaufstand in Kiel das Kriegsende und den Zusammenbruch des Kaiserreichs einleitete.

Dänemark blieb im Ersten Weltkrieg neutral. Das Land war nicht direkt von Kriegshandlungen betroffen. Gleichwohl wurden auch dänische Männer aus Sønderjylland, also Nordschleswig, gezwungen, in der deutschen Armee mitzukämpfen. Tausende starben für ein Land, das nicht das ihre war. Mehr als 35.000 Männer leisteten Kriegsdienst im kaiserlichen Heer, von denen 5.270 ihre Heimat nie wiedersahen. Auf jedem Friedhof in Sønderjylland sind Gedenktafeln für die im Krieg Gefallenen aufgestellt. In diesem Krieg starben insgesamt etwa 58.000 Schleswig-Holsteiner, d.h. 3,4 % der Bevölkerung.

1920 | Trennung nach Jahrhunderten

Im Laufe des 19. Jahrhunderts bis in die Zeit nach dem Ersten Weltkrieg erlebte die Grenzregion zwischen Dänemark und Deutschland immer wieder sehr spannungsreiche Zeiten: Die jeweiligen deutschen bzw. dänischen Minderheiten wurden je nach politischer Lage und politischen Machtverhältnissen immer wieder ausgegrenzt und diskriminiert.

Nach der deutschen Niederlage im Ersten Weltkrieg wurde im Versailler Vertrag festgelegt, dass in Schleswig eine Volksabstimmung über die zukünftige Staatszugehörigkeit entscheiden sollte. Daraufhin entbrannte auf beiden Seiten eine wahre Propagandaschlacht.

Die ersten der abgebildeten Plakate haben einen appellativen Charakter, wenn sie wie ein Gedicht mit Reim formulieren: „Geschichte und Heimat ins Herze Dir schrei'n/ Deine Stadt war dänisch/ soll wieder es sein" oder wenn sie dem Leser in emphatischer Wortwahl entgegenrufen: „O Dania! Was glüht bei Deinem Namen mir Wang und Busen durch. Ha! Es ist Dänenstolz – Die Liebe zu Dir mein Vaterland".

Während die ersten beiden Plakate sowohl mit ihren Texten als auch mit ihren bildhaften Elementen wie Architektur, Wappen oder dä-

Abstimmungsplakate von 1920

nischen Flaggen an das patriotische dänische Gefühl appellieren und die beiden weiteren das Thema eher emotional anbieten, findet das fünfte Plakat einen scheinbar eher rationalen Zugang zu dem Thema. Es nutzt das Stilmittel des Parallelismus des ersten Wortes der Sätze „Gebrauche…“, um seine Leser zu beeinflussen. Der Text erinnert an die vielen dänischen Personennamen, geographischen Namen, die historischen Denkmäler, an dänische Architektur und Gebräuche in der Region. Der letzte Satz appelliert an die vernünftige Entscheidung des Lesers, für das „richtige“ Land bzw. das „richtige“ Volk zu stimmen. Selbstverständlich zeigten auch deutsche Plakate den „vaterländischen Schwur“, prodeutsch abzustimmen.

Im Versailler Vertrag vom 28. Juni 1919 wurde auch festgelegt, wie die Abstimmungszonen und -bedingungen nach den Wünschen Dänemarks zu definieren seien. Es wurden zwei Abstimmungszonen bestimmt, die von dem dänischen Historiker Hans Victor Clausen 1891 vorgeschlagen worden waren. Entsprechend dieser Clausen-Linie, die südlich von Tønder und nördlich von Flensburg verlief, wurde eine nördliche Zone I festgelegt mit ei-

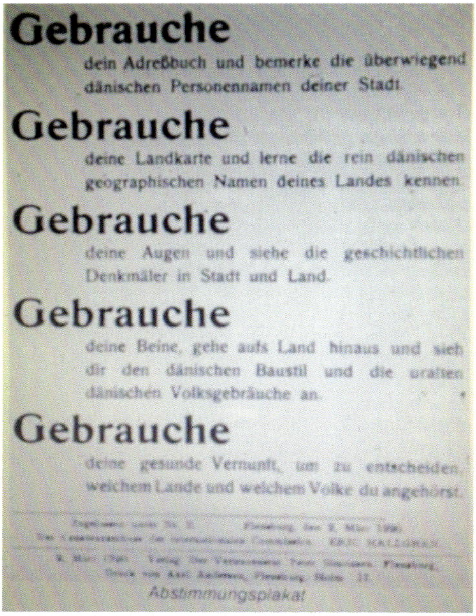

Abstimmungsplakate von 1920

ner zu erwartenden dänischen Mehrheit, in der en bloc abgestimmt werden sollte, und eine südliche Zone II mit zu erwartender deutscher Mehrheit, in der gemeindeweise abgestimmt wurde.

Bei der Volksabstimmung in der dänisch dominierten nördlichen Zone, der Zone I mit den damaligen Landkreisen Haderslev, Aabenraa, Sønderborg, Tønder und Flensborg, am 10. Februar 1920 stimmten von 112.515 Stimm-

berechtigten 25.329 (24,98 %) für Deutschland und 75.431 (74,39 %) für Dänemark. In den Städten allerdings war mehrheitlich für den Verbleib im Deutschen Reich gestimmt worden. Den Ausschlag gab die Landbevölkerung.

Am 14. März fand die Volksabstimmung in Mittelschleswig, dem heutigen nördlichen Südschleswig, der Zone II mit Flensburg, Niebüll, Föhr, Amrum und Sylt, statt. Hier stimmten von 70.286 Stimmberechtigten 51.742 (80,2 %) für Deutschland und 12.800 (19,8 %) für Dänemark. Die neue deutsch-dänische Grenze wurde am 26. Mai 1920 festgelegt.

Am 15. Juni 1920 wurde die Abtretung Nordschleswigs an Dänemark vollzogen. Der Tag wird in Dänemark als Wiedervereinigungstag (Genforeningsdag) bezeichnet. Die Südgrenze der Zone I wurde zur neuen Grenze zwischen Deutschland und Dänemark. Ein neuer Abschnitt der schleswig-holsteinisch-dänischen Geschichte begann. Mit der Teilung entstanden beiderseits der neuen Grenze Minderheiten der jeweils anderen Seite. Auf beiden Seiten reagierte man teilweise mit erheblicher Unzufriedenheit auf die Grenzregelung. Aber es gab auch viele Versuche der Aussöhnung, zum Beispiel mit der Nordisch-Deutschen Woche 1929 in Kiel, deren Ziel es war, über Kunst und Wissenschaft einen Ausgleich der Spannungen und eine Versöhnung zu erreichen.

Gedenkstein an den 15. Juni 1920 vor dem Schloss in Sønderborg

Ausblick: Die Zeit nach 1920

Der Südschleswigsche Verein, „Sydslesvigsk Forening", 1920 nach der Volksabstimmung gegründet, vertrat als kultureller Dachverband die Interessen der dänischen Minderheit der Südschleswiger und zählte 1923 bereits 9.000 Mitglieder. Eine der zahlreichen Untergruppen war die „Frisisk-Slesvigsk Forening" für die dänisch gesinnten Friesen in Nordfriesland, die 1933 von den Nationalsozialisten verboten wurde. Dem Vorsitzenden wurde ein Schreibverbot auferlegt. Viele der Mitglieder kamen in Konzentrationslagern ums Leben.

Die Nationalsozialisten erhielten bei der Reichstagswahl 1932 sehr viele Stimmen der nordfriesischen Wähler, die der Weimarer Republik skeptisch gegenüberstanden und von der Nazi-Propaganda als Musterbeispiel der nordischen Menschen hofiert wurden. Auch der „Nordfriesische Verein", der sich der Interessen der deutsch orientierten Friesen annahm, stellte sich ganz auf die Seite der NSDAP und geriet schnell trotz starken Widerstands unter nationalsozialistische Leitung. Kurz nach Hitlers Machtübernahme wurden vonseiten führender Nationalsozialisten Schleswig-Holsteins im so genannten „Ostersturm" auch Forderungen nach einer Wiedereingliederung Nordschleswigs in das Deutsche Reich laut. Diese Attacken wurden allerdings von der Reichsregierung nicht unterstützt, weil der Wunsch bestand, ein gutes Verhältnis zu Dänemark und dem ganzen Norden zu erhalten und jede offensichtliche Unterdrückung der dänischen Minderheit zu vermeiden, allein schon aufgrund der Tatsache, dass sie zur „germanischen Rasse" gehörte. Trotzdem führte die totalitäre Politik des nationalsozialistischen Regimes zu einer tiefgreifenden Entfremdung zwischen Dänen und Deutschen.

Jens Emil Mungard (1885–1940), der geborene Sylter, begrüßte zunächst den Sieg der Nationalsozialisten, weil er sich von ihnen eine Förderung der friesischen Kultur versprach. Literarisch begabt, zeigte er sich aber völlig unfähig, den väterlichen Hof in Keitum zu bewirtschaften. Seine Neigung gehörte der Kultur und Literatur, vor allem der friesischen. Schnell allerdings erkannte Mungard, wie sehr er sich in den Nazis getäuscht hatte, und ging in die Opposition zu den Machthabern. Seinen Widerstand verglich er in seinem in Friesisch verfassten Gedicht mit der „Stranddistel". Mungards literarischen Äußerungen gegen das Regime folgten Verhaftung und Schreibverbot. „Wer keine Hitler-Hymnen schreibt, darf nichts mehr schreiben", kommentierte er das Verbot. Als er dieses nicht befolgte, wurde er in das Konzentrationslager Sachsenhausen gebracht, in dem er 1940 nach 377 Tagen Haft an einer Lungenentzündung, deren Behandlung ihm verweigert wurde, starb.

Ströntistel es min bloom,
Ströntistel neem's uk mi.
Jü gröört üp dünemsön,
Ik üp des leewents-strön,
En proter haa wat biid!

Stranddistel ist meine Blume,
Stranddistel nennen sie auch mich.

Sie wächst auf Dünensand,
Ich auf diesem Lebens-Strand,
Und Stacheln haben wir beide!

Jens Emil Mungard: Ströntistel es min bloom.

Am 17. November 1938, eine Woche nach dem Pogrom in Deutschland, erschien in der großen Tageszeitung „Jyllands-Posten" ein „Offener Brief" des dänischen Pastors Kaj Munk an den italienischen Diktator Benito Mussolini:

„Was da dieser Tage in Deutschland geschehen ist, muss allen menschlich Fühlenden das Herz zerreißen. Dass ein so starkes und stolzes und edles Volk wie das deutsche sich so herabwürdigen kann zur Terrorisierung von Wehrlosen und zur Schändung von Gotteshäusern ist genau so entsetzlich, wie es bestürzend ist. ... Sagen Sie Ihrem Freund Adolf Hitler, es reiche nun... Sagen Sie ihm, dass nun eine humane Regelung in der Judenfrage getroffen werden muss und auf keinen Fall mehr wahnsinniges Wüten, sonst wird – das ist das erste Gebot – Gott ihn und sein Volk strafen."

Am 5. Dezember 1943 fand im Kopenhagener Dom ein Protestgottesdienst statt. Die Predigt hielt Kaj Munk. Er handelte gegen das ausdrückliche Verbot der Behörden. Seine Predigt über Matthäus 25,1-13 war politisch brisant:

„Nur eins will ich sagen: Wenn man hier im Lande mit der Verfolgung einer gewissen Gruppe unserer Landsleute anfängt, nur um ihrer Abstammung willen, dann ist es christliche Pflicht der Kirche zu rufen: Das ist gegen das Grundgesetz im Reiche Christi, die Barmherzigkeit, und das ist verabscheuungswürdig für jedes freie nordische Denken. Und die Kirche muß weitergehen, ohne sich beirren zu lassen. Geschieht das noch einmal, dann wollen wir mit Gottes Hilfe versuchen, das Volk zum Aufruhr zu bringen. Denn ein christliches Volk, das tatenlos zusieht, wenn seine Ideale mit Füßen getreten werden, gibt dem tödlichen Keim der Verwesung Einlaß in seinen Sinn, und Gottes Zorn wird es treffen."

Zeitgleich mit der deutschen Invasion in Norwegen besetzten im Rahmen des so genannten „Unternehmens Weserübung" deutsche Truppen Dänemark, um den Weg nach Norden zu sichern. Am 9. April 1940 überschritten um 4:15 Uhr motorisierte Einheiten der deutschen Wehrmacht die dänische Grenze und marschierten in Jütland ein, von der deutschen Minderheit mehrheitlich begrüßt. Aber das nationalsozialistische Regime zeigte keinerlei Ambitionen, die Grenzziehung von 1920 zu revidieren. Nordschleswig wurde nicht vom Deutschen Reich annektiert, es blieb lediglich besetzt. Allerdings mussten auch in diesem Krieg wieder Angehörige der dänischen Minderheit in der deutschen Armee kämpfen.
Die dänische Regierung wurde aufgefordert, den Einmarsch als Schutzmaßnahme gegenüber einer bevorstehenden Invasion der Alliierten anzuerkennen. Angesichts der Übermacht der feindlichen Truppen und der Drohung einer Bombardierung Kopenhagens erklärte das neutrale Dänemark am 10. April die Kapitulation. Der dänischen Regierung wurde trotz der

Besatzung weitgehende politische Unabhängigkeit zugestanden. Heer, Flotte und Polizei blieben bis 1943 unter dänischer Führung. Fünf Jahre dauerte die deutsche Besetzung Dänemarks. Anfang Mai 1945 wurde im Flensburger Vorort Mürwik auf der deutschen Seite der Grenze die letzte Reichsregierung unter Admiral Karl Dönitz gebildet. Am 5. Mai 1945 wurde die Teilkapitulation der deutschen Truppen in Dänemark angeordnet. Noch im selben Monat zogen die deutschen Soldaten aus Dänemark ab. In Nordschleswig kam es unmittelbar nach Kriegsende zu Verhaftungen und Verurteilungen von nationalsozialistischen Tätern und Mitläufern und zur Schließung von deutschen Schulen. Der Zeit der deutschen Besatzung zwischen 1940 und 1945 gelten auf dänischer Seite unzählige historische Untersuchungen und auch literarische Schriften.

Nach dem Ende des Zweiten Weltkrieges gelang dem Bund Deutscher Nordschleswiger (BDN) als Dachorganisation der deutschen Minderheit mit der Gründung im November 1945 ein politischer Neuanfang für Nordschleswig bzw. Sønderjylland mit einem eindeutigen Bekenntnis zu Dänemark und der Wiederbelebung des deutschen Vereins- und Schulwesens. 1948 wurde der SSW (Südschleswigscher Wählerverband) als Regionalpartei der dänischen Minderheit gegründet, die seit 1955 für den Landtag von Schleswig-Holstein von der Fünf-Prozent-Hürde des Wahlgesetzes befreit ist. Die beiden Minderheiten bemühen sich in Vereinen, durch die Unterhaltung von Kindergärten und Schulen um die Pflege der deutschen bzw. dänischen Sprache und Kultur.

In der Kieler Erklärung von 1949 wurden den nationalen Minderheiten beiderseits der Grenze alle demokratischen Rechte und die Freiheit des nationalen Bekenntnisses garantiert. Erst 1955 einigten sich Deutschland und Dänemark in der Bonn-Kopenhagener Erklärung auf die endgültige Anerkennung der jeweiligen Minderheiten und auf eine Reihe von Garantien für die Minderheiten auf beiden Seiten der Grenze. Mit dieser Grundsatzerklärung war der Weg geebnet für ein friedliches Zusammenleben der Deutschen und der Dänen beiderseits der Grenze. Schleswig-Holstein erhielt seine Aufgabe als Vermittler zwischen Deutschland und dem Norden Europas. Die deutsch-dänische Grenzregion gilt seither europaweit als Musterbeispiel und als Modell friedlicher Koexistenz der Völker, die die Rechte der Minderheiten vorbildlich respektieren.

Mit der Fehmarnsundbrücke (Vogelfluglinie) wurde 1963 eine deutlich verkürzte Verbindung zwischen Deutschland und Dänemark geschaffen. Der Ausbau der Autobahn von Hamburg nach Kiel und nach Flensburg im Jahr der Olympiade 1972 schuf eine weitere wichtige Verbindung zum nördlichen Nachbarn. Der geplante 17,6 Kilometer lange Fehmarnbelttunnel zwischen der deutschen Insel Fehmarn und der dänischen Insel Lolland wäre der längste und tiefste kombinierte Straßen- und Eisenbahntunnel der Welt.

Seit 1973 ist auch Dänemark wie Deutschland Mitglied der Europäischen Gemeinschaft. Die beiden Länder sind auch Bündnispartner in der NATO. Nachdem Dänemark 2001 dem Schengen-Abkommen beigetreten war, entfielen die Grenzkontrollen. Die bilateralen Beziehungen zwischen Deutschland und Dänemark sind und bleiben eng, intensiv und freundschaftlich, auch wenn seit Januar 2019 ein Wildschweinzaun entlang der Grenze für Irritationen sorgte.

Die Geschichte der Beziehungen zwischen Schleswig-Holstein und Dänemark ging auch nach 1920 weiter, und mit ihr auch die Beschäftigung von deutschen wie dänischen Schriftstellern mit dem Schicksal der Grenzregion.

Der südschleswigsche Schriftsteller Willy-August Linnemann (1914–1985) verdankt seinen Erfolg mehreren Romanen über das Leben im deutsch-dänischen Grenzgebiet, in dem er aufgewachsen war. Zum Beispiel schuf er einen Romanzyklus über die Familie eines alternden Politikers im deutsch-dänischen Grenzland. Der aus Nordschleswig stammende Gynther Hansen (1930–2014) befasste sich in seinen Romanen ebenfalls mit der Grenzregion, besonders auch mit der nationalsozialistischen Vergangenheit der eigenen Familie und Nordschleswigs. In „Majaften", seiner Kurzgeschichtensammlung über das südjütländische Grenzland (1990), erzählt der dänische Romancier Christian Skov unter anderem von dem Schicksal südjütischer Männer, die zum Kriegsdienst in der deutschen Armee im Ersten Weltkrieg gezwungen worden waren. Die Auseinandersetzungen zwischen deutsch und dänisch gesinnten Föhrern vor der Volksabstimmung von 1920 thematisiert Olaf Schmidt in seinem 2006 erschienenen Roman „Friesenblut". Ein großer Erfolg gelang Carsten Jensen mit seinem 2006 erschienenen Roman „Vi, de druknede" („Wir Ertrunkenen"), in dem er unter anderem die kriegerischen Auseinandersetzungen zwischen den Dänen und den Schleswig-Holsteinern nach 1848 darstellt. Im Vorfeld der politischen Ereignisse von 1848 siedelt der deutsche Schriftsteller Hartmut Hein seinen Tatsachenroman „Zwischen den Fahnen" (2008) an, der die Konfrontation zwischen königstreuen Anhängern Dänemarks und deutsch gesinnten Einwohnern Schleswigs schildert. Tom Buk-Swientys 2008 veröffentlichtes Buch „Slagtebænk Dybbøl" („Schlachtbank Düppel") über die Schlacht an den Düppeler Schanzen am 18. April 1864 wurde für eine eindrucksvolle veranschaulicht Fernsehreihe verfilmt. Aufgrund genauer Kenntnisse der Grenzregion und ihrer Vergangenheit beschreibt Uwe Pörksen in seinem Buch „Riß durchs Festland" (2011) die Geschichte der Pastoren-Familie Prahl, die im August 1930 angesiedelt ist und in Rückblenden am Beispiel von vier Generationen 130 Jahre deutsch-dänischer Beziehungen darstellt.

Die Geschichte der deutsch-dänischen Beziehung ist lang und wechselhaft. Auch das spiegelt sich in den literarischen Werken nieder, die diese Geschichte begleiten und kommentieren. Diese Texte können zum Verständnis der historischen Geschehnisse beitragen, sie sind in ihrer Entstehungszeit aber sicher auch nicht ohne Einfluss auf ihre Leser geblieben. Sie haben aufgeklärt, positive oder negative Einstellungen befördert, Personen oder Ereignisse verklärt oder auch offene Kritik geübt. In jedem Fall belegen sie, dass Literatur eine gesellschaftliche Kraft sein kann.

Verzeichnis der Autoren

Adam von Bremen (um 1050–ca. 1081/1085) war Bremer Domherr und Chronist, Verfasser der „Hamburgischen Kirchengeschichte".

Andersen, Hans Christian (1805–1875), geboren in Odense, war einer der bedeutendsten dänischen Dichter des 19. Jahrhunderts; berühmt vor allem durch seine Märchen.

At-Tartûschi, Ibrahim ibn (10. Jahrhundert) war ein arabischer Kaufmann und Diplomat aus dem spanischen Tortosa.

Baggesen, Jens Immanuel (1764–1826), geboren in Korsør, war ein dänischer Dichter und Übersetzer, der sowohl auf Deutsch als auch auf Dänisch schrieb.

Bang, Herman (1857–1912), geboren auf Als, war dänischer Schriftsteller und Journalist.

Beda Venerabilis (672/673–735), geboren in Northumberland, war ein angelsächsischer Benediktiner, der als Heiliger verehrt wird, und einer der bedeutendsten frühmittelalterlichen Geschichtsschreiber.

Beneke, Otto (1812–1891), geboren in Hamburg, war Hamburger Archivar, Historiker und Schriftsteller.

Bismarck, Otto von (1815–1898), geboren in Schönhausen/Elbe, war preußischer Politiker und Staatsmann, von 1871 bis 1890 Reichskanzler des Deutschen Reiches.

Boie, Heinrich Christian (1744–1806), geboren in Meldorf, war Dichter und Herausgeber literarischer Publikationen, zum Beispiel des Göttinger Musenalmanachs.

Bülau, Friedrich von (1805–1859), geboren in Freiberg, war Historiker, Hochschullehrer und Schriftsteller.

Chemnitz, Matthäus Friedrich (1815–1870), geboren in Barmstedt, war Jurist und Redakteur; bekannt wurde er durch das Schleswig-Holstein-Lied.

Claudius, Matthias (1740–1815), geboren in Reinfeld/Holstein, war Journalist und Dichter volksliedhafter Lyrik; ab 1771 war er Redakteur der von Heinrich Carl von Schimmelmann initiierten Tageszeitung „Der Wandbeker Bote".

Dahlmann, Friedrich Christoph (1785–1860), geboren in Wismar, war ein deutscher Historiker und Politiker, Abgeordneter der Frankfurter Nationalversammlung und einer der „Göttinger Sieben".

Deecke, Ernst (1805–1862), geboren in Lübeck, war ein Lübecker Lehrer und Historiker.

Dose, Johannes (1860–1933), geboren in Öddis nahe Haderslev, war mit seinen Romanen zu seinen Lebzeiten ein bekannter Erzähler Norddeutschlands.

Einhard (um770–840), geboren im Maingau, war ein fränkischer Autor und einer der herausragendsten Gelehrten der Karolingerzeit.

Ewald, Johannes (1743–1781), geboren in Kopenhagen, war ein dänischer Dichter, mit dessen Werk die neuere Periode der dänischen Literatur begann.

Flor, Christian (1792–1875), geboren in Kopenhagen, lehrte ab 1826 dänische Literatur und Sprache an der Kieler Universität und war ein maßgeblicher Führer der dänischen Bewegung in Schleswig.

Fontane, Theodor (1819–1898), geboren in Neuruppin, war einer der prägendsten deutschen Schriftsteller des Realismus; zugleich arbeitete er auch als Journalist und Kriegsberichterstatter, zum Beispiel in Schleswig-Holstein.

Geibel, Emanuel (1815–1884), geboren in Lübeck, war ein Dichter, der vor allem durch seine Gedichte berühmt wurde.

Groth, Klaus (1819–1899), geboren in Heide, war einer der bekanntesten niederdeutschen Dichter und gilt als Begründer der neueren niederdeutschen Literatur.

Harries, Heinrich (1762–1802), geboren in Flensburg, war Pfarrer und Schriftsteller; er schrieb den Text zur preußischen Nationalhymne „Heil dir im Siegerkranz".

Harring, Harro (1798–1870), geboren im nordfriesischen Wobbenbüll, war Schriftsteller und Revolutionär.

Hegewisch, Franz Herrmann (1783–1865), geboren in Kiel, war Arzt und Hochschullehrer, der liberale Zeitungen herausgab und unter anderem Uwe Jens Lornsen unterstützte.

Helmold von Bosau (um1120–nach 1177), geboren im Raum Goslar, war Geistlicher und Chronist, bekannt vor allem durch seine Slawenchronik.

Hoffmann von Fallersleben, August Heinrich (1798–1874), geboren in Fallersleben, war Germanist, Hochschullehrer und Dichter; auf der Insel Helgoland schrieb er „Das Lied der Deutschen".

Kuß, Christian (1769–1853), geboren in Sønderborg, war Theologe, Geschichtsforscher mit mehreren Beiträgen zur schleswig-holsteinischen Geschichte und Schriftsteller.

Laube, Heinrich (1806–1884), geboren in Sprottau, war Schriftsteller, Dramatiker und Theaterdirektor; außerdem war er Mitglied der Frankfurter Nationalversammlung.

Lehmann, F. W. Otto, Herausgeber des Buches „Bilder von den deutschen Nordseeküsten und aus dem westlichen Tiefland", das 1885 erschien.

Liliencron, Detlev von (1844–1909), geboren in Kiel, war Lyriker und Schriftsteller.

Lornsen, Uwe Jens (1793–1838), geboren in Keitum/Sylt, war Jurist und Beamter der dänischen Regierung; er kämpfte vor allem für ein vereintes und unabhängiges Schleswig-Holstein.

Malling, Ove (1747–1829), geboren bei Viborg, war Historiker und dänischer Politiker.

Meyer, Gustav Friedrich (1878–1945), geboren in Gleschendorf, war Volkskundler und Heimatforscher.

Meyer, Johann (1829–1904), geboren in Wilster, war Lehrer in Altona und Redakteur der Itzehoer Nachrichten, ab 1862 Direktor der Psychiatrischen Anstalt in Kiel; daneben war er Schriftsteller, vor allem in niederdeutscher Sprache.

Mommsen, Theodor (1817–1903), geboren in Garding, war Historiker und einer der bedeutendsten Altertumswissenschaftler seiner Zeit. Für seine „Römische Geschichte" bekam er 1902 den Nobelpreis für Literatur.

Mosen, Julius (1803–1867), geboren in Marieney, war Jurist und Schriftsteller.

Mügge, Theodor (1802–1861), geboren in Berlin, war Schriftsteller, der vor allem Abenteuerromane verfasste.

Müllenhoff, Karl (1818–1884), geboren in Marne, war Wissenschaftler und Mediävist in Kiel und Berlin. Bekannt wurde er durch die von ihm 1845 in Kiel herausgegebenen „Sagen, Märchen und Lieder der Herzogthümer Schleswig, Holstein und Lauenburg".

Munk, Kaj (1898–1944), geboren in Hørbylunde, war dänischer Pastor und Schriftsteller, engagierter Gegner des Nationalsozialismus.

Neuber, August Wilhelm (1781–1849), geboren in Groß Salze, war Arzt, Philosoph und Dichter, der vor allem durch sein „Schleilied" bekannt wurde.

Olearius, Adam (1599–1671), geboren in Aschersleben, war Gelehrter und Schriftsteller, außerdem Diplomat; Berühmtheit erlangte er durch den Gottorfer Riesenglobus.

Petersen, Johann (um1500–1552), geboren in Hoisdorf, war Geistlicher und Chronist; bekannt ist vor allem seine Chronik von Holstein.

Pörksen, Uwe (geb. 1935), geboren in Breklum, ist Sprachwissenschaftler, Hochschullehrer und Schriftsteller.

Pontoppidans, Erich (1698–1764), geboren in Aarhus, war dänischer Theologe, Historiker und Schriftsteller.

Rantzau, Heinrich von (1526–1598), geboren auf der Steinburg, war Vertreter des schleswig-holsteinischen Adels und Statthalter des dänischen Königs in den Herzogtümern Schleswig und Holstein; er war als Autor ein bedeutender Vertreter des Humanismus.

Rist, Johann (1607–1667), geboren in Ottensen/Hamburg, war Geistlicher und Dichter.

Schumacher, Georg Friedrich (1771–1852), geboren in Altona, war Lehrer und Schriftsteller.

Stolberg, Friedrich Leopold Graf zu (1750–1819), geboren in Bramstedt, war Jurist, Übersetzer und Dichter, dessen Werke zum Sturm und Drang gerechnet werden.

Storm, Theodor (1817–1888), geboren in Husum, arbeitete als Jurist und gehörte zu den wichtigsten Autoren des deutschen Realismus.

Straß, Karl Friedrich (1803–1864), geboren in Berlin, war Jurist und Schriftsteller, von dem die Urfassung des Schleswig-Holstein-Liedes stammt.

Tiedemann, Christoph von (1836–1907), geboren in Schleswig, war ein preußischer Verwaltungsjurist und Politiker.

Uhland, Ludwig (1787–1862), geboren in Tübingen, war Germanist und einer der wichtigsten Lyriker seiner Zeit; zugleich war er aber auch politisch als Abgeordneter der deutschen Nationalversammlung engagiert.

Wienbarg, Ludolf (1802–1872), geboren in Altona, lehrte zeitweise als Dozent an der Kieler Universität und war ein wichtiger Vertreter des deutschen Vormärz.

Literaturverzeichnis

Bohn, Robert: Geschichte Schleswig-Holsteins. München 2006. Verlag C.H.Beck.

Bohn, Robert; Uwe Danker: Schleswig-Holstein. Geschichte auf den Punkt gebracht. Neumünster 2008. Wachholtz Verlag.

Bracher, Ulrich: Geschichte Skandinaviens. Stuttgart 1968. W. Kohlhammer Verlag.

Buk-Swienty, Tom: Schlachtbank Düppel. 18. April 1864 – Die Geschichte einer Schlacht. Berlin 2011. Osburg Verlag.

Capelle, Torsten: Die Wikinger. Kultur- und Kunstgeschichte. Darmstadt 1988. Wissenschaftliche Buchgesellschaft.

Danker, Uwe; Utz Schliesky (Hg.): Schleswig-Holstein 1800 bis heute. Eine historische Landeskunde. Husum 2014. Husum Druck- und Verlagsgesellschaft.

Deecke, Ernst: Lübische Geschichten und Sagen. Lübeck 1852. Carl Boldemann's Buchhandlung.

Degn, Christian; Uwe Muuß: Topographischer Atlas Schleswig-Holstein. Neumünster 1966. Karl Wachholtz Verlag.

Degn, Christian: Schleswig-Holstein – eine Landesgeschichte. Historischer Atlas. Neumünster 1994. Wachholtz Verlag.

Detering, Heinrich: Andersen und andere. Kleine dänische Kulturgeschichte Kiels. Heide 2005. Boyens Buchverlag.

Eckert, Gerhard: Schleswig-Holsteins Literatur entdecken und erleben. Husum 1963. Husum Druck- und Verlagsgesellschaft.

Frandsen, Steen Bo; Martin Krieger; Frank Lubowitz (Hg.): 1200 Jahre Deutsch Dänische Grenze. Tagungsband. Neumünster 2013, Wachholtz Verlag.

Geckeler, Christa (Hg.): Erinnerungen an Kiel in dänischer Zeit 1773/1864. Husum 2012. Husum Druck- und Verlagsgesellschaft.

Gläser, Manfred; Ingrid Sudhoff (Hg.): Kulturlandschaften unter der Lupe. Ein Reiseführer zu ausgewählten Spuren deutsch-dänischer Geschichte in Lübeck und Ostholstein. Lübeck 2009. Verlag Schmidt-Römhild.

Gloy, Arthur (Hg.): Aus Kiels Vergangenheit. Ein Heimatbuch für jung und alt. Verlag Weidlich Frankfurt/Main 1979 (Nachdruck der Ausgabe von 1925).

Ibs, Jürgen H.; Eckart Dege, Henning Unverhau: Historischer Atlas Schleswig-Holstein. Vom Mittelalter bis 1867. Neumünster 2004. Wachholtz Verlag.

Imhof, Arthur Erwin: Grundzüge der nordischen Geschichte. Darmstadt 1985. Wissenschaftliche Buchgesellschaft.

Jensen, Jürgen (Hg.): H. Eckardt: Alt-Kiel in Wort und Bild. Karl Wachholtz Verlag Neumünster 1975 (Neudruck der Ausgabe von 1899).

Jensen, Jürgen/Wulf, Peter (Hg.): Geschichte der Stadt Kiel. Neumünster 1991. Karl Wachholtz Verlag.

Jordan, Karl: Heinrich der Löwe. Eine Biographie. München 1980. Verlag C.H. Beck.

Klein, Diethard: Schleswig-Holsteinisches Hausbuch. Gute alte Zeit zwischen Nord- und Ostsee in Bildern und Geschichten, Gedichten und Berichten. Freiburg im Breisgau 1983. Verlag Rombach und Co.

Klose, Olaf (Hg.): Handbuch der historischen Stätten Deutschlands. Erster Band: Schleswig-Holstein und Hamburg. Stuttgart 1964. Alfred Kröner Verlag.

Koch, Johannes Hugo: Schleswig-Holstein. Zwischen Nordsee und Ostsee: Kultur-Geschichte-Landschaft. Köln 1982. DuMont Buchverlag.

Lauring, Palle: Geschichte Dänemarks. Neumünster 1964. Karl Wachholtz Verlag.

Lehmann, Hartmut; Dieter Lohmeier (Hg.): Aufklärung und Pietismus im dänischen Gesamtstaat 1770–1820. Neumünster 1983, Karl Wachholtz Verlag.

Lohmeier, Dieter: Die weltliterarische Provinz. Studien zur Kultur- und Literaturgeschichte Schleswig-Holsteins um 1800. Heide 2005. Boyens Buchverlag.

Lohmeier, Dieter; Urs Schmidt-Tollgreve, Frank Trende (Hg.): Heinrich Christian Boie. Literarischer Mittler in der Goethezeit. Heide 2008. Boyens Buchverlag.

Lohmeier, Dieter; Wolfgang J. Müller: Emkendorf und Knoop. Kultur und Kunst in schleswig-holsteinischen Herrenhäusern um 1800. Heide 1984. Westholsteinische Verlagsanstalt Boyens & Co.

Meyer, Gustav Friedrich (Hg.): Schleswig-Holsteiner Sagen. Jena 1929. Eugen Diederichs Verlag.

Opitz, Eckardt: Schleswig-Holstein. Landesgeschichte in Bildern, Texten und Dokumenten. Hamburg 1988. Rasch und Röhring Verlag.

Paul, Gerhard; Uwe Danker, Peter Wulf (Hg.): Geschichtsumschlungen. Sozial- und kulturgeschichtliches Lesebuch. Schleswig-Holstein 1848–1948. Bonn 1996. Verlag J.H.W. Dietz.

Puls, Dierk Gerhard: Dichter und Dichtung in Kiel. Kiel 1962. Walter G. Mühlau Verlag.

Rheinheimer, Martin (Hg.): Grenzen in der Geschichte Schleswig-Holsteins und Dänemarks. Neumünster 2006, Wachholtz Verlag.

Scharff, Alexander: Schleswig-Holsteinische Geschichte. Ein Überblick. Neuausgabe von Manfred Jessen-Klingenberg. Territorien-Ploetz. Freiburg/Würzburg 1982. Verlag Ploetz.

Schmidtke, Kurt-Dietmar: Die Entstehung Schleswig-Holsteins. Neumünster 1992. Karl Wachholtz Verlag.

Schott, Carl: Die Naturlandschaften Schleswig-Holsteins. Neumünster 1956. Karl Wachholtz Verlag.

Witt, Jann Markus; Heiko Vosgerau (Hg.): Schleswig-Holstein von den Ursprüngen bis zur Gegenwart. Eine Landesgeschichte. Hamburg 2002. Convent Verlag.

Zimmerling, Dieter: Die Hanse. Handelsmacht im Zeichen der Kogge. München 1978. Wilhelm Heyne Verlag.

Abbildungen: Die Bilder hat der Verfasser fotografiert.